真知灼见济世
格物致善育人

卓见·李敏财经讲堂

智慧自控与卓越管理

谨防失控的制胜法宝

李敏 著

上海财经大学出版社

图书在版编目(CIP)数据

智慧自控与卓越管理：谨防失控的制胜法宝/李敏著.
—上海：上海财经大学出版社，2023.3
（卓见·李敏财经讲堂）
ISBN 978-7-5642-3729-5/F·3729

Ⅰ.①智… Ⅱ.①李… Ⅲ.①企业管理-研究 Ⅳ.①F272

中国版本图书馆 CIP 数据核字(2022)第 213748 号

□责任编辑　李嘉毅
□封面设计　贺加贝

智慧自控与卓越管理
——谨防失控的制胜法宝

李　敏　著

上海财经大学出版社出版发行
（上海市中山北一路369号　邮编200083）
网　　址：http://www.sufep.com
电子邮箱：webmaster @ sufep.com
全国新华书店经销
上海颛辉印刷厂有限公司印刷装订
2023年3月第1版　2023年3月第1次印刷

710mm×1000mm　1/16　14印张（插页：2）　251千字
印数：0 001—2 000　定价：68.00元

前 言

谁都有机会成为管理者。管理的关键在于控制,控制的关键在于自控。自控要有志气与胆识,能抑制本我,管控自我,达成超我,以自控的智慧促成智慧型自控与卓越化管理。

管理者要想在改革开放的大舞台上大有作为,在风险诡异的当下必须自我觉醒。随着失控接踵而至,失败接二连三,能够自我控制、化险为夷,才能卓有成效、行稳致远,这是根本性的现实问题。善控制胜,失控挫败。作者研学内部控制数十年,涉案数百例,讲学数百场,著书近百本,对探究自控与失控的课题乐此不疲、颇有心得。

本书以人为本,以提升自控效能为主线,专门研究自控与失控、与企业成败、与风险防范的内在逻辑关系,重点探讨如何增强管理者的意志力、自控力和执行力,以及如何提升自控智慧等最优解的相关问题,助力企业安全、健康、可持续发展。

全书分为三大部分:第1章为总论,系统阐释自控活动的基本原理与基本方法,透析企业成败得失的内在动因,论述失控与自控、摘增与摘减、自觉能动与自控要素,以及自控赋能与增进效能等内容;第2章至第7章有六个智慧自控的专题,分别对掌控大脑与自主自立、提升认知与自律自治、甄别风险与自警自醒、增进情商与自衡自重、防错纠偏与自省自化、趋利避害与自信自强等做深入浅出的解析与知行联动的阐发,全面剖析意志力、自控力与执行力的相关关系及其培育的路径与方法等;第8章是总结,通过研究如何改变思维、提升认知、扬长避短、融合自治等,促成超越自我、互控共赢、智慧管控、行稳致远。

本书观念新颖,分析精辟,广征博引,深入浅出,图文并茂,可读性强,大量实证分析、专题讨论、名师点化、经典案例评析启发读者多维思考。本书为管理者所著,适合自学自修自用,期望知行联动、增智赋能,助力企业自控制胜。本书配有教学用的PPT,可与出版社联系索取。

本书是资深注册会计师、资产评估师、高级会计师、主任会计师李敏的著作。李敏担任过财务科科长、副厂长、校长、董事长等职,具有丰富的管理实践、内部控制咨询经验与从教经历，是多所著名大学的客座教授、财务会计咨询专家和司法会计鉴定专家，已出版《内部会计控制规范与监控技术》《内部会计控制规范》《小企业会计控制》《会计控制与风险管理》《企业内部控制简明教程》《企业内部控制规范》《公共部门控制规范——行政事业单位经验分享》《小企业内部控制——自主管控的路径与方法》《危机预警与财务诊断——企业医治理论与实践》《洞察报表与透视经营——算管融合的财务分析逻辑》等著作近百本。本书凝聚了李敏长期潜心研学的感悟、不断实践的认知与辛勤笔耕的积累。感谢陈惠珠、徐成芳、李英、李嘉毅曾给予的帮助。

　　思维先于思想，智慧胜过知识。自控活动如何把稳利益之舵、提升控制之力、筑牢信任之基，既融合自治又行稳致远，确实大有学问。自控与人性相关，与管理相融，与德育相通，与法治相连，与培养意志力、控制力、执行力密不可分，是一个"学""思""用"贯通、"知""信""行"统一、应用价值很高的知识体系。限于作者的认知视野，书中疏漏差错难免，敬请读者提出宝贵意见，以期推陈出新、与时俱进。

李　敏

2023年3月

目 录

第1章 总论/1
 1.1 自控要义与本源控制/1
 1.2 善控制胜与失控挫败/10
 1.3 能觉善悟与自控动能/16
 1.4 知行联动与增智赋能/24
  经典案例评析/28

第2章 掌控大脑 自主自立/30
 2.1 认识自我与透析人性/30
 2.2 探究意识与坚定意志/38
 2.3 有效执行与自立自鞭/42
 2.4 自主决策与运筹决胜/48
  经典案例评析/57

第3章 提升认知 自律自治/59
 3.1 违规失足与自律驱邪/59
 3.2 措施失策与自卫守正/64
 3.3 流程失能与自约制衡/73
 3.4 岗位失职与自治尽责/81
  经典案例评析/85

第4章 甄别风险 自警自醒/87
 4.1 风险失察与知危自警/87
 4.2 底线失控与知耻自退/94

4.3　信息失真与知止自醒/97
　　4.4　防线失守与知微自慎/103
　　　经典案例评析/108

第5章　增进情商　自衡自重/111
　　5.1　情绪失常与情商自衡/111
　　5.2　心态失衡与能稳自静/115
　　5.3　压力失调与均衡自尊/121
　　5.4　贪婪失节与忍耐自重/127
　　　经典案例评析/131

第6章　防错纠偏　自省自化/133
　　6.1　缺陷失管与自省自查/133
　　6.2　轻信失聪与自评自纠/140
　　6.3　监管失误与自问自责/145
　　6.4　控制失度与自理自化/148
　　　经典案例评析/160

第7章　趋利避害　自信自强/163
　　7.1　危险失救与自救应变/163
　　7.2　自我失魂与自立不倚/169
　　7.3　自负失态与自信自励/172
　　7.4　自愈失灵与自习自强/175
　　　经典案例评析/186

第8章　总结/189
　　8.1　智慧自控与自悟自通/189
　　8.2　更新思维与超越自我/196
　　8.3　互控共赢与融合自治/203
　　8.4　自控制胜与行稳致远/211
　　　经典案例评析/217

第 1 章 总 论

> 卓越的管理者具有管好自我的志气,控好自身的胆识。

1.1 自控要义与本源控制

1.1.1 人是管理企业的主体

改革开放的时代是一个英才辈出、不甘平庸的时代,每个管理者都有机会展现自我、成就伟业。所有管理问题都与人相关。管理应当以人为本,人力资源是企业的第一资源,这是根本。人要做企业的主人,成为管理的主体,就应当从自我控制(以下简称"自控")开始。现代管理学之父彼得·德鲁克(Peter F. Drucker)认为,"管理本身并非目的,管理只是企业的器官。……管理管理者的第一个要求是目标管理与自我控制。"[①]企业自我管理的核心是管理者能够自控。能够掌控自己的管理者才能把握好自己的命运和企业的命运。所有的管理,核心都是自我管理。

"企"是会意字,从人,从止,"人""止"有机结合方为"企"(如图 1.1 所示[②])。解析甲骨文字形,"企"的本意是一个人正踮起脚(下部字形凸显大脚)、挺直身体张望着什么,引申为期盼、希望。企业是企图冒险从事某些获取利润的事业。一方面,有人为企,无人则止,人是企业的天,至高无上,企业因人而兴,因

[①] [美]彼得·德鲁克.管理的实践[M].北京:机械工业出版社,2014:96.
[②] 本书中涉及的汉字构造与古今字形源自辽海出版社 2020 年 1 月第 2 次印刷的《说文解字》、上海辞书出版社 2021 年 4 月第 2 次印刷的《常用汉字源流字典》、华语教学出版社 2021 年 5 月第 3 次印刷的《甲骨文小字典》及 https://hao.360.com/等。

人而败；另一方面，人在止上，止是企业的地，是行为的底线，能控善止才能行稳致远。

图 1.1 "企"的构造与古今字形

企业是管理者的舞台，也是企业家的摇篮。无论是全面深化改革，还是激发市场活力，都特别需要自主自强。成功源于自控，失败始于失控。处于风险经济的年代，面对接踵而至的舞弊案例和管理失败，如何有效抑制非理性现状，重视并解决好一系列失控问题，是一个既现实又重大的课题。

一切经营管理活动都是由人来支撑或完成的。人具有个性、特定的思维及其运行方向。掌控好人，事和财就顺了。任何管理机制、管理模式、管理制度的核心都在于控人、理财、管事，其本质是人将财和事整合起来从而达成管理目标的过程。

"人"是象形字，甲骨文的字形像直立行走或垂手侧立的人（如图 1.2 所示）。人为部首字，凡从人取义的字都与人相关。

图 1.2 "人"的构造与古今字形

一撇一捺写个人，一生一世学做人。人应当对自己负责，并实现自身的价值，这是生而为人的根本责任。每个人的生命都只有一次，不可重复，没有重来的机会，必须学会掌控人生。

撇捺之间彼此扶持，支撑着"人"字。撇捺相依，合作相成。助人者先自助，担负起管好自己、承担责任的使命。只有先管控自己，才能管理他人、管理团队、管理企业。凡成事者，必既能掌控自己又能掌控他人。

"人"虽两笔，但内涵丰富、意蕴深邃，任何一笔没写好，都不是完整意义上的"人"。"人"字演变至今，撇长（似优点）捺短（似缺点），长短并存。撇在捺上，意在扬长避短、知错改过、修身正行。管理者应具有管好自我的志气、控好自身的胆识，能够锤炼意志力、提升自控力、增强执行力,站得稳、靠得住、信得过,这是成熟与卓越的典型标志。

1.1.2 自控的内涵特征及其主要内容

自控就是对自身风险进行自主管控的过程,由"自"与"控"两个字组成。

"自"是象形字,其甲骨文的字形是人的鼻子,上面短短的一竖是鼻梁,两边弯弯的曲线勾勒出鼻子的轮廓,中间是鼻纹,两旁是鼻翼,下面是鼻孔(如图1.3所示)。在甲骨卜辞里,"自"有时作"鼻"字用,但大多数时候被用作第一人称,表示"我"或者"自己"。鼻子是人的面部最突出的部位,且居于中间,表达"自己"的意思时,人往往用手指着鼻子,即以鼻子代称自己。

图1.3 "自"的构造与古今字形

你看一张集体照,在一群人中,第一个想找到的就是你自己。关注自我是人的本能,人们都在按照自己的认知生活着。自知者明,自胜者强,只有充分了解自己,才能握住成功的手。生命属于自己,没人可以替代自己成长。要想得到什么,最好先让自己配得上;自己是怎样的人,就会吸引怎样的人和事,进而成就怎样的人生。企业也是这样,只有自主自立、自控自律,才能自强不息。身负重担的管理者心里明白:有些沉重是无人分担的,只能靠自己左肩换右肩。在一切责任中,自控的责任挺在前。

"控"是形声字。手(扌)表意,像手在拉开弓弦(如图1.4所示)。"控,引也。""引者,开弓也。"(《说文解字》)①空表声,有穷尽的意思。控的本义是穷极力量拉开弓弦,引申为掌握、操纵、驾驭等。开弓能不能"中的",与开弓方向是否正确、开弓

图1.4 "控"的构造与古今字形

---

① 本书所引用的《说文解字》中的语句均摘自许慎.说文解字[M].辽宁:辽海出版社,2020。

力量的强弱等密切相关。"控"具有明确的行为动作与行为指向。

"控"的基本含义是掌握并控制对象，不使其任意活动或超出范围；或使控制客体处于自己的占有、管理或影响下，从而能够合理保证自身利益的达成，有效抵御外来侵蚀等。克己奉公中的"克"和"奉"，惩恶扬善中的"惩"和"扬"，舍短取长中的"舍"和"取"，趋利避害中的"趋"和"避"，守正驱邪中的"守"和"驱"……都与控的意愿、控的行为、控的结果密切相关。如何才能智慧高效地克和奉、惩和扬、舍和取、趋和避、守和驱……就是控制问题，尤其是自控问题。自控体现在日常行为过程中。

思想与行为因果关联。因和果是揭示客观世界中普遍联系着的事物之间先后相继、彼此制约的一对范畴。果从因来，想要或不想要某种果，就得从因上着手。人只要有思想，就会不断"种因"，是种下善因还是恶因由你自主决定。米还是那斗米，但它可以煮成饭、做成饼、酿成酒；你还是那个你，但想要成为怎样的人完全取决于你自己。学会控制自己，既要管"因"，又要控"果"。

自控的主体是人，自控的客体是自己本身及相关的失控状态。现实的问题是，放纵容易自律难，一时自控常失控。不少人对风险置若罔闻，却对管控自身耿耿于怀。由此，系统研究自控与失控问题，理智认知自控能力提升的路径与方法就具有了特别重要的现实意义。

综上所述，自控就是人有效利用自身资源以达到自律的自主管控过程，其中涉及四个关键词：一是自控主体，即人；二是自控资源，即人的认知、心态、情绪、行为等；三是自控目标，即实现自主管控；四是自控过程，即对自控资源进行自主管控的具体活动（如图1.5所示）。主体、资源和目标构成自控的要件，过程体现自控的内容与重点。失控也牵涉这四个关键词，即由于人的不努力，不善于利用自身资源，缺乏自主管控的行为习惯等，最终造成失去控制的局面。

由此，可提炼并归纳出自控活动的主要内容及自控学科研究的主要对象：一是自控认知，认知决定心态，对周遭情况不同的看法将产生不同的心态并导致不同的结果；二是自控心态，心态决定情绪，积极的心态产生积极的情绪，消极的心态诱发消极的情绪；三是自控情绪，在不同情绪的支配下会产生不同的行为；四是自控行为，行为决定结果并影响习惯，导致得失荣辱；五是自控结果，结果又会促成认知，影响心态，深化情绪，进一步改变周遭的相关情况。这些活动周而复始，成为影响自控能力的五条管控路径和本学科五个方面的教学重点（如图1.6所示）。

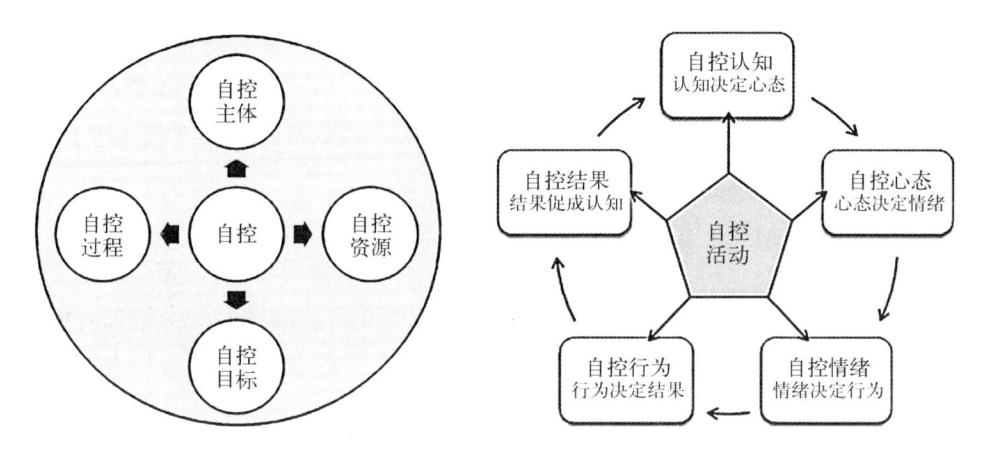

图 1.5　解析自控的四个关键词　　　　图 1.6　自控活动的过程及其主要内容

1.1.3　自控能力是内部控制的核心能力

自控能力（以下简称"自控力"）是在控制活动过程中自觉管理与自主控制的效能，体现管理者善于自觉引导、自我调节、自主管控的主观能动性，能够聚合各种能量来抵御失控。在控制活动中，自控力永远是最基础也是最重要的。

就个人而言，自控力主要体现在管控自身思想与行为方面的能力。我履职过的三类岗位均证实了自控活动的极端重要性：最初我在工厂任财务主管，与财务活动和资金管理打交道，不为利诱、不为财动成为自觉的铁律，如实反映、客观报告、不做假账是自控的底线；后来的教师生涯使我养成遵时守信、言传身教的好习惯，这是教书育人、身先士卒、桃李天下的坚守；如今我担任主任会计师，深感注册会计师审计独立不易，客观亦难，更需要自重、自警、自省，以自律为主、以自控为要，坚守执业道德，时刻以"独立、客观、公正"为执业目标，以"文明、廉洁、高效"为行为规范。

记得四十多年前，当我接任财务主管职位时，我的师傅一边将财务账册、印鉴章等慎重地交到我的手上，一边语重心长地对我说："从此你要管好自己，管好同事，管好整个工厂的财务收支。"这是我自控路上的第一课，至今记忆犹新。当时正好发生了出纳因为一分钱对不拢账的情况，出纳想通过自己拿出一分钱来解决问题。我的师傅说："不行！"遂与出纳一起，将当月的原始凭证与日记账逐笔核算，一丝不苟，直到查出差错为止。一分钱也不能错，这是财务的自律保证与自控行为。我还清楚地记得自己第一次独立结账与编报的情形：下班了，我还在为六角两分钱的差异而苦恼——为什么科目汇总表上的管理费用与总分类账、明细分类账不平？虽然我当时的业务水平还不够，但"不能有错"的教导铭刻于心。整整一个晚上，我仔细地将所有原始凭证、记账凭证、总账、明细账都重新核对过，在第二天早晨师傅上班前，我终于将三角一分钱的红字按照蓝字进行汇总的差错找到了。永远不能有错账，这是财务人的自重与自信，源于责任与自觉。自控不仅存于心，更应在行动中充分体现出来。

就企业而言，自控力主要体现在经营管理活动过程中主动处理风险事件的能力。一群人形成一个团队，就有了组织与管理。但凡讨论自控，就一定会涉及个人或群体的控制问题。企业是个体的集合，就一定存在自控问题。每个管理者的自控力都必将引发与企业自控力的关联，两者的关系会深刻影响企业自控力的强弱与经营风险的大小等。管理者自控力的强弱左右着企业的自控力，企业的自控现状也会影响个人的自控力。

GL集团公司的贸易部正在通过筹办托盘贸易业务（融资性贸易的一种形式）来开拓新的市场，以弥补营业收入的缺口。财务总监经过调查后认为风险很大，主要原因是集团公司缺乏对托盘贸易业务的自控力。托盘贸易是指托盘方与买卖双方分别签订采购合同，利用账期，为卖方提供融资的贸易形式。托盘贸易虽然会发生货物流转，但提供资金的一方并不直接参与货物流转的过程，对完整贸易链通常缺乏详细的了解，包括不熟悉买卖双方的交易背景与市场状况等，所以不具备对实物流转的控制权。又由于上下游客户都由他人控制，上下游客户之间有时存在关联关系，有些贸易在没有真实交易的情况下，存在虚开增值税发票等风险，因此很容易失控。财务总监要求开会讨论并走程序。

目前，一些大企业有做大贸易量的需求，也有做融资性贸易的冲动。财务总监在会上举例说，某国有企业为了做大经营规模，陆续投入1亿元以上资金与几家民营企业开展大宗商品贸易，其贸易模式：由国有企业先垫付资金向供应商采购商品，按采购价上浮一定比例作为销售价，再以走票[①]形式销售给下游，即贸易过程中仅有"资金流"。这些贸易的上游供应商一般是由下游贸易合作方指定，处于中间环节的国有企业主要提供流动资金，再通过进销差价获得一定的收益，最终通过贸易方式来达成贸易合作方的融资目的。该国有企业对这些贸易采取了信用担保措施，但提供担保的单位与贸易合作方都是关联方。受外部经济环境变化的影响，部分贸易合作方经营恶化，资金链断裂，合同到期后未能按时归还货款，该国有企

---

① "走票"原指一些没有药品经营资质，但掌握较固定的销售渠道和药品来源的居间人，通过挂靠合法药品经营企业，在支付一定额度的税款或管理费后，将自身药品经营行为"正当"化的活动。其本质是无证经营者使用有证企业的票据从事经营活动。

业在多次协商未果后向法院起诉,受担保人能力的限制,信用担保亦未能发挥有效作用,最终近三分之二的贸易资金发生了损失。

财务总监由此深入分析了融资性贸易的资金风险和可能带来的失控状态。一些企业由于缺乏足够的资信,难以从银行通过自偿性的贸易融资解决资金不足问题,因此采用这种以融资为目的,以贸易为手段,放大营业规模,表面称代理贸易,实质为融资性的贸易。例如在托盘贸易中,GL集团公司作为托盘方直接联系实际出货方和实际用货方,有可能面临既不能根据与下游买方的合同要求给付货物,又不能根据与上游卖方的合同要求交付货款的尴尬局面,从而受制于人。更何况预付资金被对方掌控,而收款的资金结算很难在集团公司的监管范围内,风险隐患自然放大。这种资金失控的风险是丧失控制力导致的。尤其在经济下行的情况下,融资性贸易的风险会顺风而下,一旦实际贸易出现问题,资金链断裂,向提供融资性贸易支持的单位传递,就很容易形成不可控风险。

由于社会资金整体偏紧,因此一些企业乐于通过融资性贸易等合作方式解决资金短缺问题。而GL集团公司的资金相对富余,通过与民营企业开展合作贸易,也能从中获取一定的经济效益。但在这些合作经营活动中,GL集团公司是处在配角位置的,市场销售的实现主要依靠合作方。从长期来看,依赖这种贸易方式,大量资金信用被其他企业占用,荒废了自身的主营业务,将不利于提升集团公司的市场竞争能力。只有主营业务才具有较强的自控力。从会计准则的规范要求看,这类收入业务并不能体现营业收入总额,只能采用净额法核算,意义不大。

《中央企业违规经营投资责任追究实施办法(试行)》(国务院国有资产监督管理委员会令第37号)第九条将"违反规定开展融资性贸易业务或'空转''走单'等虚假贸易业务"和"违反规定提供赊销信用、资质、担保或预付款项,利用业务预付或物资交易等方式变相融资或投资"列为在购销管理方面进行责任追究的情形,并提请管理当局警觉合规性风险。

财务总监上述有说服力的分析取得了经营团队的一致认可。上述案例表明了自控制胜的道理:一是财务总监具有自我控制、自我保护的意识,面对风险事件能够居安思危、防微杜渐;二是财务总监能够认知融资性贸易的风险控制现状,当他人缺乏对风险的认知的时候敢于据理力争;三是财务总监理智处事有智慧,既摆事实,又讲道理,还解析法规,更注重走程序进行集体决策,进而主动影响了整个经营团队的自控认知,值得称赞。自控的积极作用就体现在自主管理、自我约束的主观能动性方面。

当今社会,风险不断变幻、危险纷至沓来。面对风险、危险乃至失败的可能,企业管理者应当具备的最主要的能力是什么？是自控力！有了自控力，才能拥有权力，也才配拥有权力。从来就没有救世主，要掌控风险与防范失控，得靠自觉自控。能够管控好自己，才能掌控好企业。人人自控，无往不利。

1.1.4 本源控制追求本质安全

改变应当从自我开始。英国古老的威斯敏斯特教堂旁矗立着一块墓碑，上面刻着一段墓志铭："当我年轻的时候，我梦想改变这个世界；当我成熟以后，我发现我不能够改变这个世界，我将目光缩短了些，决定只改变我的国家；当我进入暮年以后，我发现我不能够改变我的国家，我的最后愿望仅仅是改变一下我的家庭，但是，这也不可能。当我现在躺在床上，行将就木时，我突然意识到：如果一开始我仅仅去改变我自己，然后，我可能改变我的家庭；在家人的帮助和鼓励下，我可能为国家做一些事情；然后，谁知道呢？我甚至可能改变这个世界。"[①]

管理的关键在于控制，控制的关键在于自控，自控是管理企业尤其是谨防失控的制胜法宝。从自觉到自控，重要的就在于取得控制的主动权和行为的主导权，从而对风险、对失控进行自主有效的管控，并构成控制活动的核心内容。人性的熵增与熵减并存，就看哪一方能够成为矛盾的主要方面，以决定主流方向。控制具有介入的力量，其中，自控构成控制力量中最有分量的部分。自控活动重视心智模式，人的心智模式改变，人的心态就会改变，很多精神、思想方面的问题就变化了。没有自觉的控制意识，就没有内部控制活动的有效过程及其积极成果。自我介入不够或自觉程度不够，内部控制活动就会打折扣。风险在动，自控应当与时俱进，这是落实内部控制活动的核心要义与最优解。大到企业，小到个人，自控者左右困难，失控者被困难左右。

自控是控制思想与控制行为的本源。本源是指事物产生的根源或指事物最根本、最重要的方面。本源性控制是最具根本性的控制，是在谋求本质性安全。启动与掌控这个本源相当重要，绝不能缺位。

任何组织或个人都需要自控，这是根本性的问题。企业内部控制应当包含自控、他控/控他、互控，其中，自控是核心。例如在甲、乙、丙三个人中，对甲而言，甲对乙和丙的控制属于控他，乙和丙对甲的控制属于他控，甲、乙、丙三者之间构成互控关系，其中，甲、乙、丙三个人的自控是不可或缺的。他控/控他、互控都是以自控为前提的（如图 1.7 所示）。皮之不存，毛将焉附。

就企业而言，每位员工内在的自控力既是群体自控力的基础与前提，也构成群

[①] 威斯敏斯特教堂墓志铭. zhuanlan.zhihu.com/p/454683097.

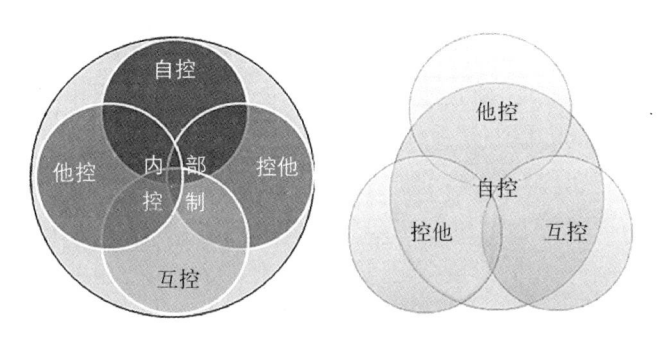

图 1.7　自控是内部控制行为的前提与核心

体控制力的核心,其既会影响每位员工的自控情况,也会产生与他控/控他、互控的相关关系。狭义的自控,是指个人的自我控制;广义的自控,包含个人自控、企业内部的他控/控他和互控等。由此,控制力可以分为个人自控力、他控力/控他力和互控力等。其中,他控/控他与互控都是以个人自控为基础的。没有像样的个人自控,他控/控他与互控就会是无源之水、无本之木。所以,本书倡导企业以"自控"为主,形成"他控""互控"联动的互补互赢局面。

自控是引发各项控制活动的内因或动因,会影响他控,包括能否继续控他、是否具有互控的氛围和场景等。缺乏或不善于自控,他控/控他或互控的作用就很难奏效。所以,自控是构成内部控制活动的基石与核心,具有本源性、能动性和重要性,他控/控他与互控是以自控为前提、为基础的,并落实在自控活动中。由此可见,自控需要正确处理好我、你、他及我们、你们、他们之间的关系。

本源性控制需要内源性改变与之相适应。内驱力是指人在发自内心想要做一件事时,调动时间、精力和资源,为达到目的而努力的能力。内驱力是心甘情愿去努力,外驱力则是被迫去努力。在管理活动中,不能只凭外管外控,而必须引导内部自觉自控。在只有外来压力的情况下,人们只是被动地去做他人要求做的事情,自控的种子没有得到良好的发育。在缺乏足够压力或动力的情况下,好逸恶劳的本能会表现出来。尤其是在发生失控行为的初期,更需要自控对风险举动或危险行为加以限制,这也是对自控力的早期训练,非常重要。防患于未然应当源于内源性的需求,内驱力是根本。

自控就是追求本质安全。只有一切皆在掌控中,才能让管理者获得真正的管理自由。倡导本源控制就是为了追求这样的安全感。以控制人的不安全行为为重点,以切断失控事故发生的因果链为手段,这是"以人为本"的控制思维,可以从根本上改善控制环境,提高本质安全水平。尤其是"一把手",作为关键少数,被赋予重要权力，担负着重要的管理责任，其自控状况影响着企业的管控情况，其自律程度决定着企业成长的速度，而其违法违规行为也最易产生催化作用或连锁反应，甚至造成区域性、系统性、塌方式腐败，他们的自控属于重中之重。

在物欲横流、风险诡异的当下，自控必须觉醒，并通过切实增强自控力，形成自控机制来有效防范失控。站在自控这一新学科的门口，我跨进一步，探讨如何自控，以及如何增强自控力并形成持之以恒的自控运行机制等相关问题，这门复合型的学科至少与管理学、控制学、心理学、行为学密切相关，与如何培养意志力、控制力、执行力紧密相连，与自评、自查、自纠、自愈休戚相关，是一个管控融合、知行合一、实用型很强、应用价值很高的知识体系。

本书就是以防范企业风险为背景，专门研究自控、失控与企业成败的内在动因及其逻辑关系，重点探讨如何增强管理者（包括决策者）的意志力、自控力和执行力，探求自控智慧和提升自控力的路径与方法等，谋求卓越管理与安全、健康、可持续发展。

名师点化 1.1 │ 能够自制就很有力量

现代成功学大师拿破仑·希尔（Napoleon Hill）出身贫寒。25岁那年，他应安德鲁·卡耐基（Andrew Carnegie）之邀，从事对美国成功人士的研究，20年间访问了福特、罗斯福和洛克菲勒在内的五百多位成功者，完成了《成功规律》《人人都能成功》《思考致富》等著作，并担当两届美国总统的顾问。希尔认为，自制是一种最难得的美德，先控制自己才能控制别人，有自制力才能抓住成功的机会，你付出的终会回到你身上，所以自制是有力量的。希尔提出了著名的"自制七个C"：一是控制时间（Clock），把握时间就能掌握命运；二是控制思想（Concept），幻想在经过刺激后会实现；三是控制接触对象（Contacts），认识新朋友，找出成功的楷模，向他们学习；四是控制沟通方式（Communication），最主要的就是聆听、观察和吸收；五是控制承诺（Commitments），按部就班，平稳地兑现自己的承诺；六是控制目标（Causes），使之成为奋斗的理想；七是控制忧虑（Concern）。希尔以自创的"十七条黄金定律"做实验，训练3 000名毫无经验的销售员，不到6个月，他们的成绩都很突出。

1.2　善控制胜与失控挫败

1.2.1　熵增、周期与管控得失

房间越堆越乱、手机越来越卡……自律比懒散痛苦，放弃比坚持轻松，恶化比

完善容易……作为无效能量的熵会不断增大,一切自发过程总是朝着熵增的方向发展。熵增的过程是舒适的,但结果很糟糕;熵减的过程是痛苦的,但结果会美好。只有意志坚定的人才能自我管控,坚持熵减。

企业由于规模的扩大,经营状况变得复杂,组织架构变得臃肿,管理人员变得官僚化,冗余增多,边际效用递减……竞争加剧、产业周期加速和新商业模式层出不穷等,会对企业构成威胁。

周期会周而复始地循环,这是客观规律,如经济周期分四个阶段:繁荣期、衰退期、萧条期、复苏期。一家企业的自控现状与经济周期、与生存发展周期唇齿相依、祸福相连。研究生命周期就是将企业看成一个有机体,试图为处于不同生命周期阶段的企业找到能够与其特点相适应,并能不断促进其延续和发展的管控路径与方式,使得企业可以从内部管理方面找到较优的模式来保持发展后劲,通过在每个生命周期阶段充分发挥优势来延长自身的生存与发展期。

《企业生命周期》的作者伊查克·爱迪思(Ichak Adizes)是美国企业生命周期理论的创立者、组织变革和组织治疗专家,他把企业比作人的生命体,把企业的生命周期细分为十个阶段:孕育期(提出创意,制订计划)、婴儿期(寻求机会,承担风险)、学步期(快速成长,以销售为中心)、青春期(创业者授权,管理专业化)、壮年期(在保持控制与灵活性之间寻求平衡)、稳定期(强调控制,遵循惯例)、贵族期(仰赖过往成绩)、官僚早期(内部斗争)、官僚期(苟延残喘,死而未僵)、死亡期(现金流枯竭)。不少企业没有走完这一生命周期就消失了,原因是在成长过程中跌入陷阱,如盲目多元化、盲目负债等。放眼全球企业界,如何保持企业的"活力"并延缓"衰老"是一个长期的研究课题。企业生命周期的每个阶段都可以用灵活性和可控性两个指标来体现:当企业初建或年轻时,其充满灵活性,做出变革相对容易,但可控性较差,行为难以预测;当企业步入老化期时,其对行为的控制力较强,但缺乏灵活性,直至最终走向死亡。爱迪思为此提出了 PEAI 基因模型,即执行力(Perform)、创新精神(Entrepreneurship)、职责考核(Administrate)和整合资源(Integrate)。

控制的对象是人和以人为构成要素的企业。关于"企业人"的描述或企业生命周期的探讨,不是文学作品中的拟人化,而是活生生的人或将法人还原为自然人。企业的生命周期是演进的,各个阶段之间的关系凝聚着人的努力,企业经营中的不同角色及其表现无疑是人性的流露。当今世界问题不断,企业失败屡见不鲜。如何有效制止失控并化险为夷,这是现实问题;如何提升自控力并行稳致远,更是根本性问题。自控是一种责任、一种习惯、一种文明。企业应当切实增强管理者的自控力。市场经济越发展,学会自控越重要。

企业像书,记录喜怒哀乐;经营如曲,弹奏抑扬顿挫;管理如棋,暗藏损益玄机;经验似茶,细品苦尽甘来。任正非说:"企业能否活下去,取决于我们自己,而不是别人,活不下去,也不是因为别人不让我们活,而是自己没活好。能活下去,不是苟且偷生,不是简单地活下去。一家企业活下去并非容易之事,企业要始终健康地活下去更难。因为它每时每刻都面对激烈的市场竞争,面对内部复杂的人际关系,面对着变幻莫测的外部环境。企业必须在发展的过程中,在不断地改进和提高的过程中才能活下去。"[1]

实证分析1.1 | "电脑大王"怎么会一败涂地

1951年王安用600美元创办王安实验室(Wang Laboratories)后,因不断推陈出新而成为"电脑大王"。1986年,王安成为美国"杰出移民"第一人,个人身价高达20亿美元,位列美国富豪榜第五位,稳居全球华人首富。但到了1992年,王安公司申请了破产!晚年的王安失去了进取精神,在经营上故步自封,判断力逐渐迟钝,仍旧生产已经过时的产品,结果造成大量产品积压,失去了对市场的影响力。更为严重的是,王安用人不当,不顾众多董事和部属的反对,任命36岁的儿子王烈为公司总裁,却疏于管控,致使公司元气大伤,股票市值大跌90%。垂暮多病的王安已经缺乏自控力,即使是高薪聘请的总裁也无法成为王安公司的"救世主"。奇迹般崛起的王安公司又以惊人的速度衰败了。

经营企业往往是失败与成功的串联。屡败屡战表示多次失败后仍然不放弃,越挫越勇。只要站起来,就比躺下机会多;能够汲取经验教训,就可以获得智慧的力量。勇者总是踩着失败走向成功,总是在发现什么路走不通后才明白什么路是可行的。一些已经倒下的企业并不缺乏洞察与新知,但缺乏自控力和执行力,没能自觉、自纠、自救。追究一些企业失败的缘由,往往不是被竞争对手击垮的,而是自身组织和人员的自大、封闭、内耗等造成的,从而在时代的风口浪尖失去了自控力。邓白氏公司(Dun & Bradstreet)通过大量实证资料所做的研究表明,企业产生财务危机直至破产的原因主要有以下几个方面:疏忽占4%,欺诈占2%,重大灾害占1%,经营与财务管理不善占91%,不明因素占2%。从中可以看到,90%以上的企

---

[1] 任正非:活下去,是企业的硬道理. view. inews. qq. com/k/20220527A0367R00? web_channel=wap&openApp=false.

业失败与管理不善的失控状态相关。美国忠诚与保证协会(SFAA)的调查结论是，70%的企业破产是由于内部控制不力导致的。失控已经成为企业失败最大的成因。

2013年国家工商总局发布的《全国内资企业生存时间分析报告》显示：近五成企业年龄在5年以下；企业成立后3年至7年为退出市场高发期，即企业生存的"瓶颈期"；近5年退出市场的企业的平均寿命为6.09年；多数地区企业的生存危险期为成立后的第三年，彼时的死亡数量最多、死亡率最高……

在2014年举行的"家族企业财富保全与传承论坛"上，中国中小企业协会公布的一组数据显示：我国家族企业的平均寿命只有24年；只有不到30%的家族企业能进入第二代，不到10%能进入第三代，进入第四代的只有大约4%。家族企业的短暂生命周期似乎验证了"富不过三代"的"魔咒"。

2019年中国人民银行与中国银保监会编写的《中国小微企业金融服务报告(2018)》指出，我国中小企业的平均寿命在3年左右，成立3年后的小微企业持续正常经营的约占三分之一。

与欧美国家相比，中国企业的平均寿命短得多。有抽样调查显示，中国民营企业的平均寿命仅为3.7年，中小企业的平均寿命更是只有2.5年；而在美国与日本，中小企业的平均寿命分别为8.2年和12.5年。中国大企业的平均寿命是7年至9年，欧美大企业的平均寿命长达40年，日本大企业的平均寿命甚至有58年。在百年老店方面，中国的企业数量明显落后于发达国家。[1]

不少财经作家、法律专家、资深会计在悉心探求中国式企业失败的成因，如吴晓波的《大败局》、陈晓峰的《中国式失败：探寻中国企业失败基因》、李敏的《危机预警与财务诊断——企业医治理论与实践》等。吴晓波说："今天的中国是全球创业企业最多的国家，每天有一万家新创企业诞生；同时，也是失败企业最多的国家，每年有两百多万家倒下，97%的企业会在18个月里面宣告死亡。"[2]《大败局》中的19家企业，"它们的创始人都是全中国最聪明的人，它们的共同点是，没有一家是正常死亡的，都是在高速成长的时候突然遭遇了崩溃性失败"。[3] 为什么呢？疏于自控，败在失控，衰落便是无可挽回的结局。

---

[1] 刘兴国. 中国企业平均寿命为什么短[N/OL]. 中国经济网-经济日报，2016-06-01.
[2] 吴晓波. 97%的创业企业都会在18个月里死去. https://finance.sina.com.cn/chanjing/gsnews/2019-04-24/doc-ihvhiqax4711522.shtml.
[3] 吴晓波. 97%的创业企业都会在18个月里死去. https://finance.sina.com.cn/chanjing/gsnews/2019-04-24/doc-ihvhiqax4711522.shtml.

1.2.2 失控总是有因有缘的

纵使跌倒,也不要空手爬起来。前行路上的失败者、牺牲者、成功者可能是敢于先行先试的奠基人、践行者、推动者。没有不断的试错、纠错,难以走向成熟、老练。任何失控都有因可查、有缘可寻。因缘找到了,就能对症下药。先不要把原因推给外界,要从自身找起:是好逸恶劳、纵欲过度,还是反躬自省、克己勤勉?是追名逐利、急躁浮夸,还是求真务实、潜心研学?

从控制学视角看问题,失败的罪魁祸首就是失控。忘却创业时的初心而迷失正确的方向、放弃肩负的使命而放纵错误的行为、失去管控能力而陷入难以摆脱的困境……失控已经成为企业失败的元凶。管控失常,引发混乱;投资过度,蒙受罹难;负债无度,招致祸端;收益失真,拖累企业;资产失实,导致亏空……看过不少企业的败局后,我深知大多数企业不是死于外部竞争,而是死于内部失控。鸡蛋,从外打破获取食物,从内打破萌发生命。企业亦然,外来的是压力,内生的是成长。如果等待从外部打破,就可能被蚕食;如果能使自己从内部突破,就能犹如重生般成长。

因为自控难以做全做好,所以势必失控?因为人的自控力有限,所以失控难免?正因为存在失控,所以更要自控。提高自控力最有效的途径就是明白自己为何失控以及如何失控,这是解决问题的关键。

经营管理环境虽然复杂,但大多数管理者会按照既有的经验来安排工作,经验往往先于思考,这样就有可能失误或失控。为了有效自控,应当探求失控的具体缘由。失控有过程,如失控之前先失能,失控之后会失败,总有一定的前因后果,需要透过现象看待失控问题,抓住失控事件的运作逻辑,通过去粗取精、去伪存真、由表及里、由此及彼的解析,理解其前因后果。

自控无能或无力才导致失控。"失"是遗落、丢掉的意思,古文字的图形像有东西从手上滑落下来,表示没有把握住,脱手而不能控制(如图 1.8 所示)。

图 1.8 "失"的构造与古今字形

失控,就是失去控制,甚至背离控制、放弃控制,包括心智上的(如失智、失意、失度、失德等)、情绪上的(如失态、失色、失望、失落等)、言语上的(如失言、失常、失检、失敬等)和行为上的(如失职、失察、失约、失信等)几个方面,其表现特征是非理性的、冲动的或无序的。

失控导致失败大多有征兆,且可以找到解决问题的办法。无风不起浪,导致失控的无外乎内外两大因素:内因是事物变化发展的内在根据,如行为者本性、动机和能力等;外因是事物存在和发展的外部条件,如竞争环境、外部风险变动等。鸡蛋之所以能孵出小鸡而鸭蛋只能孵出小鸭,是因为内因不同。内因是事物存在的基础,是此事物区别于其他事物的本质,是事物运动的源泉和动力,它规定着事物运动和发展的基本趋势。当然,并不是所有鸡蛋都能孵出小鸡,只有在适当的温度、湿度等条件下,鸡蛋才能孵化,条件不具备,鸡蛋就不能孵化。外因是事物存在和发展的外部条件,但其不能改变事物的根本性质及发展的基本方向。所以,探求失控与加强自控都应当从内因入手,并重视外因的动态变化。

美国社会心理学家哈罗德·凯利(Harold Harding Kelley)试图采用三维归因理论(Attribution Theory)来解释某人的某种行为:一是客观刺激物(存在),二是行动者(人),三是所处关系或情境(时间和形态)。其中,行动者的因素属于内部归因,客观刺激物和所处关系或情境属于外部归因。

由于主客观因素的不同影响,失控的表现形式不胜枚举,但归纳起来,大致包括主动违规型、无知无畏型和受骗上当型。

主动违规最可憎。主动违规是指行为人明知自己的行为违规,仍然实施这种行为,如不道德行为、反社会行为、犯罪行为等,也包括在无法控制的情形下因缺乏约束自己的能力而做出"蠢事"。

无知无畏最可怜。无知违规是指行为人因为对规章制度不了解、业务政策不熟悉,在不知情的情况下实施的违规行为,如盲从冒进、不懂装懂、随心所欲等。

受骗上当最可悲。被骗违规可能是被引诱而做出无意识的违规行为。之所以被骗往往是受到诱惑而不明是非造成的。大凡投机取巧、急功近利者,都很容易上当受骗。

1.2.3 研究失控动因,提升逆境商数

经营企业,遇到失控的局面在所难免,问题是,面对失控或失败是文过饰非、置若罔闻,还是吸取教训、找出病根?害怕失败等于拒绝成功。研究失控动因,就是要明白为什么失控、该如何看待失控以及如何防范失控等。意识到失控意味着想摆脱这种糟糕的状态,并愿意为此付出行动。能够品尝失控与失败并从中获益才是大智大勇。

细察企业成败得失的动因，无不与自控现状休戚相关。从控制学的角度看问题，成功的道路千条万条，归根结底就是一条——自控；失败的道路千条万条，归根结底也就是一条——失控。

失控与自控、墒增与墒减、失败与成功此起彼伏（如图1.9所示）。然而争斗的双方又可以相互转化，所谓"失之东隅，收之桑榆"。转化需要内外因的条件助力，包括必须经过科学解析，从中吸取教训、寻找规律，而后指导工作，这样才算没有"白交学费"。"失败"的"母亲"不一定能孕育出"成功"的"孩子"，除非配上一个"自省"的"父亲"。自控并不一定是失控的积累，而是对失控认知后的反思与超越。一失控就灰心，失望中是看不见希望的。

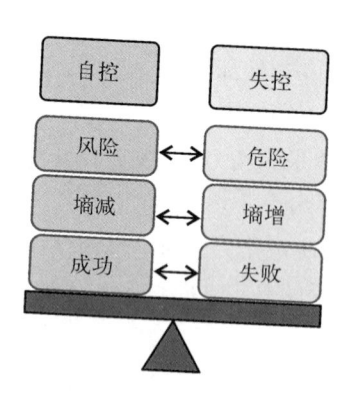

图1.9 自控与失控就像跷跷板的两端

成就事业需要具备一定的智商（IQ）、情商（EQ）、财商（FQ）和逆商（AQ）。[①] 其中，逆商是指个人在逆境中成长的商数，即面对挫折、摆脱困境和克服困难的能力。控制感对逆商起着关键性的作用。控制感是指人对环境及其信念的控制能力。面对逆境，控制感弱的人会听天由命。须知，面对逆境，如果选择了放弃，也就是选择了失败，因为没有什么比半途而废和丧失希望对未来的威胁更大，放弃和失望不仅不能解决问题，而且会使人在未来陷入更大的困境。

祸福相倚。身处逆境的你是生气，还是争气？弱者说：挫折是阻碍成功的大山。强者说：挫折是获得成功的垫脚石。古往今来，许多人之所以失败，不是因为无能，而是因为不自信。当你不自信的时候，你难以做好事情；当你什么也做不好时，你就更加不自信。若想摆脱这种恶性循环，就得与失控做斗争，就得树立自信心。路在脚下，办法总比困难多。

1.3 能觉善悟与自控动能

1.3.1 自觉自悟的基本内涵

自觉心是进步之本，自贱心是堕落之源。故自觉心不可无，自贱心不可有。人

[①] 智商是理性认识客观事物并解决问题的能力，情商是为人处事的能力，财商是投资理财的能力。

有灵性,是有良知的动物,需要有三个自觉——认识自己,洗练自己,改造自己。在风雨变幻、鱼龙混杂的年代,人不能浑浑噩噩,必须自觉自悟、能觉善悟,包括先觉后悟,边觉边悟,在自觉中自悟,在自悟中增强自觉性。自觉自悟或能觉善悟是支撑人与企业共同成长不可缺少的内在力量。

"觉",从学,从见(如图1.10所示)。从学,表示学悟明义;从见,表示看见、发觉。"觉,悟也。"(《说文解字》)自觉就是自己感觉到,能够用自己的意识主动调整自身的行为,以符合规范的要求。

图1.10　"觉"的构造与古今字形

"悟"是形声字,从心,从吾。心(忄)指心脏,是人的中心;吾像张开的口,表示开口自称;心与吾组合表示"正合我心"的状态(如图1.11所示)。"悟"的本义为正确理解,正好明白。"悟,觉也。"(《说文解字》)自觉自悟的本质是向内求己,相信自己并能够真正醒悟。由模糊到清楚或由迷惑到通透为觉悟,由不了解到了解并具有理解和分析的能力为解悟,明白并领会了道理为领悟。

图1.11　"悟"的构造与古今字形

认识自己从切身感受与自觉自悟开始。如果没有自我意识,自控系统就不复存在;如果没有自觉自悟,控制意志就难以维系。自觉自悟具有可持续性和发展潜力。孔子说:"不知命,无以为君子。"(《论语·尧曰》)[1]知命,首先是知"己命",知道作为一个人,如何立身、处世、为人;其次是知"天命",能够感悟规律规则,就能坦然面对现实。恍然大悟就是一下子明白过来,幡然悔悟是指思想转变很快,大彻大悟形容彻底醒悟。不断突破,自觉自悟,就能掌握命运、享受过程、追求卓越。

---

[1] 本书中引用的诸子百家等的言论,未特别注明的,均摘自百度百科、百度汉语。

世上最靠谱的投资就是投资自己。投资自律,成就人生;投资健康,有益心身;投资善良,收获人品;投资学识,无人能夺,这是一生的资本。积累丰厚的资本是成就一番事业的必要前提。每个人都是自己的产品经理,产品是要交付社会认可的,且需要自己负责到底。只有不断投资自己,才会积跬步以至千里;只有不断自控自强,才能生产出令人满意的"产品"。

1.3.2 自觉动因与能觉善悟

人要自立,紧握人生的方向盘,成为掌控自己命运的舵手。只有实现了独立自主,才有可能海阔凭鱼跃、天高任鸟飞。路终归要靠自己走,他人岂肯为你买单?与其寻寻觅觅,不如成就更好的自己。

自控的核心要义在于自觉能动,将期望与要求都寄托在自己身上。自觉能动是认识世界(怎么想)、改造世界(怎么做)的能力与活动,其特点就是通过思维与实践的结合,主动地、自觉地、有选择地、有目的地作用于外部世界。只有自觉能动、自力更生,才会自给自足、自强不息。

自觉与自发不同。自发是指不受外力影响而自然产生,可能是自觉的初始或萌芽状态。由于自发往往没有选择、计划与目标,因此难以预见后果。自觉是自己有所认识而主动去做,是人们在社会活动中,在一定程度上理解了自己活动的意义,具有明确的行为指向。所以,自觉并非不知不觉,而是有自知之明。自知之明是自控的坚实基础。

自觉与能动内在相连,是人类特有的能力与活动。自觉属于心智道德的精神方面,心明眼亮才能自觉地尊道重德;能动属于身体力行的实践方面,包括积极的主动性、理智的选择性和行动的有效性。自觉与能动融为一体,意在体现自愿执行或自主追求目标任务的程度,是一种有意识的、表现意志力的活动,不仅是指认识和改造客观存在的外部世界,而且包括认识和改造主体自身的内在世界。例如,在设计与实施自控活动的过程中,积极认知、主动作为,是具有自觉能动性的表现;而消极回避、被动怠惰,是缺乏自觉能动性的表现。

自觉能动是启动自控机制的动力,能够催生或推进一系列自控活动,是构成自控活动最根本的内在动因,并衍生出六大动因要素,有助于不断推进自控机制有效运行(如图1.12所示)。机制是指事物内部各部分的运行机理及其相互作用的过程和方式。自控机制包括自觉自控机制、主动执行机制、风险防范机制、自我约束机制、免疫自愈机制和自我超越机制,是一种能够合理保证管理活动有序化、规范化的自主制约机制,具有调动管理活动主体积极性的自我激励作用并提供必要的保障。

(1) 能觉善悟者自主自立，培育自觉自控机制

独立的人格具备自主自立精神，具有自我责任意识。自主就是自己主动，不受他人支配；或遇事有主见，能对自己的行为负责。自立就是依靠自己的本领，独立承担应当承担的责任。甲骨文中的"立"就像正面站立着的人，具有顶天立地的气概，对生活充满自信。自身努力最重要，自己的事只能自己扛。自控首要的就是能自主自立并形成自控机制。

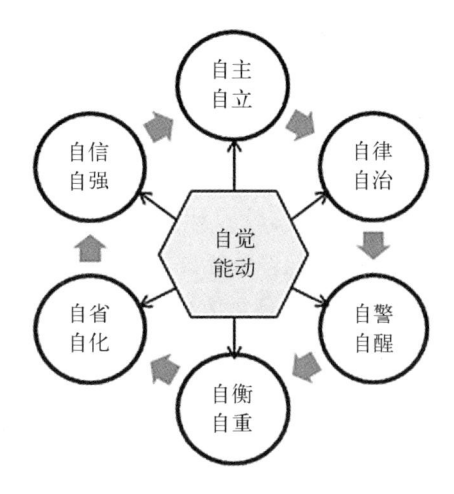

图 1.12　自觉能动的内在动因

(2) 能觉善悟者自律自治，增强主动执行机制

自律是指自己管束自己，使自身处于有约束感的状态，对自我高标准、严要求，在没有他人监督的情况下，也能自觉遵纪守法、修身慎行，包括制度规范、措施制衡、程序制约、尽职守责等。自律者能自理、善自治，使自控策略恰到好处、自控措施拿捏妥当、自控方法切实有效。有力量征服自己的人更有力量征服艰难困苦，自控过程就是不断培育与深耕自律自治的过程。

(3) 能觉善悟者自警自醒，健全风险防范机制

自警就是严格要求自己，经常给自己敲警钟，告诫自己要防微杜渐。自警自醒犹如照镜子，具有自我确证的功能，助力自纠自愈，通过审视自己的行为，做到有错能改、言行一致。人的成熟在于既能够自信地发挥自己的优点，又能够坦诚地改正自己的缺点。懂得自纠、自救，达成自愈、自胜，才是内心强大的表现。

(4) 能觉善悟者自衡自重，完善自我约束机制

制度是有形的约束，道德是无形的鞭策。人往往在自控与失控间徘徊，务请自衡、自尊、自重。自尊者尊人，也受人尊重。要在诱惑和艰难中保持尊严、赢得尊重。不要自负、自欺、自闭、自怜，而要自立、自省、自救、自强。自重支撑自由的精神、自主的工作、自在的生活。不能自尊自重的人，容易产生消极情绪，导致嫉妒心、怨恨心和报复心，造成情绪失常、心态失衡、压力失调、贪婪失节等，所以要善于自衡自控。自尊和被尊重的需要如果得不到满足，就会阻碍人格的社会性发展。将自尊自重作为立身准则，就要坚定信念，珍惜名誉，自我制衡，自我完善。

(5) 能觉善悟者自省自化，激活免疫自愈机制

只有主动改变自己，提升自我，才能自省自化（自然化育）、自愈自救、增强免疫力，包括通过自我批评、自我解剖来克服缺点、纠正错误、弥补不足。所以对他人的批评建议要虚怀若谷、闻过则喜，言者无罪、闻者足戒。如果刚愎自用、抱残守缺、不能自省自化，就容易积重难返、病入膏肓。

(6) 能觉善悟者自信自强，优化自我超越机制

发现长处是自信自强的基础。只有相信自己能行，你才能行；只有做自己能够做到、做好的事，才能彰显你的个性特征。即使困难重重，也要用你的左手去温暖你的右手，自信前行。自信、自励、自强的信念能够促使自控意志更加坚定，自控行动具有明确而持久的约束力和执行力，并能够在激励机制的基础上奋发图强，不断完善自我、超越自我。胜人者力，自胜者强，自强者胜。

综上所述，自觉能动是贯穿自控活动的核心动因，体现自控活动是自觉的、理性的、有序的、可持续的。没有自觉能动就无所谓自控活动，具备了自觉性就有可能自主、自律、自悟、自通。或者说，自觉能动是自控最典型的思想意识和最突出的行为表现。自控者能够善始善终，从而具备了持续发展的潜力。

1.3.3 控制要素与自控动能

内部环境、风险评估、控制活动、信息与沟通、内部监督构成内部控制五大要素，人的自控意识与自控活动应当内嵌于这些构成要素的运行规则中，并主动促使控制的自觉程度与工作质量不断提升。个人也好，企业也罢，都应当构建起以自控环境为基础、以自我评估为依据、以自控活动为手段、以信息沟通为载体、以自我监督为保证的要素体系。这些要素之间相互联系、互相促进，具有强基固本的积极作用（如图 1.13 所示），其中，自觉能动内涵于自控活动，并促使各控制要素循环周转、持续运行。如果将企业比作一个人的机体，内部控制要素就相当于机体中的"免疫系统"。一个健康的"免疫系统"可以合理保证一个人不生病、少生病，从而有助于健全健康防御系统，防范和化解相关风险。落实自控活动的具体

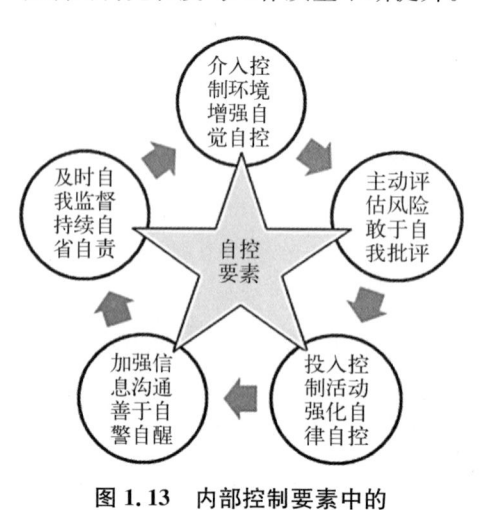

图 1.13 内部控制要素中的自控动能作用

内容就是牵住了控制活动的"牛鼻子"。

（1）介入控制环境，增强自觉自控

一人独立，二人相从，三人为众。控制活动总是在具体的环境中运作，众人的事业需要每个人的参与，人与人之间相互依靠、互相支撑。自控介入控制环境就是要营造人人自控、他控、互控的氛围，形成共生共赢的良性互动机制。

在自觉的环境中自控，可以营造习惯于自控的氛围。自控是人们在长期的社会化过程中逐渐接受甚至内化了控制文化的价值标准和行为准则，从而成为一种自觉行为，包括自我净化、自我完善、自我革新、自我提高。

在他控的环境中自控，可以营造有利于自控的氛围。人很难看清自身后背的问题，所以需要他人予以指正。企业对内部控制的认知也有一个渐进的过程，他控在企业建立初期占主导地位。此时的内部控制可以被认为是国家"要我控"、法规"要我控"、领导"要我控"，而"我"还不具备自觉性，属于被动应付式，甚至是消极对抗的。他控需要有他人指导，要求予以积极引导。犹如学生读书不自觉，家长的管束、老师的管教、学校的管理对学生来说就是多种形式的他控，这在学生的成长过程中是必需的。

在互控的环境中自控，可以营造有助于自控的氛围。相互牵制、互相管制，本身就是内部控制的精髓。人们如果习惯于在互控的环境中生存，自控的理念就可以得到进一步的升华与认同。和谐的环境会使人心情舒畅，在友好合作、互相制约中愉快地工作。良好的环境不仅能促进工作效率的提高，而且能促进文明程度的提升。

（2）主动评估风险，敢于自我批评

控制针对风险，但风险并不总是显露在外，如果不能识别、未加识别或错误识别风险，就可能造成损失。所以，要认清自身存在的问题，从评估风险和开展自我批评开始。

自控应当直面风险，即管理过程中可能产生问题、存在错弊、应当予以关注的场景，并将其划分为低风险、中风险、高风险等。尤其应认清自身风险与自身以外的风险及两者之间的联系，以帮助确认防的导向、控的指向、治的方向。

风险与机遇并存，并非所有风险都对企业有害。如果风险预示着机会，就应实施机会优化；如果风险引致损失，就应设法降低其发生的可能性；如果风险损失难以避免，就应尽量将其弱化。通过增强控制的确定性来抵消风险的不确定性。

(3) 投入控制活动,强化自律自控

直面风险,宜未雨绸缪,勿临阵磨枪,这就要求落实事前控制。事前控制是在某项活动开始前所进行的前馈性防控活动。控制者事先深入实际调查研究,识别和测算发生风险的概率与程度,并寻找关键控制点与保护性措施,体现在相关制度或流程中,通过主动防御风险,织密安全网,避免或减少差错,以预案的前瞻性和精准性来对冲环境的复杂性和风险的不确定性。

事中控制应当注意管控融合,其核心要义在于防微杜渐。管理活动将借助自控纠偏的积极作用,有助于把控好行为的目标与方向。学会自控是"练内功"、有能耐的表现,是克险制胜的法宝。

事后控制是在某项活动结束后所进行的反馈性或检查性的监控活动,通过分析与评价、监督与检查等程序,将实际业绩与控制目标或标准进行比较,并采取相应的措施惩前毖后、拨乱反正,目的仍然是达标,并迫使行为或活动返回事先确定的或所期望的水平。

(4) 加强信息沟通,善于自警自醒

血管是能源(血)的传递通道,经络是能量(气)的传递通道,神经是信息的传递通道,这些通道一旦堵塞,人就会生病。做人做事都要学会沟通,以免出现循环障碍。

有效的信息沟通就是通过及时、准确、完整地收集与控制活动相关的各种信息,并使这些信息以适当的方式及时传递、正确应用的过程,从而支撑内部控制活动,并成为持续风险监控的基础。创造定期与不定期的信息反馈机会是培养员工信息沟通的有效方式。通过沟通,可以增进员工之间的相互了解、相互体谅、相互帮助。而个体有意识的选择性汇报和无意识的选择性遗漏等机会主义行为都会造成信息认知衰减。

通过耳聪目明,有助于自警自醒。控制的基础是信息,一切信息的传递都是为了控制,并有赖于信息反馈予以实现。控制过程是一个通过反馈信息来逐渐逼近目标的过程,其间,自警自醒是自觉自悟的表现。但现实问题是,企业的规模越大,管理的层次越多,高层管理人员就越闭塞。信息流通不畅是一个危险的信号,许多舞弊待案发后才如梦初醒,问题已相当严重。

(5) 及时自我监督,持续自省自责

如何知责于心、担责于身、履责于行?持续的、自觉的自省自责应当主动"嵌入"自控活动过程中,而不是"附加"其上,更不是可有可无。持续的自我监督应当成为自觉的理性选择。

企业管理的过程也是对人、财、物和供、产、销的控制过程。管和控应当融合互助。控思想、控行为、控结果……控制应当嵌入整个管理过程,这不仅是一种认知,而且是一种实践活动,因而上述要素的运行是相互依存、互为补充的,可以形成PDCA自循环(管理闭环):P(计划,Plan)——根据控制目标明确问题并对可能的原因及解决方案进行事先安排。D(实施,Do)——落实各项控制行动。C(检查,Check)——评估结果。A(处理,Act)——如果对结果不满意,就返回计划阶段;如果对结果满意,就对解决方案进行标准化。PDCA循环往复,螺旋上升,进而达到不断提升控制质量的目的。

专题讨论1.1 | 不会自控,终将失控

某药品公司创立之初,董事长陈某推荐其姐夫李某出任总经理并得以任命。某年年末的董事会上,总经理李某建议拓展公司业务,涉足IT行业和房地产行业。独立董事对此提出异议,认为这三个行业之间关联度太小,公司也没有从事IT行业和房地产行业的经验与优势,因此主张向高科技生物制药领域发展。但在董事会表决时,由于董事长陈某的坚定支持,总经理李某的提议被通过。第二年年初,作为进入房地产行业后的第一笔业务,该公司决定建造一幢40层高的商务大楼,主要用于对外招商和租赁。该项目开工前,项目施工方临时建议将商务大楼增高至70层,以显示公司的实力和气派,总经理李某随即拍板同意。独立董事提醒说,原建设方案是经财务部等统筹考虑公司的可承受能力后设计的,如临时改变建筑高度,应重新制订项目概预算方案等。但该建议没有引起重视,商务大楼就此按70层投入建设。第三年2月,由于公司经营业绩下滑,而商务大楼追加楼层的建设款又占用了过多现金,最终导致资金链断裂,公司陷入破产清算的境地。

该公司缺乏自控、互控的意识。董事长与总经理存在近亲属关系,导致对总经理的监督难以实施。由于总经理权限过大,独立董事被边缘化,因此公司对重大决策缺乏有效的制约与监控。该公司没有自知之明,在风险识别与评估时,放弃将资金投入原本熟悉的医药市场,无视可能在生物制药行业做强做大的潜在机会,而盲目进入经验不足、与原先产业无关的IT和房地产行业,承担了较高的行业风险。又由于该公司控制环境不佳,决策权过分集中,而公司内部缺少信息由下至上沟通的渠道,外部独立董事提供的信息无法得到公司内部各部门的重视,信息沟通渠道不畅致使公司的内部控制无法产生真实、及时、有用的信息,也没能及时发现公司控制缺陷,从而没有采取措施及时进行有效监控,失控最终导致失败。

1.4　知行联动与增智赋能

1.4.1　解析企业自控现状

企业的自控活动具有倾向化、个性化等特征。自控认知不足、理论体系缺乏、思想观念不一、应用方法不够、专业人才匮乏等问题已经影响企业的长足发展。一些企业即使开展内部控制活动，也只是停留在制度建设与制度检查方面，没有做到将自控、他控、互控有机联系起来，形成互补联动、合作共赢的局面。

目前，学习与运用自控理论和方法大致呈现以下四种状态：

一是未学不控。自控好像人人都会，实则不然。不少企业或个人既没有系统学过自控理论与方法，也没有在实践中有意识地加以运用。不学无术的人有时还自以为是，导致控制活动存在一定的非理性或盲目性。

二是未学在控。有人知晓一些内部控制的基础知识，对自控要求略知一二，但没有系统学习或进修过自控知识。由于胸无点墨，因此自控处于自然而然的状态，谈不上有效应用与有针对性地活动，控制目标难以具体落实。

三是学了不控。个别人员进修过内部控制，对自控知识有所了解，但在实践中没有自觉加以运用。由于认识不足、重视不够，再加上自律不易，导致知行不一，甚至违法乱纪。

四是边学边控。有的人正在全面学习内部控制知识，也在实践中不断探索运用，走在了自控活动实践的前沿，但也只是运用了自控学的部分知识，其系统性、针对性和有效性尚待提高，知行合一有待完善。

应当承认，自控现状总体并不理想，且处于零星分散状态，彼此之间缺乏有机联系，尚未形成一套真正意义上的自控活动应用体系。一些管理者在遇到失控问题时才想到控制，犹如发现自己太胖才去锻炼。还有一些企业是为了完成上级布置的任务，容易急功近利或好高骛远，很难持之以恒。

我亲历了我国内部控制的渐变，在二十多年来的自习、自修、自悟中深感自控是企业内部控制活动的基础、核心与本源，因而是最重要的。如何自控？这个既有重大现实意义又有重要学术价值的课题在我的脑海中挥之不去。自2003年7月编写《内部会计控制规范与监控技术》后，无论是主编《会计控制与风险管理》，还是编著《企业内部控制》《小企业内部控制——自主管控的路径与方法》《公共部门内部控制——行政事业单位经验分享》等，我一直都在收集、思考、整理、研究这个课题,尤其是在深入几十家企事业单位辅导设计内部控制制度的过程中,更深切感受到破解这个课题的现实紧迫性。环视全球,企业内部控制的理念与实践日益受到重视,但自控领域少人问津。于慧萍和谷增军基于CiteSpace知识图谱分析的《我国企业内部控制研究热点与前沿趋势》表明:国家对内部控制领域的关注力度对文献发文数量的影响十分显著,并且属于正向刺激。目前,内部控制领域的研究主要集中在财会、审计方向且比较深入,但缺乏多学科之间的交流。从内部控制领域近年来排名前三十的突显关键词分析,没有出现"自控"字样。① 也就是说,目前探究与推进企业自控或管理者自控的成果凤毛麟角,在教与学的过程中也没有显现出来。

究竟如何才能有效自控并予以推进?2021年在编写《企业内部控制规范(第三版)》的过程中,我一次次追问自己,敢不敢将研习多年的心得见诸文字,求教于各位?要自信才能自立自励,这是能写这本书的前提。于是,我针对智慧自控的主旨绞尽脑汁,潜心钻研,已研读相关书籍上百本和案例近百个,思路渐渐明朗、思维逐步清晰。但真正落笔还须自省自悟、自主自强,这是写好这本书的保证。觉悟是一个过程,认知有待提高,我数易其稿,如今写下这段文字,是想说明成事与否与自觉自控内在相关,自信自励是前提,自律自控是基础,自省自悟是保证。

学习、研究、写作与实践的过程一次次证实了自控活动要"学""思""用"贯通,"知""信""行"统一,这既符合认识螺旋式上升的过程,也有助于深入实践达成目标。"学"是前提,"知"是基础;"思"是"学"和"用"结合的关键环节,"信"是"知"和"行"合一的桥梁纽带;思考的深度、笃信的程度决定"学""用"结合、"知""行"合一的力度,没有"思""信",就会使"学""用"两张皮,"知""行"相割裂;"学""知"的目的在于"用""行","思""信"的目的是更好地"用""行"。由此更需要通过系统的研究与实践,增进信念、增加力量、增强功能。

名师点化 1.2 ｜ 知行合一致良知的心学思想

知道不代表做到,做到不等于做好。认知自控还须努力践行。管理者不仅要以身作则、知行合一,而且要带领团队懂知能行。

王阳明是明代著名的思想家,心学的代表人物。《传习录》②记载着他关于知行合一致良知的思想:"身之主宰便是心,心之所发便是意,意之本体便是知,意之

---

① 于慧萍,谷增军.我国企业内部控制研究热点与前沿趋势[J].新会计,2021(6).
② 思履.王阳明全书[M].北京:团结出版社,2020.

所在便是物。""知是理之灵处,就其主宰处说便谓之心,就其禀赋处说便谓之性。"人心能够知晓行为的善恶,也能自觉地去为善,这就是本心的"明觉"。"至善是心之本体。""无善无恶是心之体,有善有恶是意之动,知善知恶是良知,为善去恶是格物。""格物"必先"正己",其要义在于"去其心之不正,以全其本体之正"。

王阳明认为,知中有行,行中有知,不可分作两件事。与行相分离的知,不是真知,而是妄想;与知相分离的行,不是笃行,而是冥行。所以,不仅要认"知",而且要践"行"。知行合一既不是以知来吞并行,也不是以行来吞并知。他一方面强调意识的自觉性,要求人在精神上下功夫;另一方面重视实践性,指出人要在事上磨炼,要言行一致、表里一致。如果知而不行,那只是不知。王阳明的心学高扬主体意识,重视内心力量,追求明洁本心,企盼达成"致良知"的境界。

1.4.2 熵减活动与主动做功

细胞是人体的基本单位,是生命的基础与健康的关键。人的身体由几十亿个细胞构成,绝大部分细胞要努力工作并定期更新。如果细胞消极怠工,身体就会出现问题。此外,疾病造成的细胞损伤也需要通过细胞的主动做功来修复和再生。

企业的细胞是形形色色的人,其成长过程是熵增熵减博弈争斗的过程。熵增处于封闭系统＋无外力做功的环境中,只要打破这些条件,就有可能实现熵减。熵减具有以下三个明显的"有作为"的特征:

一是主动做功,增智赋能。屋子长时间不打扫会越来越乱,熵就增大。主动整理需要付出劳动,让一个系统变得有序需要输入能量。随着企业做大,员工慢慢懈怠下来,组织变得臃肿起来,这时就要主动做功,变革机制,在增智赋能中保持初心与管控热情。

二是引入负熵,打破平衡。环境熵增了,就应从无序中发现有序,减少无用功。只有开放的系统才能熵减。组织系统应当把无用的熵排出去,同时吸收新的可用物质、能量和信息,形成新旧更替,不断促进熵减。

三是与时俱进,不断自化。当环境变得艰难,问题格外棘手的时候,更需要强大的自控力。让自控与智能联手,通过健全免疫自愈机制,建立底线触发机制、风险预警机制、重大风险预案等,促成自控活动不断自理自化。

1.4.3 提升效能与健全功能

站在树上的鸟儿之所以不担心树枝断裂,并不是因为它相信树枝,而是因为它相信自己的翅膀与飞翔的能力。鸟儿若想飞起来,既要有飞翔的信念,也要有飞翔的本领,还要善于迎风战雨。在管控企业的过程中,与其对风险担惊受怕,不如努力增强自控效能,给心灵注入力量,使行为举止得体,这不仅能让自己变得强大,而且能凝聚各方力量,守正驱邪,自信自强。

自控效能是指管控活动中的效率、效果、效益的现实性或潜在性。增强自控效能,就是在自主自觉的指引下进行有益的制约制衡,从而避免或降低风险事故所导致的危害或损失,达到自控制胜的目标。

人的能量主要由体能、智(慧)能、德能构成。德能是能量之树的树根,智(慧)能是树干,体能是枝叶。修生养心从树根开始,根深才能干强叶茂。智慧是高级的能量,对控制的效能起着重要作用。体能是基础,与健康程度相关。善于给这些方面主动赋能,对不断提升自控效能十分重要。

效能是指事物所蕴含的有利作用,或在一定条件下所起的作用,包括行为目的和使用手段的正确性与效果方面的有利性,涵盖效率、效果和效益。

控制要讲效率。效率是指在给定投入的条件下,最有效地使用资源以满足设定的愿望和需要的评价方式,体现做事的方法,即正确地做事、不浪费资源。效率侧重于衡量单位时间内完成的工作量。在管控活动过程中,自控的效率最高。

控制要讲效果。效果是指由某种原因所产生的结果,通常反映人们在做正确的事情过程中采取的某种行为方式所获得的合乎目的性的结果,是基于目标的衡量。效果侧重于对达标程度的关注。在管控活动过程中,自控的效果最佳。

控制要讲效益。效益是指效果与利益,包括控制活动本身得到的直接效益和由此引起的间接效益。效益专注于劳动占用、劳动消耗与获得的劳动成果之间的比较。劳动成果的价值超过了劳动占用和劳动消耗的代价,其差额为正效益,即产出多于投入;反之,则为负效益。用同样多的劳动占用和劳动消耗获得的劳动成果多,效益就高;反之,效益就低。在管控活动过程中,自控的效益最好。

如何给自控增强智能,不断赋能?可以古为今用、洋为中用、百花齐放、推陈出新,并通过实证分析、专题讨论、案例评析等探索研究,在理论联系实际的基础上知行联动、循序渐进,并使之常态化、长效化。

一要健全营养输入功能。健康活跃的生理状态需要有能量支撑,如细胞的新陈代谢依赖血液的流动与血管生成所带来的氧气和营养。流动与运动是能量产生的基础与前提。血管不生成,血液不流动,生命就完结。

二要健全免疫防御功能。消除病毒需要能量,通过健全控制的各项要素,激活免疫系统,完善健康防御系统,可以有效抑制有害菌种的侵袭。

三要健全自我再生(更新)功能。如同身体中的细胞每天需要再生,企业的自控功能也需要不断更新,自我再生是促进自控的重要动能。

四要健全自觉调节(促进)功能。人体中有许多微生物组在保护着生命与健康。管理企业应当善于发现与调动有效的"微生物组"来调节免疫的管控机能,提升防范风险的"卫士"作用。自控力是在不断的运行中提升促进作用的。

五要健全自愈修复功能。能够自控是企业健康长寿的成功基因,这种优秀的基因如同人类的DNA,具有强大的自我修复功能,通过培育控制文化和良好的习惯,可以不断开启有益基因,关闭有害基因,修复与完善存续基因。

管理从不简单,自控是一项综合、复杂、系统的工程,与人性相关,与管理相融,与德育相通,与法治相连,与培养意志力、控制力、执行力密不可分,属于多学科跨领域的思维碰撞。差的控制让管理者揪心、执行者闹心,好的控制使管理者放心、执行者舒心。管理者需要不断地给自身赋能,给员工赋能。奋斗的路上,只有不断健全功能、增加能量,才能拥有更大的安全感与成就感。通过系统研究自控理论、自控案例和自控实践,可以促进"学""思""用"贯通、"知""信""行"统一。人人学会自控,管理轻松上阵。

——— 经典案例评析 ———

自控自强的企业家领袖

任正非荣膺《中国企业家》杂志评选的"2008年度中国最具影响力企业领袖终身成就奖"时,《中国企业家》杂志社社长评价任正非几乎是中国最有静气和最有定力的一位企业家。

磨难中的任正非自信自立,不畏艰难。他原先在一家企业做副经理,被骗200万元后被辞退,又患有多种疾病,离婚后的家庭重担落在他的肩上。他去找工作,没人要他。他凑了21 000元创办了华为。任正非认为深圳正在鼓励进行科技创业,而在旧体制下,没法按自己的想法做事,不如自己建立一家公司,自己想什么、自己做什么,好坏自己承担。伟大的背后都是苦难。艰苦奋斗是华为文化的魂和主旋律,任何时候都不能因为外界的误解或质疑而动摇奋斗的文化,任何时候都不能因为华为的发展壮大而丢掉根本——艰苦奋斗。没有艰苦奋斗精神作支撑的企业是难以长久生存的。

创业中的任正非自强自励,百折不挠。在华为设立初期,任正非缺钱、缺人、缺技术,只有勤劳肯干、真诚感人。他一个一个客户去磨,人家有什么需求就一样一样去改、去做。累了、病了,甚至两度癌症找上门,但倔强的任正非硬是带出了一支

"狼性队伍"。2001年1月8日,任正非的母亲遭遇车祸,当时任正非正跟随国家领导人在伊朗访问,等任正非赶回昆明时,母亲已撒手人寰。2003年1月24日,通信巨头思科在得克萨斯州联邦法院对华为提起专利诉讼,欧美市场很多客户暂停了与华为的合作……华为在艰难中打出标语:"从来就没有什么救世主,也不靠神仙皇帝,要创造新的生活,全靠我们自己。"

身居高位的任正非自控自律,以身作则。任正非请下属吃饭,每次都开发票,然后把发票当场撕掉,为什么呢? 就是为了避免以公费的名义报销因私就餐的费用。任正非在日本出差,回来报销时曾误将百余元洗衣费混入差旅费发票中,被审计部查出,任正非不但退还了多报的费用,而且签发文件,在全公司通报批评自己。其自我批评的气魄难能可贵。华为规定,所有人出差都不能坐飞机头等舱,任正非也不例外;如果要坐,差价自己出。2016年的某一天,人们诧异地发现,72岁的他一个人拖着行李箱在机场坐摆渡车、排队等出租车,没有随行人员,没有前呼后拥,而这一年,华为全球的营收约为5 200亿元。

磨难越大,意志越坚。任正非认定,唯有行动才能对抗焦虑,唯有技术才能立稳脚跟。2001年IT泡沫危机发生后,公司内部有人偷走知识产权、挖走相关人员去创办其他公司。在忍无可忍的情况下,任正非召开大会,学习德国克劳塞维茨的《战争论》:"什么叫领袖? 要在茫茫的黑暗中,把自己的心拿出来燃烧,发出生命的微光,带领队伍走向胜利。战争打到一塌糊涂的时候,将领的作用是什么? 就是用自己发出的微光,带领队伍前进。"泡沫经济时,北电在光传输上投入过猛,设备跌价,如同鸡肋。华为选择了光传输这个不值钱的鸡肋,别人不做华为做,一做就做三十年,终于做到了世界第一。

成名后的任正非忧患意识更强。遭受美国的肆意打压后,任正非觉得更要努力奋斗。"我们只要不努力奋斗,就会把我们打垮。这点对我们也是有好处的,没有外部的压力,内部就缺少动力。"任正非最佩服的是蜘蛛,不论狂风暴雨,不畏艰难困苦,不管网破碎多少次,仍孜孜不倦地用它纤细的丝织补。没有人去赞美蜘蛛,但它们仍然不屈不挠、生生不息。任正非最欣赏的是蜜蜂,它给人们蜂蜜,人们对它赞不绝口。但不管人们如何称赞,蜜蜂仍孜孜不倦、埋头苦干。胜不骄,败不馁,这才是自控的强者。高逆商的任正非成为在磨难中崛起的巨人。

资料来源:邱晓雅.任正非传[M].北京:团结出版社,2020.
启文.任正非:狭路相逢勇者胜[M].山东:山东画报出版社,2021.
任正非.什么叫领袖? 要在茫茫的黑暗中,把自己的心拿出来燃烧.https://www.sohu.com/a/343133645_464025.

第 2 章　掌控大脑　自主自立

> 自控三部曲：抑制本我，管控自我，达成超我。

2.1　认识自我与透析人性

2.1.1　认识本我与透析自我

在充满不确定性的当下，管理者通过认知风险、自我觉醒，可以少走弯路、避免失控。没人可以轻视自控的伟大力量，但能否自控皆在意愿中。尤其是高级管理人员（以下简称"高管"），在管理层中担任重要职务，负责企业的经营管理，掌握着重要信息，属于管理企业的"大脑"，是企业运营的核心人物和完成目标的执行者，包括董事、监事、经理、财务负责人、董事会秘书以及企业章程规定的其他人员。这些高管如何掌控大脑，能否认识本我、透析自我并成功驾驭，对企业安全、健康、可持续发展至关重要。

驾驭自我需要学会抑制本我、管控自我、达成超我，由此递进，促进智慧自控与卓越管理。本我处于人性结构的最基本层次，即最底层，是一种与生俱来的动物性本能，比较混乱、缺乏理性，按快乐原则行事，乐意追求满足。自我处于中间层，是从本我中分化出来受到现实陶冶而渐识时务的部分，并充当本我与外部世界的联络者和仲裁者，在超我的指导下监管本我的活动，能根据环境的实际条件按照现实原则行动，既要获得满足，又要避免痛苦。超我处于最上层，能进行自我批判和道德监控，指导自我以良心自居，并限制或压抑本我的冲动，按至善原则行事。

人之所以还不能很好地克服本我的弱点，与认知（心智）不够成熟相关，需要不断深造与修炼。尚未成熟的人凸显本我，如婴儿处于本真状态，其天性暴露无遗，但随着年龄、学识、经历的增加，就不能随心所欲，应考虑过往的经验、现实的制约和未来的后果等。自我具有反抗本能的思维，包括理性、协调、监督等，从而能够自主支配行动。超我体现道德和认知的高级方向，属于自我的理想部分。本我、自我、超我三者之间的一般关系如图2.1所示，其中，善控自我最重要。

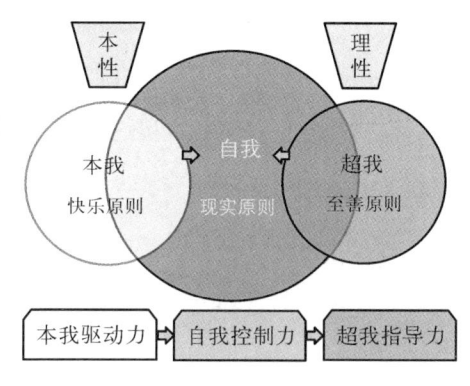

图 2.1 本我、自我、超我之间的关系

自我连接本我和超我，三者之间你中有我、我中有你、互相牵制，构成了一条由人格形成的链条或人生历程。其中，以下三个方面值得关注：

一是自我的概念最大，是一个"现实的我"，即人对自身存在的体验。自我既可以以主体我的身份去认识和改造客观事物，此时的我处于观察地位，又可以以客体我的身份被认识、被改造，此时的我处于被观察地位。每个人都是主体我和客体我的统一体。厘清主客体关系，正确对待自我，有助于处理好控制活动中的各种关系。

二是自我意识的范围最广，包括：① 对自身生理状态的认识和评价，如体重、身高、身材、容貌等体像和性别方面的认识，以及对身体的痛苦、饥饿、疲倦等的感觉；② 对自身心理状态的认识和评价，如对自己的能力、知识、性格、理想等方面的认知；③ 对自己与周围关系的认识和评价，如对自己在一定社会关系中的地位、作用，以及对自己与他人关系的认知等。当个体把自己及与外界的关系作为认识对象的时候，自我意识的概念和结构几乎包罗万象。

三是自我控制处于核心位置。自我充当管控人性的执行者，在本我和超我之间进行调节与平衡，一方面制约着本我，另一方面受制于超我。自我是理性的，处于社会生活的现实要求中，运行在超我的道德规范和本我的利益追求之间，并按照现实适用的原则协调各种矛盾，寻找权宜之计。现实的管理者大多处于这样的左右为难的状态中。

2.1.2 管理的精髓在于掌控人性（心）

管理之本是管人，管人之本是管心。人组成了企业，企业里存在形形色色的人，呈现各种各样的人性（心）。管好企业的核心或精髓在于懂得人性，掌控人心，促使人自发地为企业的目标开展工作,进而实现自我管控发展。所以,管事先管人,管人要管心,这是优秀管理者的本事。

人的基本性情由先天遗传与后天培养相互作用而成。一些资深的人力资源经理深有感触地认为:流动的人心,不变的人性,最难管的就是人的心。人性由不同层次的需求构成,管理的难度往往体现在人的有限理性及其蕴含的风险上。管理的本质就在于管人和理事,也就是说,基于对人的正确认识,从人的实际出发,采取符合人性特点的管理方法和管理手段。自控是管理的本源,自控的要义就是管控人性(心)。

人具有自然属性,自然的生理需求产生原生性动机,包括吃喝拉撒、七情六欲等。人也具有社会属性,各种心理需求产生社会性动机,体现为实践活动中人与人之间的各种关系。人要遵守公德,自觉接受社会的约束,不能衣冠禽兽或禽兽不如。能够将自然属性与社会属性(或内在动机与外在动机)和谐统一的人,善于自控,利己利人。

人性是指人的根本诉求,是行为背后的动机。动机驱动行为,行为源自需求。亚伯拉罕·马斯洛(Abraham Harold Maslow)认为,人性是人的全部属性的总括,本能需求是人性的集中表现。人作为一个有机整体,具有多种动机和需要,包括生理需要、安全需要、归属与爱的需要、自尊需要和自我实现需要。戴维·麦克利兰(David C. McClelland)将社会性动机分为三种:成就动机(争取成功,希望做得最好的需求)、权力动机(影响或控制他人且不受他人控制的需求)和亲和动机(建立友好或亲密的人际关系的需求)。一切动机背后都是未被满足的某种需求。管理者要能够洞察动机与需求,关键在于提升管控的针对性与力量,当低层次需求被满足后,应努力实现更高层次的需求,如为员工提供成长的机会、关注员工的进步并为员工创造进阶的路径等。

西方有种观点认为,人存在原罪,由此产生贪婪、嫉妒、自负、权力欲等,并引发各种罪行。由于人性不可靠,因此不可以放纵人性各行其是,这意味着要把信任票投给一套完美的制度。然而带着原罪的人是上帝所造之物,这又意味着要把信任票投给臻于完美的人性或应该放心的人。

人无完人,缺点难免,有的还难以真正克服,需要不断进行有效管控。比如,有人只想自利,让自己处于有利的位置;有人习惯拿镜子照人,且总是要求他人按照自己的意愿去做;有人喜欢面子,坚持不该坚持的,放弃不该放弃的;有人总是从别人身上找问题而不愿意承认自己的缺点,喜欢找各种借口为自己辩解且听不进不同的意见;还有人总是自我设限,觉得自己这也不行,那也办不到⋯⋯人教人有时难教会,事教人一次就奏效,所以需要叫醒、痛醒、警醒、悟醒。

管理学有四大人性假设。建立在"经济人"假设基础上的古典管理理论认为,人的工作动机根源于经济诱因,其目的在于获取最大的经济利益,主张把人放在被动的位置上进行严格管理。"社会人"假设不仅看到人具有满足自身物质的基本需要,而且有尊重、社交等其他一些社会心理需要,管理必须从社会、心理方面激励人,提高劳动生产率。"自我实现人"假设进一步指出,人具有能动性与创造性,力求在工作上有成就,实现自治和独立,发展自己的能力和技术,能够自我刺激和自我控制。"复杂人"假设认为,人是千差万别的,不同的人以及同一个人在不同的时期和不同的场合会有不同的动机与需求,应因人、环境及问题等的不同而采取不同的管理方法与手段。

几亿像素的眼睛企图破译人们的行为动机并看透人心。"性善论"认为,人生来有恻隐、善恶、辞让、是非之善端,扩而充之,便可形成仁、义、礼、智的善性。"性恶论"认为,人之性恶,其善伪也。"性无善无恶论"认为,无善无恶心之本,有善有恶意之动;人性如素丝,染于苍则苍,染于黄则黄。"性有善有恶论"认为,人性善恶相混,修其善则为善人,修其恶则为恶人。画虎画皮难画骨,知人知面难知心,自控的本质就在于扬善惩恶,激发和释放人的善意。

人的潜意识往往是求生在先或谋利在前,只有经过理智的权衡、自律的约束等,才会放弃一些不理智的念想,或者说,自利是人的本能与行为逻辑,对每一项交易都会衡量其代价和利益,并选择对自己有利的方案。追求利益不一定理智,但没有利益是缺乏动力的。只有在深入理解利益和人性的关系后,企业出台的管理政策与运行机制才能打动人心,才能实现企业和员工"双赢"。在任正非看来,华为的管理就在于洞察人性,激发人的欲望,这与企业成败有逻辑关系。有段时间,华为将伙食补贴直接打进员工的工资里,海外员工舍不得将补贴花在吃上,想多攒点钱回国买房子,于是不少员工的健康出现了问题。发现这种情况后,任正非责令人力资源部门修改相关政策,无论员工吃多少,公司都补一半,吃得多就补得多,吃得少就补得少。结果大家都挑好的吃,干活儿就更有劲了。后来经过测算,公司的伙食补贴反而减少了。基于功利的基本立场,人会注重眼前物质上的利益,但最终选择做什么,还是受到环境及管理绩效等多方面的影响。

想他人所想并成就他人是基于人性化的管理思维。记得三十多年前我刚担任校长时就碰到过一个难题:要不要让教师实行"走班制"?其中内含着一个棘手的问题:可以放手让教师外出兼课吗?学校以教师为主导,是知识分子扎堆的地方,不能像机器管工人那样"硬管",而要"柔性管理",强调自觉自律,尤其是教师,更应凸显以身作则,但不是放任自流。于是,我校率先试行"弹性走班制":规定教师每周的基本工作量,超工作量的给予课时补贴;规定每周政治学习、业务学习和教研活动的时间,并纳入考核;规定教师上课必须提前10分钟到课堂,做好各项课前准备工作;规范教师听课评课制度,督导并提升授课质量……"弹性走班制"受到教师们的普遍欢迎,尤其是我校的专业教师更加自重自强,成为当时全市最好的专业师资队伍之一。

管理者通过解析人性密码,可以透视失控与自控的内在动因。人不但具有生物性(基因本源),还具有思想性(诱导本性),更具有社会性(复杂多元)。所以,人不能定格于生物学上的本我,也不能受困于心理学上的自我,还可以走向社会学上的超我。人的理性程度大致分为三种:完全理性、有限理性和非理性。有限理性的原意是指人的行为是有意识的,但这种理性又是有限的,是介于完全理性和非理性之间的、在一定限制下的理性。由于环境的不确定性和不稳定性等外部因素的限制,有限理性具有内生性:一方面,人和企业都不可能获得有关决策或环境的所有信息;另一方面,人和企业自身的学识与经验是有限的,即使掌握了有关信息,也难以完全理性地处理全部信息。完全理性是理想状态,而非理性是不应当、不道德甚至违法的,有限理性则是需要重点关注的。

人会权衡利害与功过,且对"避害"的考虑会多于对"趋利"的考虑,对防范风险具有一定的自利性,这是自发的机能。权衡得失、避免危害的动机可以驱使人提高自卫能力,识别阴险狡诈之徒,通过防陷阱、避险情、躲小人、拒黑恶等机智策略保护自身利益。

针对人性特征管控人性,需要扬长避短,尤其关注人性的弱点,包括自负、奢靡、偏执、贪婪、虚荣、冲动、急功近利等,不同的弱点之间又有着千丝万缕的联系。建立在人性弱点上的错觉和幻象是认知人性的盲区。

针对人性归因管控人性,需要追根溯源。为人处世从人性的角度进行思考,容易发现问题的实质。例如,员工在接受新的任务时会本能地说:"我不会做。"领导听后不乐意了,就批评他,遭受批评的员工的感受就会更差。其实,担心自己做不好的畏惧心理是该员工本能拒绝新任务的原因,而帮助员工解决好畏惧心理才是管理者需要做好的事。

针对人性曲线管控人性,需要因势利导。处于不同的阶段,人性会表现出不同的特点。知晓自己的人性曲线如何波动,即知己心欲;知晓他人的人性曲线如何波动,即知彼心欲;知己知彼,管好拐点,事情就顺了。人之所以知进退、知轻重,皆因人性曲线波动,管理者要善于因地制宜。

针对人性"黑箱"管控人性,需要控制关键。人性是复杂活动的"黑箱",很难说清道明,但只要找准其中的关键控制点,就可以将复杂问题简单化。人性虽然自利,但会权衡利弊,如对某些高风险岗位实施突击检查并予以公告,就可以将压力转化为自控动力。"阳光"就是最好的消毒剂。

个人理性和企业理性内在相关。个人的有限理性尤其是高管的理性程度会影响企业的理性程度。个人是有限理性的,由个人组成的企业也是有限理性的,由个人与企业构造的市场亦是有限理性的。当今世界失控不断,管理失控屡见不鲜,如何克服有限理性的局限,重视并解决好失控问题,是一个既现实又重要的课题。研究有限理性与人性自控问题有助于完善自控行为、增强自控效能、提升自控力。

"以人为本"不是空喊口号。人性有善、恶两面,企业必须对此有清醒的认知,运用适度的管控措施、严明的工作纪律,抑恶扬善,才能激发正能量。如果"邪恶"四处作乱,"善良"就难有生存空间。如果好人吃亏,坏人得志,好人就有可能变坏。"劣币驱逐良币"的现象会使企业成为懒人、庸人的乐土,最终导致企业失去持续生存与发展的动能。得人心者得天下!只有在管理中"以人为本",才能赢得员工的认同感和忠诚度,才能使企业在竞争中无往不利。

2.1.3 大脑中争斗的两个"我"

人的优势归功于大脑的记忆、情感与思维等过程,并将整合的结果送往控制身体运动的大脑皮层,支配人体进行各种有意识、有目的的活动。为保持大脑良好的工作状态,应当掌握用脑节奏与强度,控制输入信息的质量,供给必要的营养等。大脑既是思维的器官,也是求知的"学生"。你训练大脑专注,它就会越来越专注;你教会大脑理智,它就会越来越理智;你经常让大脑忧愁,它也会越来越忧愁……

大脑可塑且潜力巨大。只占人体体重2%的大脑,耗氧量却达到全身耗氧量的25%。氧气充足的环境有助于提高大脑的工作效率,使之注意力集中。大脑储存信息的容量相当于1万个藏书为1 000万册的图书馆,多学习可以让大脑充实,认真观察与认知事物便于大脑储存信息、加深记忆、活跃思维。现代医学研究证明了勤奋用脑可以刺激脑细胞再生,增强大脑活力,延缓人体衰老,符合生物学上的"用进废退"理论。大脑的容量和人的能力都是可以不断成长的。

大脑内分三个层次(如图2.2所示)。底层是本能脑,主管本性,对环境具有本

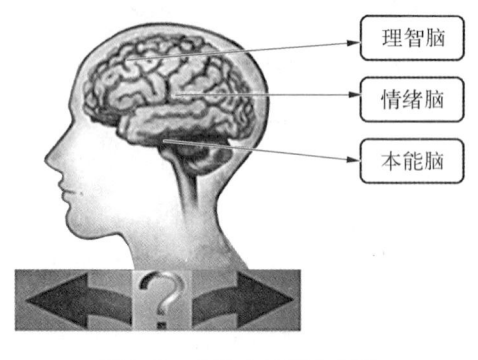

图2.2 大脑中的三个层次

能反应；中间层是情绪脑，主管感知，具有喜、怒、哀、乐等表现；上层是理智脑，主管思想，控制语言、思维、逻辑等。本能脑与情绪脑具有强大的运算能力；而理智脑运算慢、耗能大，这也许是脑的"劣根性"——能不用则不用，或默认采取低能耗且快速的运作系统，让思想躺在舒适区。人的年龄会增长，大脑却会停留在不同的成长层次上。

如同一枚硬币的两面，一颗大脑中有两个"我"：一个是本我（本能）冲动型的，喜欢肆意妄为、及时行乐，对自控很反感，"魔鬼的逻辑"就是人生苦短、及时行乐，诱导你做出冲动的行为；另一个是自我（自主）约束型的，善于管束自己、深谋远虑，对成功很在意，"天使的逻辑"在于奉公守法、克己行善，能帮助你做出理性的抉择。你认同哪个"我"呢？

善与恶、对与错、是与非的对抗使人脑中的两个"我"经常冲撞，争夺着控制权。大脑是指挥行动的司令，它可以把"天堂"变成"地狱"，也可以把"地狱"变成"天堂"。

人时常左右摇摆，举棋不定。因为大脑一半是魔鬼，一半是天使；或一时光明善良，一时阴暗邪恶。关键在于谁战胜谁。你希望谁战胜谁？现实中的情况往往是：一边天使在轻声呢喃，另一边恶魔在声嘶力竭。少一些侥幸、多一些责任，减少罪恶感、增加正义感，将有助于做出正确的选择。

控制本身有一种扬善惩恶的力量，这与"性本善"理论中人性具有抵制邪恶的初心相近。人通过大脑的不断理性化或自律化来增强意志力、增进自控力、提升执行力。人虽不能挑选自己的身体，但可以用自己的大脑来改变自己的命运。性相近也，习相远也。后天的理性训练可以使人有计划地掌握某种技能，有意识地产生生理反应，从而改变人的素质与能力。在这个过程中，学会自控最为关键。

从控制学的角度分析，人的可贵之处在于其具有掌控大脑的能力，能够通过提高理性认知与增强意志，不断提升自控力与执行力，这是正确的路径，人生的价值就在于此。所以，人最好去追求值得实现的目标，且赋予目标强烈的现实意义，接下来就是集中力量去达到这个目标，这才是最直接、最简洁、最有效的自控路径——只做应该做的。

2.1.4 三股力量在脑中较量

走在管理的路上,难免遭遇不确定因素、风险事件和疑难问题,向生存力、思考力和意志力发起挑战,从而影响人的判断力与自控力。

假如你在抉择时不存在有意识的理性分析,某些决定就会在稀里糊涂中做出,没有认真斟酌"做"与"不做"的后果,随大流,凭直觉,相当危险。当你需要解释"为什么要这么做"以及之所以这样做的理由时,大脑才会运用逻辑。所以,人在决断时要三思而后行,要多问几个"应该还是不应该""为什么"。当你意识到"应该"时,就会去做应该做的事;反之,则不去做不应该做的事。

有三股力量经常在人的脑中争斗:"我要做""我不做"和"我犹豫"。凡是可以去做的才导致"我要做",凡是不可以去做的必须是"我不做";或者说,值得去做的才导致"我要做",不值得去做的就导致"我不做"。问题是,人的大脑可能会对"我要做"的事情深陷其中而对"我不做"的事情难以舍弃。

人的犹豫不决与认识模糊相关。不知道该怎么做就容易跟着感觉走。"我犹豫"是一个过程,其时间与路径的长短不一,表现为"我想做还是不想做""我想要什么还是不想要什么"等的徘徊与焦灼。例如,你是否会告诉自己已经干得"很好",因而允许自己干些许"坏事"?你是否以为没有别人知道,就干这一次"坏事"?等等。模糊会心生迷茫,进而使认知、情绪和行为遭遇困扰,影响思维的判断与前行的走向。人在权衡利弊时犹豫,是因为还没有想清楚,一旦想清楚了,就会落实到"我要做"与"我不做"两种状态中。

人脑中的三股力量周而复始的状态如图 2.3 所示。企业在经营管理活动中所遇见的疑难事情越多,风险程度越高,不确定性越大,这种举棋不定的情况就越会

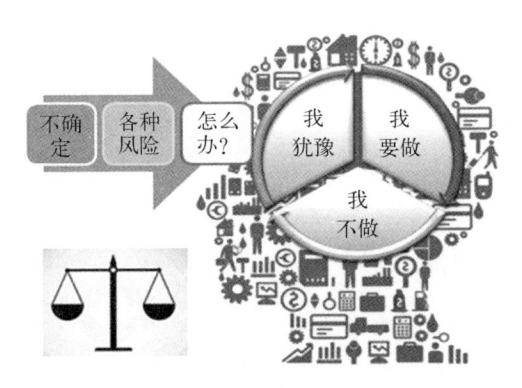

图 2.3 三股力量在大脑运行中不断较量

反复出现。

意志在博弈中不屈，自控就占上风；反之，让欲望主宰思维、冲动主导行动，后果就是文明被原始所累。失去理性与意志，没有好的习惯与自控力，就难以成就优秀的人生和持续发展的企业。

识别就是要辨别、辨认清楚。对大脑中存在的两个"我"和三股力量，究竟应当如何进行正确的抉择与有效的平衡呢？"我应该"的意识很重要！人虽然是有限理性的，但可以增强理性。"我应该"是在理性分析的基础上得出的结论，它可以直接左右两个"我"和三股力量，并在取得独立见解后直接影响控制力与执行力。大凡心悦诚服地去做应该做的事情，就会持之以恒；而不是心甘情愿去做的事，是注定难以持久的。

缺乏意志力是事业成功的绊脚石，增强意志力对提升自控力很重要。对意志力的挑战就是在两个"我"和三股力量中的抉择。意志力左右控制力并影响执行力，自控程度体现控制力与意志力。增强意志力可以让你成为更好的自己。

名师点化 2.1 │ 依靠意志力，主动驾驭自控力

美国健康心理学家凯利·麦格尼格尔（Kelly McGonigal）认为，"自控只是一时的行为，而力不从心和失控确是常态"。[1] 人需要依靠意志力来驾驭"我要做""我不要"和"我想要"这三种力量。大脑前额皮质中"我要做"的部分能够帮你处理枯燥、困难或者有压力的工作。比如，下了班你想洗个澡，但它会提示，为了健康，你应该先跑步。"我不要"则负责控制你的一时冲动，让你避免做什么。比如，你坐在图书馆里，窗外传来球场上的打闹声，你告诉自己不要分散注意力，继续看书。"我想要"最高级，是对目标和欲望更深层次的思考和记录。如何利用好大脑前额皮质的这三个区域去提高控制力呢？答案是，在设定目标时从这三个方面分别做出具体描述和行动，一旦你出现意志力松懈的情况，在大脑里重复这三句句子，马上就能唤醒你的意志力。

2.2 探究意识与坚定意志

2.2.1 意识是有能量的

人体由细胞组成，细胞由原子组成，原子由粒子组成，粒子就是能量。量子物

---

[1] ［美］凯利·麦格尼格尔.自控力[M].北京：北京联合出版公司，2021：1.

理学家通过大量微观试验发现,这些基本粒子不停地消失、出现、运动。细胞活跃则能量强,生命体就充满活力;细胞衰弱则能量弱,发病概率就会增加。生命以能量为中心,所以要想方设法赋能。

能量形成磁场,脑电波是意念磁场产生的物质条件。意念磁场可以产生力的作用,这就是意志力。一个人思考得越专注或欲望越强,他的意念磁场就越强,意志力也就越强。能量或力量是可以改善现状的。

人的生存过程就是不断获取与释放能量的过程。起心动念消耗的是能量;平心静气既能减少能量的消耗,也能从天地万物中吸收能量。虚怀若谷,就是形容能够涵敛能量的样子。一个人拥有能量的大小与其心量成正比,心量有多大,所吸取的能量就有多大,能量越大,能力就越强。

能吸收怎样的能量取决于人的内心。人在生病时应该去想如何才能健康,这有助于康复。若成天因病情而焦虑,载有疾病信息的能量就容易被该疾病所吸引。为什么安慰剂有时能起到治病的效果?因为其中的意念信息在起作用。当一个人对安慰剂有足够的信心后,安慰剂里就带有能够治疗疾病的信息,信心越强,能量(疗效)就越大。这就是"相信"这个意念的力量。一个人的意念是消极或丑恶的,周遭环境也会变得消极或丑恶;一个人的意念是积极或善良的,周遭环境也就积极或善良起来。信仰是你内心的想法,所以要坚信你的潜意识的力量,它能够治愈、鼓舞、勉励你,并为你带来成功。你的信仰决定了在你的生活中将会发生什么。

专题讨论 2.1 │ 潜意识可以操控行为且很有力量

人们的日常思想与抉择等有意识的念头只占整个意识的小部分,其余大部分是隐藏在"冰山"下的潜意识。研究发现,潜意识产生的意念磁场的强度是显意识产生的意念磁场的强度的三万倍。人们常以为由外在力量决定着的命运,其实很可能是潜意识驱动着自己所做的选择。犯错的人自以为无意识的行为却可能是潜意识在作怪。

无意识像一个很大的门厅,各种心理冲动拥挤在一起。与门厅相连的房间是一个接待室,意识就停留于此。门厅和接待室之间有个守卫,检查着各种心理冲动,分辨出显意识和潜意识。人在放松时,信息容易进入潜意识,而潜意识也容易吸收带有感情色彩的信息。没有自信,潜意识会告诉你做不到、不值得。如戒烟时千万别说"我戒不了烟",因为你的潜意识会把你说的话当真。有消极想法的人很难成事。

潜意识深藏于灵魂,具有神奇的效力,可以控制人的行为。信仰是你内心的想法,要相信潜意识的力量。智慧的人善于运用潜意识的力量去达成正向目标。先相信,并坚信,然后才有望实现。

2.2.2 意志力左右着成败得失

意志力来源于意识。意识包括"意"和"识"。"意"主要是思考,是基于概念而达成目标的过程;"识"主要是感受,是诠释概念的过程。从本我走向自我,追求超我,是意识不断进步的过程。意识产生意志力,意志力是各种命令的发布者,指挥着人的自控活动。

人有决心说明意志力在起作用。人的心理活动或身体器官对决心的服从说明了意志力拥有强大的力量。意志力是独一无二的个体所拥有的、可以纠正自身的自发性的力量。尽管人们会用判断力去思考问题,但最终解决问题是意志力支持下的控制力在起作用。

意志力是控制自己的注意力、情绪和欲望的能力,是一个人敢不敢自信、会不会专注、是不是果断、能不能自制、有没有忍耐力的集中反映。意志力对控制力具有支撑性的关键作用,对自控力影响最大。不少成功人士的与众不同之处就在于其强大的意志力。一个目标一旦确立,不是在奋斗中死亡,就是在奋斗中成功。具备了强大的意志力,你就能做成很多事。

意志力的强弱及其持久性对大脑的有效抉择具有极其重要的作用。而意志力却是一种有限资源,会被转移或消耗,当然也可以通过补充能量的办法来提升。有研究表明,人的意志力的能量来自血液中的葡萄糖。低血糖症患者的意志力相对薄弱,较难集中注意力和控制自己的负面情绪。糖尿病患者的血液中有很多葡萄糖不能被合理运用,所以其意志力也较薄弱。此外,人的能量不是源源不断的,有时会产生能量危机,尤其是在过度疲劳、过于分心或身患重病的时候。

意志力既有静态的方面,又有动态的方面。当一个人能够在某一事件或一连串事件中表现出极大的决心时,就会被认为拥有很强的意志力(静态的)。人的意志力的特性需要通过他的行动的力度和持久性体现出来,在这一过程中所展现出的意志力就是动态的。

人的意志与生俱来,其强弱却天差地别,后天的学习、培育、训练对意志力的成长影响很大。20世纪末,英国牛津大学曾从当年度毕业的学生中选取500名考核成绩优秀者作为实验对象,对他们进行了长达10年的追踪调查。结果发现,其中35%的人在事业上有不小的建树,声名显赫;而剩下的大部分人默默无闻,活得很平庸。进一步探究发现,他们在意志力方面有巨大差异:成就斐然的人,对自己的事业具有钟爱的激情、执着追求的信念和忘我的献身精神,即使遇到多次重大挫折,也一如既往不动摇丝毫;而碌碌无为的那些人,意志力薄弱,往往在困难面前畏缩不前,只是消极地等待转机。

2.2.3 意志坚定是被磨砺而成的

强大的意志力不是突然产生的,而是在日积月累中一步步形成的,就像锻炼肌肉一样,意志力的锻炼也需要从少到多循序渐进。

坚持不懈对培养意志力的效果非常明显。最好的医生是自己,最好的药物是时间,最好的心态是宁静,最好的运动是步行。坚持每天步行半小时到一小时是最简单、最经济、最有效的锻炼方法。

研究发现,早晨人的意志力往往最强,那时的精神比较饱满。随着时间的推移,意志力会逐渐减弱。所以,当需要进行重要事项的决策时,最好选择精力充沛、思想集中的时段。就像不要指望过于瘦小的人背负重物,意志力或自控力会像肌肉那样,在被不断使用后显得疲惫。

心理学家博伊德·巴雷特(Boyd Barrett)曾提出一套锻炼意志的方法:从椅子上起身和坐下30次;把一盒火柴全部倒出来,然后一根一根地装回盒子里;等等。他认为,这些练习可以增强意志力,以便日后面对更严酷的挑战。心急吃不了热豆腐,对意志力的培养需要一个长期的过程。

意志力创造人格。《孟子》中有一段话:"天将降大任于是人也,必先苦其心志,劳其筋骨,饿其体肤,空乏其身,行拂乱其所为,所以动心忍性,曾益其所不能。"马在松软的土地上易失蹄,人在甜言蜜语中易摔跤。强大的意志力源于艰难困苦的不断磨炼,只有经风雨、见世面,才能锻炼意志、增长才干、担当大任。生活像海洋,只有意志力强大的人才能到达彼岸。"不忘初心,牢记使命"就是锻炼意志力的好方法。

2.2.4 信念、意志与吸引力

信念是人生的太阳,是蕴藏于心中的一团永不熄灭的火焰,它使人无畏地面对艰难困苦、命运起落。积极的信念使人乐观向上、朝气蓬勃,成为引导和鼓舞成功者朝着既定目标前进的指路明灯和助推器。

人看世界是有选择的,一般只看见自己相信的事物,对自己不相信的事物会视而不见。人所处的现实是人的信念吸引过来的,人也被与自己的信念相近的现实所吸引。这种相互吸引无时无刻不在以一种人难以察觉的、下意识的方式进行着。

人在意志力薄弱时往往会选择短期目标,在意志力强大时则往往会选择长远目标,这与"及时享乐"的本性相关,也与"决策疲劳"的原理相关。例如,买新车的时候往往会有很多升级配置的选项,聪明的销售商会先让你对一些花钱少的配置进行选择,等你连续决策到疲劳后,再向你介绍价格昂贵或者根本没用的选项,这时你的意志力已经无法对抗他的推荐了。不仅如此,采取这种先易后难的选择顺序,顾客对购物体验的评价往往更高。

吸引定律,是指思想集中在某一领域时,跟这个领域相关的人、事、物就会被吸引过来。物以类聚,人以群分。志趣相同的人互相响应,自然而然地走到一起。科学研究发现,人是能够接受暗示的动物。成功心理、积极心态的核心是具有自信意识,而自信意识来源于心理上积极的暗示;反之,自卑意识经常在心理上进行消极的暗示。消极的暗示会不知不觉偷走你的梦想,使你渐渐颓废,变得平庸。所以,人需要控制自己的意志力,使之专注于对自己有利的、积极的和善良的人、事、物,并将其吸引过来。和不一样的人在一起会有不一样的人生。借人之智成就自己,乃成功之道。学最好的别人,做最好的自己。

2.3 有效执行与自立自鞭

2.3.1 制度的生命在于执行

现实是此岸,理想是彼岸,中间隔着湍急的江海,行动就是架在其上的桥梁。合适的制度是行为规范的前提,有效的执行是制度落实的保障。如何引导员工树立法治意识、制度意识、纪律意识,形成遵纪守法、懂规守矩的良好氛围,让纪律发力、禁令生威,关键在于真抓实管。

孔子认为:听到的容易忘记,看到的会记得,而只有自己做了才会理解;君子说话要谨慎,行动要敏捷。[1] 荀子也认为,"不闻不若闻之,闻之不若见之,见之不若知之,知之不若行之,学至于行而止矣"(《荀子·儒效》)[2]。墨子亦明确指出,"志行,为也"(《墨子·经说上》)[3]。英国著名哲学家弗朗西斯·培根(Francis Bacon)认为,知识就是力量,但更重要的是运用知识的技能。我的切身体验也表明:看到的比听过

---

[1] 孔子是中国著名的思想家、教育家、政治家。子曰:君子欲讷于言而敏于行。(《论语·里仁》)
[2] 荀子是先秦时期百家争鸣的集大成者。他曾说:没有听到的不如听到的,听到的不如见到的,见到的不如了解到的,了解到的不如去实行,学问到了实行就达到了极点。
[3] 墨子创立了墨家学说,以兼爱为核心,以节用、尚贤为支点。他认为,意志付诸行动,就是作为。

— 42 —

的容易记住;提过问题的或思考过的会加深理解;身体力行不仅能获得真知灼见,而且能掌握技能技巧;能教会别人了,自己便掌握得更加牢固了。在"想到"和"得到"之间,"做到"更重要。一个人的认知越清晰,意志越坚定,行动就越坚决。

与其坐而论道,不如起而行之。想,可能问题不少;做,便有自己的答案。要把握当下,而不是拖延扯皮。一家企业能否把战略、规划、制度、要求转化为效率和效益,关键在于执行力。执行力是完成既定目标的实际操作能力,包含完成目标任务的意愿、完成目标任务的能力和完成目标任务的程度等。制度是否有效、战略或策略是否成功,需要强有力的执行力作保障。执行力不强,即使有理想的战略规划、发展目标与管理制度,也只能是沙盘上的宏伟蓝图、墙壁上的口号标语而难以兑现。

行动了不一定会成功,但不行动一定不会成功。成功=(意志力+控制力)×执行力。千忙万忙,不抓落实是瞎忙;千条万条,不去落实是"白条"。俗话说,"一等二靠三落空,一想二干三成功"。学懂、弄通的落脚点在做实。抓工作落实要下功夫,凡事都要有人去管、去盯、去促、去控,这样才能出成效。对管理者来说,能够解决好问题很重要,所以管理者应多到现场去,重视获取第一手资料,从而具有务实的管理作风。

在目标—执行—结果的基本流程中。目标是企业战略层面的事,而企业中的每一位员工无时无刻不处于执行的过程中,执行中的理念、态度、能力等因素的优劣决定结果。从这个角度来看,企业的成功是执行的成功,企业的失败也必然是执行的失败。执行绝不能像拳头打在棉花上那样,有劲使不上;也不能像浮萍一般,不落地、不生根;更不能像脱了缰的野马,恣意妄为。控制是否尽职守责就体现在执行的过程中,而执行的关键就在于控制履职的到位程度。

管理活动不会因为你想做什么而给你回报,也不会因为你知道什么而给你酬劳,只会因为你做了什么而从业绩上反映出来。机会眷顾有准备的人。着眼于将来必须致力于现在,在行动中期待明天。只有行动,才可能达标。成功在行动中实现,增强执行力具有现实的重要性。

执行力强的人不会向明天"赊账"。在执行力上的"赊账"往往与缺乏责任心和进取心相关。责任心的强弱决定执行力度的大小,进取心的强弱决定执行效果的好坏。人们在考虑是否要马上采取行动时,脑中时常会闪过这样的念头:"等明天再说吧"。许可自己"明天再做"就是一个"行为陷阱",这种陷阱如果与缺乏责任心沆瀣一气,就会出现机械执行、拖拉执行、应付执行、变通执行、随意执行、违规执行等问题,使执行的效果大打折扣,甚至出现失控的局面。

创造明天的是今天,创造将来的是现在。当你痴痴地坐等将来的时候,将来就从你懒惰的指缝间溜走了。"明日复明日,明日何其多!我生待明日,万事成蹉跎。世人皆被明日累,明日无穷老将至。晨昏滚滚水东流,今古悠悠日西坠。百年明日能几何?请君听我明日歌。"这首表意直白的《明日歌》意在杜绝将"明日"当成借口来逃避眼下应该解决的问题,放任自己的懒散,直至"万事成蹉跎"。执行力看重的不是明天,而是把握好今天。昨天已成历史,明天尚不确知,今日才是真实可控的。不要习惯于推诿拖沓,而要坚持"今日事,今日毕"。

2.3.2　自我感觉与自控觉知

觉知自我从感觉开始。视觉源于眼睛,听觉源于耳朵,嗅觉源于鼻子,味觉源于舌头,触觉源于皮肤。大脑就是借助感觉来反映外部世界的。有了感觉,人既可以分辨外界事物的属性,包括颜色、声音、质地、重量、温度、味道、气味等,也能了解各部分的位置、姿势、频率、程度等内外环境信息。人一旦产生错觉或失去感觉,就不能分辨客观事物的属性和自身状态。色为心语,言为心声,行为心表,所以要察言观色。当感官满足了基本生存所需功能后,就可能"恣意妄为",这时,自我觉知与自控能力就显得格外重要。

大脑是一切感官的中枢,是认知的起点,包括外部感觉(视觉、听觉、嗅觉、味觉、触觉等)和内部感觉(运动觉、平衡觉、机体觉等)。人的各种感受具有自我暗示的作用,且与认知行为内在关联。真、善、美是人脑在感受客观对象的基础上,通过对具体事物的分析而后抽象出来的具有正能量的认知,是与假、恶、丑相区别、相对应的。自控就是管束自身的言行举止,做到"非礼勿视,非礼勿听,非礼勿言,非礼勿动"(《论语·颜渊》)[①]。

要自控视觉。视觉是指物体的影像刺激视网膜所产生的感觉。眼睛是视觉的感觉器官,眼力如何关乎视觉的范围和真伪等。如果对失控的信号视而不见,或者被欲望所惑而模糊了视野甚至出现了幻觉,失控就在所难免了。

要自控听觉。听觉是由耳、听神经和听觉中枢共同作用实现的。"言为心声,语为人镜",语言能充分展现人复杂的内心世界,它既能让人浮想联翩,也能让人坠入深渊。人通常喜欢听好话,听觉的失误关乎"兼听则明"等问题。

[①] 要求做到不符合礼的不看,不符合礼的不听,不符合礼的不说,不符合礼的不做。礼,可以简单地解释为社会公德,是社会稳定和谐的重要基础之一。

要自控嗅觉。嗅觉是鼻腔黏膜与某些物质的气体分子相接触后所产生的感觉。作为"辨识官",鼻子关乎嗅觉的灵敏度。企业的运行轨迹如同人的体味,"凡走过的,必留下痕迹"。有的人会被怪异的气味所吸引,甚至欲罢不能。所以,应当警惕"鼻的欲望"使嗅觉失灵的状况。

要自控味觉。味觉是指食物在人的口腔内对味觉器官化学感受系统的刺激并产生的一种感觉。舌头是味觉器官,可以帮助人选择食物,品尝百味。例如,有的人会为山珍海味折腰,有的人则不会。

要自控触觉。触觉是指分布于全身皮肤上的神经末梢接受来自外界的温度、湿度、压力、振动等方面的感觉,是人类最复杂的感官。它可以帮助人认识环境及其变化,如"世态炎凉""人情冷暖"等。身体的欲望很强大,会控制人的走向,要小心谨慎。

自控深耕于自我觉知,如果你愿意这样责问自己,就进入了自控的领域:我为什么要这么做?我是从什么时候开始这么做的?是因为我看到了什么、听到了什么,还是想要满足什么?等等。通过一系列自我解剖,刨根问底,自控活动就开始了。但自主自律从来就不是一件容易的事,它意味着与自己的天性做斗争。

追求卓越的管理者期望获得认可和奖赏。有的敢于力争上游,走在别人前面;而有的"眼红"他人,以嫉妒心不择手段。强者的心理是承认差距又不甘落后,在较量中前行,在竞争中赶超。弱者将荣誉当作安乐椅,自我陶醉的心理消磨掉进取心,使荣誉一去不返。

珍重感觉,学会感情投资是有积极意义的,这会使管理成本降低。感情投资的效果不会立竿见影,却能潜移默化,表现为员工信服你,认同你,敬重你,支持你,乐意听从你的工作安排,愿意遵守规章制度,通过积极工作为企业创造效益。感情投资,投资的是感情,收获的也是感情,而感情正是管理者与员工之间的心灵桥梁。通过感情投资,既可以让员工感受到关怀,使员工心存感激,从而激发出潜能,也可以使员工产生归属感和忠诚心,产生强烈的使命感和奉献精神,还可以有效地激发员工的创新精神,使他们发挥才智,帮助企业赢得市场。

2.3.3 内外兼修与自立自鞭

执行力是一个变量,不但因人而异,而且因时而变,不同的执行者执行同一件事情可能会得到不同的结果。执行力的潜能很大,其实施的效果与执行动能休戚相关。

动能是物体由于运动而产生的能量。运动物体的质量越大,运动的速度越快,动能就越大。影响执行力的动能至少有三个:一是想做的意愿。如果不想做,就肯定做不好。执行的意愿来自对目标、利益、风险等的认知。有目标才有愿望,有利益才有动力,有危机才有压力。二是能做的环境。生存环境影响行动及其结果,而行动需要一定的氛围。三是会做的能力。这包括意志力、控制力和执行力等。其中:信念的主观能动性驱动意志力,意志力偏重于内心的修炼,深藏于大脑中,左右着控制力,支配着执行力,对控制的执行程度起着支撑作用;自控力应当具有内化于心、外化于行、内外兼修的特点,介于意志力和执行力之间,成为控制行为的中枢,起到主体作用;执行力是自控力的外在表现,体现在各项业务流程、管理活动和控制措施中,融入管控过程并追求效率和效果。意志力、自控力和执行力之间的齿合联动关系如图2.4所示。

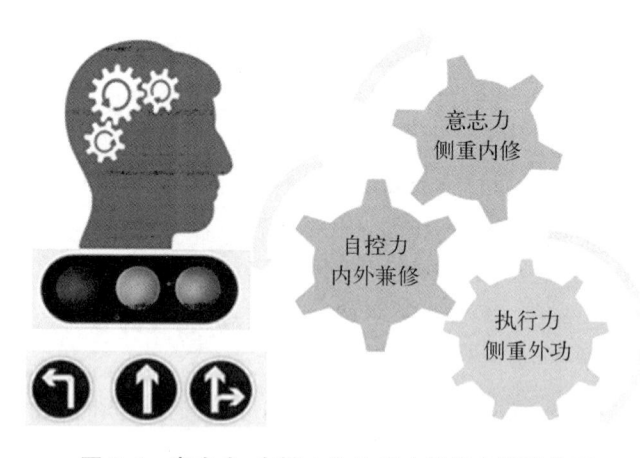

图 2.4 意志力、自控力和执行力的齿合联动关系

在上述关系中,意志力是灵魂,自控力是核心,执行力导致结果。意志力落实在自控力上,意志力和自控力又体现在具体的执行过程中,坚强的意志力、持久的自控力和有效的执行力将助你成功。其中,自控力居中,是沟通意志力和执行力的纽带,是极为重要的内外兼修因素。内修主要体现在自我觉悟的控制意识方面,如自立自信、自爱自重、自省自警、自勉自励等,侧重内藏于心,构成自控的思想基础。外修主要体现自主管理的控制行为,如自律自治、自训自练、自愈自救、自修自强等,侧重表形于外,往往与控制活动过程中有关的策略和措施相关。所以,控制力与执行力紧密相连。

提高执行力需要解决好操作的具体问题,专注于"怎么做"、如何才能有效控制"住"或控制"好"等细节问题。例如,对于不相容职务来说,"要不要分离"与认知意识相关,"如何分离"与控制的规范要求相关,"分离的情况如何"与执行的具体状况相关。专注于"如何才能有效分离"就是在研究执行力的具体问题,如此有助于提高控制效能。

提升执行力需要尽职履责,自我鞭策。"鞭"和"策"都是使马前行的工具,比喻鼓舞、督促、推动前进。以下几条法则对自立自鞭具有指导作用:

服从法则:以服从为天职,尽职守责,执行好每一项任务,不能存在"差不多"的想法。付出多少,收获多少。执行的好坏体现能力的强弱。

速度法则:只有先发制人,才能抢占先机。敢想就要敢做,不被外界干扰,在任何情况下始终坚持主见,用自己的目光审视前路,用自己的方法解决问题。

冠军法则:做自己最擅长的事。要做就做好,不然就别做。在做的过程中树立自己的品牌与特色。

目标法则:对结果负责。结果如何与执行过程中的心态和努力付出的程度相关,凡事应当尽力而为。

穷途法则:没有退路才是最好的出路。只要你愿意改变,拿出破釜沉舟、背水一战的勇气,不给自己留下退路,你的执行力就具有无限可能。

团队法则:利他就是利己。很多任务单凭个人的力量是很难完成的,学会团队合作,对于提升个人的沟通能力、协调能力都有帮助。

督导法则:有了制度和标准,如果不自觉、不主动、不检查、不考核,就很难保证有效执行。督促、检查和指导是确保内部控制执行的内在力量与基础。

2.3.4 提高执行力与落实责任人

执行力包括个人执行力和团队(组织)执行力,两者之间既有联系又有区别,其中,明确直接责任人尤其重要。

个人执行力是指一个人获取结果的行动能力。例如,总裁的个人执行力主要表现为战略决策能力,高管的个人执行力主要表现为组织管控能力,其他管理人员的个人执行力主要表现为工作指标的完成能力等。个人执行力取决于其本人是否有明确的奋斗目标、良好的自控能力,是否熟练掌握管人与管事的相关管理工具,是否有正确的工作思路与方法等。

团队(组织)执行力就是将战略与决策转化为实施结果的能力,表现为整个团队(组织)的战斗力、竞争力和凝聚力。团队(组织)执行力:一方面体现为用合适的人,在合适的岗位,干合适的事;另一方面就是当上级下达指令或要求后,能够迅速做出反应,将其贯彻或者落实的能力。

团队(组织)执行力虽然不是个人执行力的简单相加,但与个人执行力密切关联,是对个人执行力的有机统一。个人执行力构成了团队(组织)执行力的基础。任何组织活力产生的基本前提都是组织成员活力的发挥。如果个人素质不高、执行力不强,就必然制约团队(组织)的执行力。

一些企业为了提高管理执行力,创设了"直接责任人"(Directly Responsible Individual,DRI)的概念。DRI遍布企业的各个层级,但一个项目只能有一个DRI。其最重要的意义就是"谁负责什么"应当清楚明白,绝不能搞混搞错。DRI的名字应当经常出现在预算、计划、会议进程和各种表单中,每个人都要知道谁是DRI。公开透明的责任制使得员工没有互相推诿和投机取巧的机会,一旦项目出现问题,就很容易找到出现问题的环节并予以纠正,追究相关人员的责任。

专题讨论 2.2　责任心、执行力与控制成果

责任心驱动执行力,促使管理达标。没有责任,不去执行,控制力就无从谈起。立即行动才有效率。付出是责任使然,努力是应有的态度。执行力是责任心的体现与落脚点。

负责任是走向卓越的优秀品质与行为基石。"做完"和"做好"仅一字之差,却道出了职场的境界之分。抱着"差不多"心态的人,只是完成而不注重品质,就只能泛泛而得不到重用。

责任心与执行力最终体现在控制成果上。要完成一件合格产品,99%的努力是不够的,一点差错都不允许。如果懈怠了最后1%的努力,就会产生不良品,已经消耗的材料费、人工费等就都会泡汤,还会让等候产品的客户蒙受损失。所以,任何"差不多"都是麻痹自己、搪塞客户的借口。执行过程是由一个个环节串联而成的,各个环节之间相互影响。例如,材料入库的准确率是99%,领用出库的准确率是99%,材料分摊的准确率是99%,人工计算的准确率是99%,费用核算的准确率是99%,那么,最终成本的准确率就只有95%(99%×99%×99%×99%×99%)。成败取决于每个环节中最后1%的努力。有责任心和执行力的人一定会关注细节,重视1%所蕴含的价值。

2.4　自主决策与运筹决胜

2.4.1　知己知彼才能自主决策

管理过程矛盾重重,如果存在两个以上的矛盾,管理者就要善于找出主要矛盾。主要矛盾是"门"，得其门而入；次要矛盾是"管"，得管中窥豹。善于取舍能让风险或问题更清晰，从而增加实现目标的确定性。不会选择就会出错，挡不住诱惑就会犯错。任何选择与决策都是在走一条充满未知和挑战的路，所以要善于谋略。谁能控制选择及其过程，谁就控制了所有重大方面。

知己难，知彼更难，知己又知彼并能明了两者如何互动难上加难。但只有知己知彼，才能百战不殆，这是运筹决胜的前提。

知己的重点在于知晓自身的长处和短处，清楚适合做什么、不适合做什么，或者什么能做、什么不能做，接受什么、拒绝什么，怎样扬长避短，能在哪些方面做出贡献且合乎发展的趋势等。一开始就明确行为边界，在过程中强化自律自控，就不会越界失控。选择最好的，未必是最好的选择；选择合适的，才是最好的选择。所以，不要选择干不了或干不好的事。决策从自己的长处着眼，把自己放到最能发挥长处的地方去，才会卓尔不群。

知彼的重点是知道他人的长处、工作方式和价值观，并做出相应的自我调整，去适应最有效的工作方式。成功的事业不是预先可知的，而是在知道了各自的长处、工作方式和价值观后，把握机遇，水到渠成的。

选择你所担当的，承担你所选择的，先要努力做对选择。管理者尤其是决策者，应当是企业的主心骨、定盘星，在关键时刻给人安全感、信赖感。一旦拿定主意，就有力排众议的定力，有风雨无阻的毅力和笃信前行的能力。盲目跟风，轻则竹篮打水，重则全军覆没。

当你内心有笃定的声音告诉自己，你真的有想做的事，并且愿意为此付出代价时，就坚持不懈地去做吧。尤其是在面对复杂矛盾、繁重任务时，不分主次，眉毛胡子一把抓，是做不好工作的。管理者要有全局观，不仅要对各种矛盾了然于胸，而且要紧紧围绕主要矛盾和中心任务，优先解决主要矛盾和矛盾的主要方面，以此带动其他矛盾的解决，在整体推进中实现重点突破，以重点突破带动整体发展。

决策是管理的核心，包括"决"和"策"。"决"就是做决定、做决断；"策"就是在掌握情况的基础上出主意、想办法。战略是从全局、长远、大势上做出的决策。策略是在战略指导下为战略服务的。战略和策略是辩证统一的关系，要把战略的坚定性和策略的灵活性结合起来。落实战略需要正确的策略并予以执行，确保不偏向、不走样。自控决策就是自己决定战略或策略，即自主抉择或自决。自决的另一个含义是自杀，所以千万不能失误。决策失误后你会发现自己正站在一艘下沉的船上，眼看着日渐衰败却回天乏术。

实证分析 2.1 │ **华为聚焦主业，将核心产品做到世界第一**

华为在创新的路上有过很多教训。任正非多次提到，华为长期坚持的战略是基于"鲜花插在牛粪上"的战略，他从不离开传统去盲目创新，而是基于原有的存在去开放、去创新。鲜花长好后又成为新的牛粪。"我从来不主张凭空创造出一个东西、好高骛远地去规划一个未来看不见的情景，我认为要踩在现有的基础上前进。……我们坚持在牛粪上去长出鲜花来，那就是一步一步地延伸。我们以通信电源为起步，逐步地扩展开。我们不指望天上掉下'林妹妹'。"①

华为长期聚焦核心产品，做足规模，做到业内数一数二，才能真正具有核心竞争力。"华为基本法"的第一条：为了使华为成为世界一流的设备供应商，我们将永不进入信息服务业。将核心产品做到世界第一，就是聚焦主业。华为在官网上称："华为30年坚持聚焦主航道，抵制一切诱惑；坚持不走捷径，拒绝机会主义，踏踏实实，长期投入，厚积薄发；坚持以客户为中心，以奋斗者为本，长期艰苦奋斗，坚持自我批判。我们不会辜负时代慷慨赋予我们的历史性机遇，为构建万物互联的智能世界一往无前。"

只有坚持聚焦主业，才能不断提升核心竞争力。任正非清楚地认识到，不是做什么事好、做什么事不好，关键在于有无核心竞争力。三十几年来，华为在突出主业时心无旁骛，不搞金融，不炒房地产，得益于一条路走到底的坚持。任正非说："我只想做好我这块长板，然后再找别人的长板拼起来，这样就是一个深桶了。"②

"我要做"和"我不做"都是能愿动词，表示情理上必然或必须如此，要么应该，要么不应该，两者既是否定关系，又是选择关系。值得做与不值得做的抉择总是受意识（观念）引领。管理者对那些能够掌控的"值得"去做的事要了然于胸，对那些不能掌控的"不值得"去做的事要学会舍弃。只有值得去做的才导致"我要做"，不仅要开始就做对，而且在面对诱惑和干扰时，要保持做对；不值得去做的导致"我不做"，并始终坚持不做。

企业应该做什么，是指业务类型、盈利模式、关键资源、与供应商的关系等是不是都集中在自身想做好又能够做好的业务上，以避免有限资源的无谓消耗。通常，企业应集中力量专攻某一领域的业务，而不在非核心业务上过多消磨。盈利质量

---

① 邱晓雅.任正非传[M].北京：团结出版社，2020：24.
② 2019最佳辩手——任正非. https://finance.sina.com.cn/chanjing/gsnews/2020-01-16/doc-iihnzahk4482231.shtml.

应体现在核心业务中，业务品质越高，盈利品质就越高。从企业做什么与不做什么中可以窥得企业盈利与发展的逻辑。所以，理性的决策层应当对此明文规定并履行相应的决策程序。例如，规定非主业投资占总投资的比重（一般控制在10%以下）、自有资金占总投资的比重（一般在30%以上）、总投资规模（不能超出企业财务承受能力）、资产负债率水平（处于合理区间）等。客观评估投资规模与资本实力、融资能力、行业经验、管理水平和抗风险能力等是否相匹配是有效自控的理性表现。

一些人以为知道自己想要什么，而实际上他们想要的只是别人期望他们要的。在事业的竞技场上，没有明确目标的人不可能成功。即使是百发百中的神射手，如果漫无目的地乱射，也不可能获胜。正确的目标源于清醒的认识，成功则源于对正确目标矢志不渝的坚持。

只有适合自己的路，没有非得走的路。以下三个方面对自主抉择很重要：一是选择一条适合自身发展的道路，绝不贪多求快；二是敢于放弃，善于放下，绝不随意盲从；三是持之以恒，奋斗不息，绝不半途而废。如果大脑走神，左顾右盼，决策与管理就很容易走样。

名师点化 2.2 ｜ 巴菲特教你如何决策[①]

迈克·弗林特（Mike Flint）是沃伦·巴菲特（Warren E. Buffett）的私人飞行员，他在事业上有很多追求。一次，他和巴菲特探讨职业生涯目标。巴菲特首先让他写下他职业生涯中最重要的25个目标，然后让他审视一下这张清单，圈出他认为最重要的5个。现在，弗林特有了两张清单：一张是他认为自己职业生涯中最重要的5个目标，另一张是另外20个他觉得比较重要的目标。

巴菲特问弗林特："你现在知道该怎么做了吗？"弗林特回答道："知道了。我现在会马上开始着手实现这5个目标。至于另外20个，并没有那么紧急，所以可以放在闲暇的时间去做，然后慢慢把它们实现。"巴菲特说："不，弗林特，你搞错了。那些你没有圈出来的目标不是你应该在闲暇时间慢慢完成的事，而是你应该尽全力避免去做的事，你应该像躲避瘟疫一样躲避它们，不去花任何的时间和注意力在它们上面。"

巴菲特把自己的成功归结为"专注"，他告诫投资人：重要的不是他到底知道什么，而是他是否真正明白自己到底不知道什么。只要能够尽量避免犯重大的错误，投资人做很少几件正确的事情就足以成功了。

[①] 沃伦·巴菲特的25/5生产力法则. https://zhuanlan.zhihu.com/p/56162353.

2.4.2　走专精特新的升级发展之路

先理后管，或边理边管，是为了避免管理的"乱"和"慢"。按理排序，先干什么，后干什么，应成为一种决策纪律或工作习惯。决策难在选择，选择难在标准，标准难在排序。排序有理，决策就顺理成章了。失策主要是管理策划不当或不周导致策略上存在错误而失衡、失措、失算等，严重的将引发失控与失败。

无论是人还是企业，其寿命和能量都是有限的，很难同时做好数件同等重要且难度较大的事。如果工作和生活总是被一些琐碎的无意义的事情所占据，就没有精力去做真正重要的事了。事实上，人的能量状态是不断变化的，善于审时度势、把握时机，该干的时候干，不该干的时候韬光养晦，是智慧的选择。

不能什么都想要，什么都去做，尤其要避免做那些其他人可以做得更好的事。人的心房并不宽敞，什么都想要，什么都不舍，身心拥堵，疲惫不堪，就会被压得喘不过气来。开拓者善于走别人没有走过的路，创新者做别人做不好的事，选你值得做且能做得好的事，才能心满意足。我国目前正在加快培育一批专注于细分市场、聚焦主业、创新能力强、成长性好的专精特新企业，推动提升专精特新"小巨人"企业的数量和质量，助力实体经济特别是制造业做实、做强、做优，从而不断提升产业链、供应链的稳定性和竞争力，企业决策正逢其时。

"专"：专业化（主营业务专注专业）。企业专注核心业务，具备专业化生产、服务和协作配套的能力，其产品和服务在产业链某个环节中处于优势地位，为大企业、大项目和产业链提供优质零部件、元器件、配套产品和配套服务。

"精"：精细化（经营管理精细高效）。企业在经营管理中建立了精细高效的制度、流程和体系，实现了生产精细化、管理精细化、服务精细化，形成核心竞争力，其产品或服务品质精良。

"特"：特色化（产品服务独具特色）。企业针对特定市场或者特定消费群体，利用特色资源、传统技艺、地域文化等进行研制和生产，提供独具特色的产品或服务，具有独特性、独有性、独家生产的特点，有较强影响力和品牌知名度。

"新"：新颖化（创新能力成效显著）。企业具有持续创新的能力，并取得比较明显的成效，企业产品或服务属于新经济、新产业领域或新技术、新工艺、新创意、新模式等方面的创新成果，拥有自主知识产权且应用前景广阔，具备较高技术含量或附加值，经济社会效益显著，具有良好的发展潜力。

决策正确意味着走上成功之路。环境越是复杂多变，企业越要坚持走专业化、精细化、特色化、新颖化的道路，努力在细分市场和产业链关键环节拥有不可替代的地位。"十四五"期间,我国将孵化带动百万家创新型中小企业,培育10万家省级专精特新企业、1万家专精特新"小巨人"企业、1 000家单项冠军企业,这是一个获取成功的机遇。

专题讨论2.3 | 为了要事第一,就要学会放弃

选择就是决策。做不值得做的事,并误以为自己在完成某些任务,得到的是虚幻的满足感。不值得做的事会生生不息,为不值得之事提供值得后续的理由,这是最不值得的。Meta公司的创始人马克·扎克伯格(Mark Zuckerberg)说:"我每天都在问自己一个问题:我现在做的是我所能做的最重要的事情吗?只有在获得了肯定的答案后,我才会感到舒服,感觉自己的精力没有白费。"[1]

资源太稀缺了,用在某项活动中的资源就难以再用在其他活动中,所以,不是每件事都必须做。要事第一,就是要先做最重要的事情。你应当学会认真应对紧急且重要的事,计划实施重要但不紧急的事,减少紧急但不重要的事,不做不紧急且不重要的事。有舍才有得。

坚持要事第一,用最充沛的精力做最重要的事,才能确保自己要的和做的相匹配。成功的秘诀就是抓住重要目标并持之以恒,而不是事无巨细,面面俱到,成为工作的奴隶。如果力争的事物与目标无关,或已经拥有的东西成为累赘,那么不如放弃。放弃了本不该要的东西后,你会发现,放弃有时比争取更有意义,甚至是一把"创新的钥匙"。

2.4.3 聚焦主责主业,以恒心办恒业

太阳的光线在散射时发出的热量是微弱的,但如果用一面聚光镜把光线集中在一个焦点上,就能达到较高的温度,甚至会使纸片燃烧。人的精力的使用与此相似,只有把精力集中起来,在宽厚扎实的基础上锲而不舍地钻研下去,才有可能达到一定的造诣。专注力具有穿透困难的力量。

有效管理在于重点式掌控,把最重要的事放在首位,以免被情绪左右。管理者要特别善于聚焦主责主业,专注于核心事业,抓主要矛盾和关键环节,牵住"牛鼻子",掌控主动权,既要自己明白"什么是最重要的",也要善于让员工明白。管理需要凝心聚力,以坚韧的恒心办永恒的事业。

有效管理在于增加助力,而不是阻力。助力是积极正面、合情合理、自觉贴合

---

[1] 你现在做的是你所能做的最重要的事情吗. https://www.sohu.com/a/299702126_120028667.

经济效益的力量；阻力是消极负面、不合逻辑、情绪化和不自觉的力量。不设法消除阻力相当于向弹簧施加作用力，其结果是要反弹的。所以，管理者既要出主意、想办法，又要影响人、激励人，善于领而导之，获取集合的力量。员工则期望遇见赋能型的领导，能得到明确的指示、有效的协调与中肯的帮助。

集中精力的前提是集中注意力。集中注意力就是心神专注、专心致志地做好某件事，而不是心不在焉或三心二意，这是提升自控力的秘诀之一。自我意识能帮你克服困难，凸显最重要的目标，这是坚定意志的重要作用。

知之者不如好之者，好之者不如乐之者。能够聚精会神，才能全力以赴做好应当做好的事情。美国心理学家米哈里·契克森米哈赖（Mihaly Csikszentmihalyi）曾用近15年时间追踪一些特别成功的人，发现这些人有一个共同的特点——当他们做自己特别喜欢的事情时，经常会进入一种物我两忘、天人合一、酣畅淋漓的状态。这种经由全神贯注所产生的心理体验被称为"FLOW"（福流）。积极状态下的人因为投入与自信而很容易有伟大的发现。幸福是自己的主观体验而不是别人给予的，需要自己去创造、去感受。

核心竞争力是立世之本，它往往是指能做别人做不了的事，能在逆境中求得生存和发展，能将市场、客户的价值与制造商、供应商融为一体的特殊能力。企业为什么要聚焦主责主业，提升核心竞争力？因为事物的主要矛盾在矛盾体系中处于支配地位，决定着事物的存在和发展方向；次要矛盾则处于从属地位，对事物的存在和发展起着一定的影响作用。这就要求我们在解决问题时把主要精力放在主要矛盾上。因为企业及其管理者的视野和能力有限，随着企业规模的扩大，控制力不一定同向变化，所以，选择一定要与企业的目标相连、与初心相关，千万不要心猿意马或好高骛远，更不能只用利益的标准来衡量目标的得失。

园丁的经验是把多余的枝条剪去，以使树木茁壮成长。成功的经验是看准了一项适合自己的重要事业，集中精力，全力以赴，用心而不散乱，凝神而不分心。"庖丁解牛"的典故说明了只有经过反复实践，掌握了事物的客观规律，才能得心应手、运用自如。复杂的事情简单做，成就专家；简单的事情重复做，成就行家；重复的事情用心做，成就赢家。

身体做着甲，脑子想着乙，注意力分散的结果是向诱惑屈服，并从管控走向失控。"布利丹之驴"就是用来比喻那些优柔寡断、朝三暮四的人。"布利丹之驴"为什么会被饿死呢？一是犹豫不决，一再丧失机遇；二是思维混乱，选择标准模糊；三是发现问题慢，决策慢，执行慢。"布利丹之驴"想这要那，最后一样也没有到手。欲望不加以克制和引导，期望就会化为灰烬。

管理学中的"二八法则"告诫人们,不要简单平均地看待问题。企业在经营管理中要抓住关键少数,找出那些能给企业带来80%利润、总量却仅占20%的关键客户并加强服务,达到事半功倍的效果。同理,管理者应当在经过认真系统的风险分析后,把主要精力花在解决主要风险问题上。

不断给自己负重,却忘了自身的载荷是有限的。负累越多,可能越迷茫。尤其是习惯于事无巨细、面面俱到的人,往往心力交瘁,最终得不偿失。在资源有限的情况下,太多目标转移了你的注意力,很可能哪个都无法完成。一些企业随着事业的发展,人员增加,部门增多。人多嘴杂主意多,争抢推诿意志散,企业决策与运行进入无序与失控的状态。六神无主,管理混乱,经营失控,后果严重。

有时候,选择不做什么比选择做什么更重要。1997年苹果公司接近破产时,把史蒂夫·乔布斯(Steve Jobs)请了回去。一回到苹果公司,乔布斯就传达了一个理念——决定不做什么跟决定做什么一样重要。乔布斯只用"专注"这一个"杀手锏"就让苹果公司从1997年亏损10.4亿美元变成1998年盈利3.09亿美元。

近年来,一些企业崩盘的元凶就是多元化扩张,好高骛远,做了自己不应该做或者做不好的事。还有一些企业心猿意马,采用"能吃就吃,能喝就喝"的发展模式,充满了盲目性、短期性,铺就的摊子不能长期发挥作用,却占据了有限的空间和宝贵的资金,最后成了野草疯长、野兔出没的地方,后果是一年投资,两年支撑,三年破产。

实证分析2.2 | 激进的多元化投资一败涂地

从1992年开始,三九集团在短短几年里,通过收购兼并企业,形成医药、汽车、食品、酒业、饭店、农业、房产等几大产业并举的格局。到了2004年,三九集团财务危机全面爆发。整个集团约有400家公司,实行五级公司管理体系,其三级以下的财务管理已严重失控;三九系深圳本地债权银行贷款已从98亿元上升至107亿元,而遍布全国的三九系子公司和控股公司的贷款及贷款担保在60亿～70亿元,两者合计,整个三九系的贷款和贷款担保余额约为180亿元。三九集团总裁赵新先曾在债务风波发生后对外表示,银行都给他钱,使他头脑发热,盲目上项目。集团财务管理失控,加上多元化投资扩张的战略失误,过度投资引发过度负债,对快速膨胀起到推波助澜的作用。

2004年成立的乐视网于2010年8月在中国创业板上市,其也是陷入多元化陷阱,激进的战略导致大规模扩张:2011年成立乐视影业,2012年布局乐视TV,2013年收购花儿影视、乐视新媒体,2014年成立乐视体育、布局乐视手机,2015年布局车联网,开启汽车业务。自2016年起,乐视网走向衰败。一直处于过度投资和狂奔式扩张的乐视网,投资无度,收入-产出失衡,各项效率指标糟糕。2017年,乐视网凭借巨亏139亿元摘得"A股亏损王"称号;2018年其全年净资产为负而被暂停上市;2019年末,其归属母公司的净资产为−143.29亿元,严重资不抵债;2020年7月21日,其被深圳证券交易所摘牌,上市10年,高达千亿元市值的"神话"破灭。

2.4.4 有舍有得更能理智抉择

得到3 000元和丢失3 000元,哪个对你的冲击更大?心理学研究表明,等量得失,"失"的影响是"得"的两倍,可见人对损失更敏感。如同想要保持完美的形态和健康的身体,就必须和垃圾食品说"再见",但人比较厌恶失去或由损失带来的"阵痛",往往会被这种本性牵着鼻子走,于是一边大快朵颐,一边幻想自己拥有八块腹肌……

舍弃并不代表逃避,也许正体现了你的勇敢、果决和自信。有舍有得,这是权衡利弊的自控文化。舍弃错的,得到对的。有所为才能有所不为,知其可为而为之,知其不可为而不为。

在"为"与"不为"之间做出选择,不仅受到环境与潮流等的影响,而且取决于你的眼光、智慧与境界。不会选择、不坚持选择、不断地选择,这是管理者的三件憾事。其中,最遗憾的莫过于轻易地放弃了不该放弃的,固执地坚持了不该坚持的。如果你有一腔热血,却始终在无足轻重的事情上摸爬滚打、费尽心思,那不是执着,而是愚蠢。

选择要求决断,是一把能斩断多余念想的刀,斩断之时就是新旅程的开始。该决断的要当机立断,踟蹰不前反而会把事情搞砸。事实上,前行的道路上没有过不去的坎,也没有舍不掉的过去,往事不可追,只有勇敢向前,才能到达远方。

不必羡慕他人的选择,要多看自己选对了没有;不要过多在乎别人的看法,而要关注你怎么看自己!自立就是依靠自己的力量有所建树。只有自力更生,才能奋发图强,这是执行力超强的表现。

2.4.5 明确方向,永远坚持做对的事

做对的事是指方向正确,侧重于对结果负责,强调效能,其用意在于确保工作目标朝着对的方向迈进。把事情做对是指做事的方法正确,侧重于对过程负责,强调效率,其用意在于更快地朝目标迈进。实践证明,光行动还不行,明确行动的方向更重要。效率是以正确的方式做事,而效能则是做正确的事。效率和效能不应

偏废,但这并不意味着效率和效能具有同样的重要性。我们当然希望同时提高效率和效能,但在效率与效能无法兼得时,我们首先应着眼于效能,然后再设法提高效率。

某客服人员接到订单——客户需要安装一台打印机,但订单上没有注明是否要配插线插座。这时,客服人员有三种做法:第一种是直接开派工单,这种被动的做法可能导致客户的打印机无法使用,引起客户的不满;第二种是打电话提醒一下商务秘书是否要配插线插座,等待对方答复,这可能会延误工作进度,影响服务质量;第三种是在接单时就与客户联系,询问是否要配插线插座,若需要,就配齐后给客户送过去安装,这样做,既能避免工作失误,又不会影响工作效率。第三种做法既选择做正确的事,又在正确地做事。在做事过程中主动管控,善于将管理目标、客户需要与本职工作融为一体,具有一定的管理高度。

做正确的事,正确地做事,把事做正确,三个维度的侧重点不同,却互相关联。管理高层应侧重于如何做正确的事,管理中层应侧重于正确地做事,基层员工应侧重于把事做正确,三层各司其职,互为补充,共同促使管理活动不断接近目标。

应先找到适销对路的产品,然后采用正确的方法组织生产。若只管生产,不问销售,那么,生产得越多,就会积压得越多,效益越差。正确地做事或把事做正确,都应以做正确的事为前提。当方向错了的时候,停下来也是一种进步。弄清自己擅长的,了解自己的力量。只有选对了方向,才有可能看见希望;只有采用正确的方法,结果才会令人满意。

经典案例评析

曹德旺认定的"做"与"不做"

"玻璃大王"曹德旺有强烈的个性与坚强的意志。小时候他家境贫寒,经常一天只吃一顿饭。曹德旺9岁上学,14岁辍学,卖过烟丝,贩过水果,修过板车。1983年,他承包高山异型玻璃厂,1985年将主业转向汽车玻璃。自1987年建立福耀集团以来,曹德旺一直专注于做玻璃。曹德旺有"四不做":互联网不做、房地产不做、金融不做、煤矿不做。当问他为何能做到如此专注而不去多元化经营时,曹德旺的回答是:"我认为那不是我的事情,他们说我很土,没有关系。他们说,互联网做P2P、做资金投融资平台,相信我可能会赚大钱。我说我不是为了钱,名声搞坏掉了,不要,坚决不做。"

曹德旺认为:"国家因为有你而强大,社会因为有你而进步,人民因为有你而富足,做到这三点,才能无愧于'企业家'的称号。"2009年曹德旺收获全球企业家大奖,该奖项的评选标准是,从无到有、从小到大、诚信经营、信誉良好、持续发展、有社会影响力。曹德旺说:"我非常珍惜这个荣誉,我认为应该经得起他们的鼓励,经得起他们的鼓掌。"2018年9月曹德旺入选"世界最具影响力十大华商人物",2018年10月24日进入中央统战部、全国工商联"改革开放40年百名杰出民营企业家名单",2020年11月28日当选"2020中国经济新闻人物",2021年2月4日成为中国捐赠百杰榜课题组发布的"十年致敬人物"之一。

有记者问曹德旺:"您是如何将自己的企业做得这么好的?"曹德旺说:"我一生最崇敬的就是曾国藩,我办公室里还挂着他的一副对联——敬胜怠,义胜欲;知其雄,守其雌。也就是这副对联让我一辈子顺风顺水,有了今天的成就。"这副对联是曾国藩重病时,一位和尚给他开的药方,后来被当成家训流传下来。上联的意思是做人做事要勤恳,不能懈怠,欲望无穷尽,要用自己内心的道德正义战胜欲望;下联是说要清楚自己的目标和优势,懂得扬长避短,才能获得成功。

曹德旺认为,人生要读两本书,一本是"有字的书",另一本是"无字的书"。"有字的书"记载着古今中外的故事、案例,你可以借鉴,但千万不要照搬。"无字的书"就是阅历、能力和见识,我们每天经历的每一件事都是一本书,要懂得从中汲取精华,将其中的学问和过去结合,这才叫智慧。

曹德旺经营企业的方针政策是谋求自身发展的同时兼善天下,以"敬天爱人,止于至善"作为自己长期的原则和方针奉行。"所谓敬天爱人,就是从遵纪守法做起,负责任地向全世界提供我们最好的产品,这就是我们的做法。我们绝对做到守纪守法,来保证我们企业的稳定和健康发展。"在曹德旺看来,企业的责任首先是遵章纳税、遵纪守法,然后是在力所能及、不影响自身发展的前提下,帮助社会进步,做一些力所能及的事,这使自己感到无比自豪。

曹德旺做成了中国"慈善大王",自1983年至2020年累计个人捐款高达120亿元,2021年5月又捐资100亿元投入福耀科技大学。曹德旺在74岁时向全世界宣布自己"从来没有做过坏事"。

资料来源:https://baike.so.com/doc/2781276-2935662.html.

曹德旺:曾国藩这12个字,挂我办公室50年.https://new.qq.com/rain/a/20220401A0B68I00.

曹德旺在《悦读·家》节目现场的演说,2019-7-28.

第 3 章　提升认知　自律自治

> 一种能在掌控中的感觉才是有意义、有价值的管理自由。

3.1　违规失足与自律驱邪

3.1.1　合规意识与违规失足

有人就有是非,就需要行为规范。有盈利就有风险,就需要管控。企业就是把人的要素和物的要素结合起来自主从事经济活动的营利性经济组织,包括公司制企业和非公司制企业,它们都是具有风险性的责任主体。被控制是指处于一种受控状态或自控状态;不被控制是指处于一种失控的、游离于约束之外的状态,很容易导致失误、失足,这无疑是管理者担心的事。

企业虽然拥有自主经营的权利,但并不等于可以保证合法经营或自负盈亏。自控力不是与日俱增的,人既有好逸恶劳的本能,其行为又会受到外界的影响,不仅对管控反感,而且会诱发不合理的市场行为等。在所有权和经营权分离的情况下,控制是一种受托责任,一方面授权管理者合法经营,另一方面制约各种经营管理行为,防止不负责任、胡乱决策导致资产滥用、资金流失、经营亏损等情况的发生。

把事情做对与做好都离不开通过规则或规矩来提高职业化、专业化、规范化的管理水平。规则或规矩是行动的指南,因而是具体的、明确的,不能停留在文字或口头,而要落实到行动与措施,并转化为人的内在需要,就有了做人做事的底线和原则。心中有尺,行事有度。当一个人想违反规则或规矩时,能够预见违法乱纪的后果以及遵规守矩的前景，从而自觉自律。将企业的管理活动和人的行为举动融入懂规则、守规矩的规范体系中，这是最基本的教养。自控活动就是根源于自主经营、自负盈亏、自我约束、自我发展内在需求的自觉行为，是一种自主介入管控的实践活动。

内部控制的首要目标就是合规。合规的核心要义是确保各项生产经营活动遵循内外部的法律、条例、规范、制度等。合规具有最基本的抑制风险的作用，所以应当将合规要求覆盖生产经营管理的各个领域和各个环节，落实到各个部门、各级子企业、分支机构和全体员工，贯穿决策、执行、监督的全过程。

企业的主要负责人作为推进法治建设的第一责任人，应当切实履行依法合规经营的重要组织者、推动者和实践者职责。全体员工应当熟悉并遵守与本岗位职责相关的法律法规、企业内部制度和合规义务，依法合规履行岗位职责，接受合规培训，对自身行为的合规性承担责任。

合规风险是指因不合规行为引发法律责任、受到相关处罚、造成经济或声誉损失以及其他负面影响的可能性及其后果。合规管理是指以有效防控合规风险为目的，以提升合规经营管理水平为导向，以企业和员工的经营管理行为为对象，开展包括制度制定、风险识别处置、合规性审查、合规风险应对、合规报告、合规评价、违规责任追究、合规培训等有组织、有计划的管理活动，应当全面融入经营管理活动过程中。

遵规守矩是培养自控力最直接有效的途径，所以，人们不仅应当知道规矩，而且应当自觉地践行规矩。规矩意识应当直接体现在每个文本、每项工作和每次实践中，是一种做事方法或工作方式。管理工作的优化与提升也需要建立在规范基础上。遵循规范，规矩办事，方能守正驱邪。战略、预算、计划等都要有规有矩，从而成为行为的尺度。

人无规矩则废，家无规矩则殆，国无规矩则乱。如果企业没有规矩，各吹各的号、各弹各的调，形不成合力，工作就乱了套。规矩虽然相对确定，但执行规矩是不确定的。控制的显著作用就在于使执行规矩确定起来，这既是一种能力，也是一种定力。懂得原则，遵章守纪，才能守住底线，所以遵守规矩也是一种最直接有效的管理方法。例如，依法纳税是义务，税收法规是规矩，但纳什么税、纳多少税、如何纳税是纳税人的切肤之痛。纳税人与征税人之间一直在博弈。从企业（纳税人）的角度分析，税费风险是指涉税行为未能正确有效地遵守税法规定而导致损益的可能性。企业如果被税务部门列为"风险纳税人"，就说明企业在税务管控上出了问题，此时不律，日后必惩。黄某和陈某受雇于付某成立的××工贸有限公司做财务,4年间,在明知该工贸有限公司与23家公司没有实际货物交易的情况下,协助主犯付某记录"内账"、虚构合同、资金走账、虚开增值税专用发票等,税额合计2.57亿元。尽管系从犯,但是两人最终被判处有期徒刑7年并处罚金15万元。与政策对抗是一种罪恶心理,体现为有令不行、有禁不止,并精心造假,企图蒙混过关。国家通过警示教育,旨在知敬畏、存戒惧、守底线,不允许"上有政策,下有对策"。

合规是安全之本,违规是危险之源。企业应当全面梳理违规风险,及时将"他控"或外部监管的要求转化为"自控"的内部管理规范,在具体业务制度的制定、审核和修订时嵌入其中,并明确重要业务领域和关键环节的控制要求与风险应对措施,强化合规执行的刚性约束;还应充分利用大数据、云计算等技术,对重点领域、关键节点开展实时动态监测,实现对合规风险及时预警,对违规行为主动叫停、截停。

实证分析3.1 │ 账外账的税务后果很严重

一些公司设置内外两套账实施舞弊。外账是对外申报的,报送给工商、税务等部门,内账是公司内部私下看的。账外账正在成为偷税的主要手段,包括:账外资金账,俗称"小金库";账外资产账,俗称"小仓账";等等。账外账具有较强的隐蔽性,危害很大。一些管理者由于渎职失责而坠入犯罪深渊。

根据2021年10月15日中山迪玛卫浴科技股份有限公司的董事会公告,在2013年至2015年经营期间,公司通过账外经营,销售淋浴房及相关配件等产品给宋升红等个人,产品发出并开具出货单,取得应税销售收入合计金额2 651 602元(含税,下同),其中,2013年为585 595元,2014年为752 766元,2015年为1 313 241元,已通过现金形式收齐全部货款,没有发生退货、退款,上述销售收入没有开具发票,没有在会计账上进行核算,没有进行纳税申报。上述销售收入对应的销售成本没有在账册上核算,无法提供对应的成本费用资料。

2021年9月22日,该公司收到国家税务总局中山市税务局第一稽查局的税务处理决定书及税务行政处罚决定书:追缴2013年至2015年增值税合计385 275.51元、城市维护建设税合计19 263.79元、教育费附加合计11 529.12元、地方教育附加合计7 686.11元、堤围防护费税合计1 775.16元,合计应补缴税款425 529.69元。对公司未按规定期限缴纳税款的行为,从滞纳税款之日起,按日加收滞纳税款0.5‰的滞纳金。对偷税的违法行为处以少缴税款50%的罚款合计202 269.76元。

3.1.2 约定俗成与制度文化

约定俗成是指某种行为或称呼经过长期的社会实践而被公认,并为大家遵守和沿用。例如在德国,走在前面的人通常会帮走在后面的人扶门,这是天生的吗?原来德国法律有规定,关门时不小心把人撞了,你得无条件赔偿,还得帮人医治。由于规定具体,操作性很强,因此随着时间的推移,良好的行为就变成了习惯。"名无固宜,约之以命,约定俗成谓之宜,异于约则谓之不宜。"(《荀子·正名》)

适应规矩就是遵循自然规律:四季轮回、物种演化,无不遵循着某种自然法则,你得遵守,这是对自然规矩的敬畏。适应规矩就是遵循社会习俗:行为习惯、生活伦理,不可违背,这是人生在世的底线。适应规矩就是遵循规章制度:法律法规、组织纪律,必须遵守,这是不可触碰的社会活动"高压线"。

"约"了,是否"定"了?"俗"了,是否"成"了?这其中不仅有一个不断认知的渐进过程,而且有一个判断的标准。"约定俗成"的过程就是在建章立制。

国有国法,家有家规,心有所畏、言有所戒、行有所止,才能保证政令畅通。管理者应以身作则,按规矩办事,使守纪律、讲规矩内化于心、外化于行,成为一种行为自觉;否则,规矩一旦成了"纸老虎""稻草人",就会出现"一失足成千古恨,再回头已百年身""早知今日,何必当初"的感叹。

规矩是一种源远流长的管控手段和制度文化。没有规矩,难以形成共识并确保质量。习惯规范化作业,最终会形成一种制度文化、管理文化、组织文化和人文情怀。对制度文化的认识与理解,对自控精神的认同与追求,是内部控制文化的典型表现。大部分人是在与特定环境的互动中形成认知并构建大脑思维从而成长的,个别人善于用构建好的大脑来适应环境并试图改善环境。当大多数人在大多数情况下能遵从控制文化的指引时,企业自身独特而良好的内部控制文化就逐渐形成了。共识与凝聚是文化的精华,可以促使人们形成共同的价值观,增强对管控的认同感,为强化控制活动提供强大的精神动力。

3.1.3 自律是自觉自愿的高贵品质

要致富,先自律。自律是指有意识地控制自己,有原则地对待事物,能主动掌控自己的心理和行为,这是成事者应当具备的能力。创业伊始就应当学会自律,这是良好的开端;自始至终能自律是一种理想状态;想自制、有原则、能主动是自律行为的典型表现。如此可建成自律性企业或自控型组织。

企业或个人可能因先天不足或环境差异而"输"在起跑线上,但自律不会辜负你。养成自律习惯，将自律融入言行，可以帮你挑战自己，超越自己，成就更好的自己。自律是自我驱动、自我约束、自我完善的高贵品质。

自律的程度决定人生的高度。2022年北京冬奥会和残奥会中，那些荣获奖牌的运动员把自锻活动做到最好，超强的自控力让获奖者在运动场上光彩夺目，那些残障运动员更是不知战胜过多少艰难困苦才站上了奥运会的领奖台。刻苦磨炼的勇者，在追求极致的路上都是自律的强者。非凡的成就来自勤奋和自律。

善于自律的人，能有效控制自己的情绪，严格约束自己的行为，淡定从容地处理事情，心平气和地解决问题。善于自律的人，责任心强，坚持做好该做到的，不会找借口忽视什么或掩盖什么。与有责任感的人相交，会有足够的安全感。善于自律的人，有强大的毅力，能够在无人督促的情况下主动完成高负荷的任务。善于自律的人，思路清晰，能够厘清管理的细枝末节、主次层次，让各个部分各就各位、各司其职，营造出井然有序的管理氛围。善于自律的人，不会自满，不安于现状，会主动学习，时刻自省、自制、自立、自强，把自己变成有价值的人。

自律，本质上是思想上的自律。唯有思想自律起来，行为的自律才会水到渠成。当自律达到一定高度后，自律能带给你内心的宁静和精神的自由。乔布斯年轻时每天凌晨4点起床，9点前把一天的工作做完。他认为自由从自信来，而自信则是从自律来。自律是对自我的控制，是对事情的控制。先学会克制自己，用严格的日程表控制生活，才能在这种自律中不断磨炼出自信。李嘉诚勤奋自律，他对作息时间相当自控，不论前一晚几点睡觉，都会在第二天清晨5点59分闹铃响后起床，读新闻，打一个半小时高尔夫，然后去办公室开始工作。数十年如一日。

控制让自由在规矩中有序、有度、自在地存在着。自由的风筝飞得很高，但一定有线牵着，线断了，一头栽落，就会折断；行星在宇宙中运行，总有轨道，脱离了，四处乱窜，终将毁灭；车辆行驶在路上，受交通规则警示，违规了，事故频发，难免伤亡；企业奔波在市场中，要有规矩制约，逾越了，惹祸上身，危及生存。如果每个人都随心所欲、为所欲为，工作环境就失去了正常的秩序，个人的自由也就得不到保障。自律是在用自控的思想与行动创造出一种秩序来为每个人争取最大的自由。在自律约束下的自由带有自觉自悟的自控性，遵纪守法就拥有充分的自由。所以，自律和自由是对立统一的。

名师点化3.1 │ 将趋于完美的自律计划付诸实施

本杰明·富兰克林（Benjamin Franklin）出身贫寒，9岁就辍学帮父亲做蜡烛。20岁的富兰克林决心以"节俭、诚实、勤奋和得体"作为人生信条。他认为：坏的习惯必须被打破,好的习惯必须培养和建立起来,这样才能使行为正确,而且始终得到贯彻。他给自己定制的13条人生戒律:① 节制(食不过饱,饮不至醉);② 慎言(言必益人益己,避免无益的闲聊);③ 秩序(物件有所归,办事有定时);④ 决心(决心做的事情必须去做,不能半途而废);⑤ 节俭(钱要花在益处,决不浪费);⑥ 勤劳(不浪费任何时间,做有用的事,力戒一切不必要的行动);⑦ 诚恳(不欺骗他人,思想要公正无邪,说话也如此);⑧ 公正(不损人利己,履行应尽义务);⑨ 适度(避免走极端,要学会容忍);⑩ 整洁(身体、衣物以及住所要保持干净、整洁);⑪ 镇静(不要因为小事而惊慌失措);⑫ 节欲(在合理限度内行房事,不要损害自己或他人的声誉和平静的生活);⑬ 谦逊(以耶稣和苏格拉底为榜样)。[1]

富兰克林将节制放在第一位,因为节制可以保持头脑冷静和思维清晰。为了养成这些自律习惯,富兰克林特意做了一本小本子,在每一页上都注明了各种美德,用红笔画了7道竖线,每个星期的每一天占一行,每一行上面标明代表星期几的一个字母,再用红笔画上13条横线,把13个美德都写在上面,每晚自我检查,发现有过失即标小黑点并及时改进。日复一日地刻苦修炼成就了富兰克林卓越的人生习惯。他在79岁高龄时记述了他的这项伟大发明,因为他确信自己的一切成功与幸福皆受益于此。他希望子孙后代能效仿这种方式,有所受益。

3.2 措施失策与自卫守正

3.2.1 应对风险不能束手无策

辨识风险是应对风险的前提。企业应当化风险为增进企业价值的时机(机会),实施机会优化,使其积极的概率最大化。当风险损失可能发生,也可能不发生时,应设法将风险发生的概率最小化(改变可能性);当风险损失不能避免时,应将消极的后果最小化(改变后果)。控制活动就是应对风险的具体实施过程。

风险影响每个人的行动,自控力影响人们应对风险的水平。选错应对风险的策略将导致方向错误,以致管控措施失效。管理者应学会灵活变通,或迎难而上,或知难而退,或迂回回抄,或巧妙躲避,或有效隔离风险等。所有选择都应当是审时度势后的自主行为。管理者应当合理制定风险应对策略,并通盘考虑可规避性、可转移性、可缓解性和可接受性,以求将风险降至可接受的水平。

---

[1] [美]富兰克林.富兰克林自传[M].鹤泉,译.北京:中国华侨出版社,2013:108—109.

自觉规避风险——对于超出整体风险承受能力或具体业务层次上的可接受风险水平的风险,应当主动规避,可通过放弃、停止或绕开与该风险相关的业务活动,不开始或不继续导致风险的行动,以求避免和减轻损失。

自动转移风险——企业在权衡成本与效益后,愿意借助他人的力量,采取包括业务分包、购买保险等措施以转移或减轻损失的,可以实行风险分担,将风险控制在风险承受度内。

自主降低风险——在权衡成本与效益后,愿意采取相应控制措施以降低、缓解风险或减轻损失的,可将风险控制在风险承受度内。降低风险的主要路径包括:一是控制风险因素,消除风险源,减少风险的发生或改变风险发生的后果;二是控制风险发生的频率,降低风险损害的程度;三是采用风险隔离措施,遏制风险传导,防止风险由"点"扩"面",力图从总体上减少风险所造成的损失;等等。

自愿承受风险——对损失较小的风险,当有能力承受风险损失时,可以采取风险自担或自保来自行消化风险损失。风险自担就是当风险损失发生时,直接将损失摊入成本或费用;风险自保就是企业预留一笔风险金或随着生产经营的进行有计划地计提资产减值准备等。

关于风险策略的理性选择过程如图 3.1 所示。

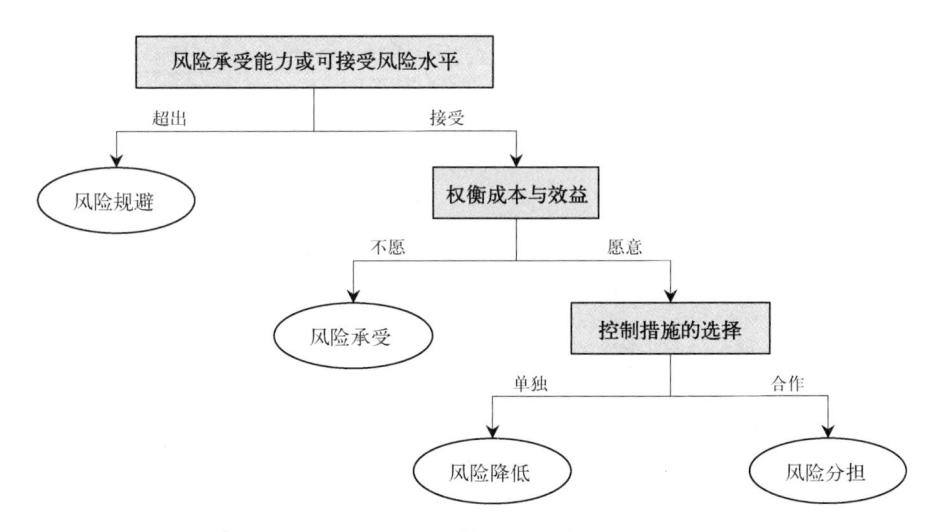

图 3.1 应对风险策略的理性选择过程

3.2.2 自觉落实各项风险控制措施

风险控制措施就是应对风险的具体策略,包括控制过程中所采用的手段、惯例或各种修正行为的举措,是实施控制活动的具体方法和专业手段。从广义上看,凡是围绕管控目标和要求实施的行为都与控制活动相关,都会有相应的控制措施,包括预防措施、强制措施、应变措施等。这些措施应体现在管理过程中,遍及各个管理层级与职能,具有制衡性或制约性作用。

  管理者应事先深入实际调查研究,识别和测算发生风险的概率与程度,找出关键控制点与保护性措施,体现于相关制度或流程中,通过主动防御风险,织密安全网,避免或减少差错,以预案的前瞻性和精准性来对冲环境的复杂性和风险的不确定性。尤其是在实施不相容职务分离控制、授权审批控制、会计系统控制、财产保护控制、全面预算控制、运营分析控制和绩效考评控制的过程中,具体的控制措施具有一定的自主选择性和主观能动性。也就是说,企业应当结合风险评估结果,运用相应的控制措施,将风险控制在可承受度内(如图 3.2 所示)。①

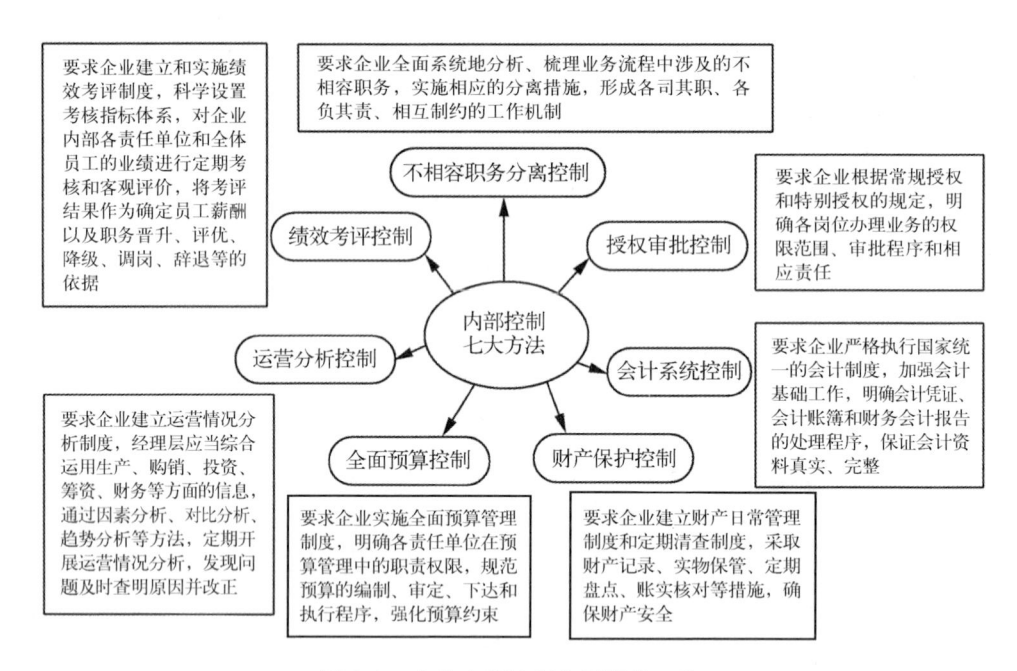

图 3.2　企业内部控制主要措施一览

  控制活动可以手工操作(手工控制),如不定期盘点、不告知的突击检查等,具有较强的威慑作用;也可以自动操作(自动控制),如定期盘点、信息化自动查询、跟

---

① 关于企业内部控制策略与控制措施的具体内容,参见:李敏. 企业内部控制规范(第 3 版)[M]. 上海:上海财经大学出版社,2021.

踪与反馈等,具有持续的联动作用;更应当创造条件实施自动化运作,当某些风险达到触发性因素时,系统不仅会自动报警,而且能够自动关闭某些权限或某种运营状态,直至修复自愈。

随着失控案例的增多和人们的不断反思:一方面,人们对风险的认知在不断深化与细化,对防控的责任也在不断强化与细化;另一方面,随着反控制的抵触情绪不断升级,舞弊者的行为也在升级,导致对内部控制的针对性要求越来越高,控制的具体目标和具体要素正被不断精细化与定量化,控制手段也不断多样化与精准化,精益控制的理念与行为显得越来越重要。

应对风险的措施应当是有针对性且能解决问题的,而不是泛泛而谈或者空对空的,所以需要精准施策。切实认清目标是有效控制的行为指南,精细梳理业务流程是科学规划内部控制的基础,精准识别风险是有效控制的前提与方向,精确落实控制措施是对管理需求的有效回应,精密监控危险危害是化险为夷的前奏,有效提升绩效是有效控制的不懈追求……归根结底是要想方设法寻求恰如其分、恰到好处的控制措施,这是高明的控制理念。

控制措施只有在规定的(或特定的)情景下(场景化)方可起到应有的作用,人们可以选择使用而非任意乱用。面对变幻莫测的市场与人心,没有永恒不变的对策,只有应变而变的行动。"知己知彼,百战不殆"的重要缘由就在于具体情况具体分析,应变施策,对症下药。选择恰当的措施(方法),有利于事半功倍,有助于实现控制目标;选择不当,不仅浪费资源,而且影响控制质量,甚至事倍功半或者得不偿失。策略选错,将导致方向错误;措施不当,将造成管控不周。策略与措施错配,管控对策难免失效。

专题讨论3.1 | **中航油投机失控最终惨败**

中国航油(新加坡)股份有限公司(以下简称"中航油")是中国航油集团公司的海外控股公司和新加坡交易所主板挂牌企业,因石油衍生品交易亏损5.54亿美元而被迫于2004年11月30日向新加坡高等法院申请债务重组。

中航油自2003年开始做油品套期保值业务。其总裁陈某自视功高,无视内部控制,不会自控,擅自扩大业务范围,以投机心理从事石油衍生品期权交易,未向中国航油集团公司报告。中航油从事场外石油期权投机是我国政府明令禁止的,集团公司却没发现,他控机制形同虚设。集团公司派出的财务经理两次被换,也没有实施其他有效的约束策略,放任自流。对从事金融衍生业务操作,中航油在国际金融市场上只是一个新手,却没有落实配套严格的风险管控措施,以致惨败。公司管理层有意违反本应遵守的风险管理规定却无人制止,互控与监管机制都失效了。

3.2.3 控制的基石在于有效牵制

不要牵制,不会牵制,就难以控制。有效牵制首先着眼于业务流程中的职能分解和相关人员的职责分工等,以便形成互相制约的机制,如职务分离、岗位分开、场所分立、物理分控、技术措施保密、网络口令加密、定期岗位轮换等,其核心是不相容职务(岗位)相互分离控制。对此,自控时要自省自觉,不能反感抵触;他控中要正确对待,处理好监管关系;互控则是监督检查的重点内容。

不相容是对客观场景(事物)的一种主观认定。两种或多种性质不同以致不能共存或不能同时发生而应相互独立的岗位(职务),就被认为是不相容的。分离过程体现一定的自觉与自主程度。一是要满足法律法规对不相容岗位(职务)分离的相关要求,这是最低标准。二是要切合企业自身的实际情况,合乎行业惯例(规矩)、企业文化和自律要求等。三是要充分考虑合理制约性与有效分离性,这就是说,分离并不是越细越好,即并非所有不相容岗位(职务)都必须严格分离,还需要考量成本与效益、可能性与适应性等。但所有管理者都应当自觉地将自己摆进不相容岗位(职务)相互分离的具体场景中,自觉分离、有效分离,包括:① 申请某项业务与授权审批该项业务分离;② 授权进行某项业务与执行该项业务分离;③ 执行某项业务与审核该项业务分离;④ 执行某项业务与记录该项业务分离;⑤ 保管某项财产物资与对该项财产物资进行记录分离;⑥ 保管某项财产物资与使用该项财产物资分离;⑦ 执行某项业务与监督分离;等等。

首先,识别不相容岗位(职务)要全面周到,注意宣导,让员工清楚哪些岗位(职务)不能由一个人兼任及其理由。

然后,合理界定不同岗位(职务)的职责与权限,这样就能在各司其职的前提下,合理地分离不相容职务,也只有这样,在出现问题时才能准确地分清责任。

最后,采取必要的牵制措施,有效分离不相容岗位(职务),如分权牵制、实物牵制、机械牵制、簿记牵制、岗位轮换等,目的在于防错纠偏,使不相容岗位(职务)相互牵制、相互制约,形成有效的制约机制。这些控制措施应当多管齐下,进行有效监督检查,以确保措施落地见效。

从纵向看,每项经济业务的处理至少要经过上下级有关人员之手,使下级受上级监督,上级受下级制约,促使上下级均能忠于职守,不疏忽大意。从横向看,每项经济业务的处理至少要经过彼此不相隶属的两个部门,使一个部门的工作受另一个部门的牵制,不相隶属的不同部门均有完整的记录,互相制约、交叉核对,及时防止或减少错误和弊病。从广度看,尽量覆盖能够识别的各种不相容岗位。从深度看,能够防范由于混岗、串岗、岗位职务兼任等带来的各种风险与危害。从力度看,不仅需要牵制,而且需要控制,必要时还需综合整治。一方面,应当形成上下牵制、左右制约、全面制衡的运行机制;另一方面,应当与控制、治理有机融合,与法制、德治相互配合,方能相得益彰。

然而,不相容岗位分离并不能完全防止两人或两人以上串通作弊的发生,如出纳与会计共同作弊、财产保管人员与财产核对人员合伙造假、采购部门与会计部门联合舞弊等。所以,不相容岗位分离这项措施特别需要各个岗位的员工各守其责、自律自控。如果担任不相容岗位的员工之间相互勾结,不相容岗位分离的作用就会消失殆尽。强调与凸显自控的作用就在于能够有效弥补控制的局限。

无论是内部牵制还是内部控制,都只能提供一定假设前提与客观条件下的合理保证,其实现控制目标的可能性会受其固有局限性的影响,包括人为判断可能出现错误和因人为失误而导致控制失效、可能由于两个或更多人员串通或管理层不当地凌驾于内部控制之上而被规避、行使控制职能的人员的素质不符合岗位要求而影响内部控制功能的正常发挥、对内部成本效益问题的考量影响其效能的发挥、出现不经常发生或未预计到的业务使原有控制措施不适用等。所以,内部牵制或内部控制会失控或无效,这是管理者应当特别警惕的。控制活动既应当实事求是,也应当与时俱进。

不少企业资源贫乏,严格地实行完全的岗位分离确有困难。内部控制并不能也不要求消除所有管理过程中的风险,因为那是不可能的。实施不相容岗位分离的程度需要理性考虑成本效益原则,包括判断风险的大小,如不相容岗位未分离的风险究竟有多大? 到底什么时候必须分离,什么时候可以暂缓分离? 是否需要严格分离? ……

因资源限制等原因难以实现不相容岗位相分离的,并不等于不要分离。那么,人手少,分工有限,怎么办? 在一般情况下,为实现某一目的,总会有几种可以采取的方案、措施或办法,并且这些方案、措施或办法之间可以替换,被称为替代方案或可行方案,这些都是人们在实践中摸索出来的行之有效的措施与方法,以弥补牵制不足或牵制失效。

替代性控制措施就是用某一项控制措施替代另一项控制措施,以达到必要的控制目的,如采取抽查交易文档、资产盘点、诫勉谈话、定期轮岗、实施回避制度等替代性举措。

抽查交易文档是指在执行检查程序时,从被查对象总体中,按照一定的方法,抽选一定数量的样本进行测试,并根据测试结果推断总体特征的方法。抽查的对象包括凭证、账簿、报表、文件资料等。抽查法具有高效率、低费用、省时省力的优点,恰当运用能够起到事半功倍的效果。

资产盘点是指为加强对资产的监督管理,完善资产管理制度,保证资产的安全、完整及有效利用,定期或不定期地对资产进行实物的盘点与核对,将盘点结果与会计账簿记录逐一核对,两者有差异时,区分不同情况做以下处理:一是将账簿数据调整至与实际清查数据相同;二是调查产生差异的原因并采取改善方法;三是惩处失职人员,以达到资产保全的目的。

诫勉谈话是一种教育形式,主要是与有轻微违纪行为或有倾向性问题的员工谈话,以达到及时提醒、教育挽救的目的,具体内容包括警示提醒、诫勉督导、训诫纠错等。

一颗螺丝在一个地方待得太久容易生锈。某公司为了防范会计风险,规定财务人员轮流做一段时间的出纳和其他财会工作,通过轮岗这一替代性措施来解决不相容职务未分离可能产生的风险。通过工作轮换或定期轮岗,尤其是对关键岗位实施强制轮换或带薪休假等,不仅吐故纳新,而且有效制约。让别人接替就是受他人监督,那么实施并掩盖舞弊的机会就会减少。通过定期或不定期地轮换,有助于揭露前任工作中存在的差弊,抑制不法分子的不良动机。此外,顶岗的职工还可能提出改进工作的设想,改善工作程序并提高工作效率。所以,岗位轮换是一种行之有效的内部控制方法。

回避制度是为了保证执法或者执业的公正性,对由于某种原因而可能影响其公正执法或者执业的人员实行任职回避和业务回避的一种制度。《会计基础工作规范》规定:"国家机关、国有企业、事业单位任用会计人员应当实行回避制度。单位领导人的直系亲属不得担任本单位的会计机构负责人、会计主管人员。会计机构负责人、会计主管人员的直系亲属不得在本单位会计机构中担任出纳工作。"需要回避的主要有以下三种亲属关系:一是夫妻关系,二是直系血亲关系,三是三代以内旁系血亲以及近姻亲关系。尤其在家族企业中,回避制度对防范风险具有积极作用,有助于合理保证内部机构岗位合理、权责分明、相互制约、相互监督。

3.2.4 守正驱邪与自卫自控

"人"字一撇一捺合成一段正直的脊梁,支撑一颗向上的头颅,昂然挺立于天地间。那一撇一捺就像人的两条腿,不仅在阔步前行,而且撑起向上的力量。当人的自控力与向上的力量正相关时,一切安好。

无论是选择控制策略还是落实控制措施，都是为了守正驱邪。"正"字由"一"与"止"构成，本义是"守一以止"。甲骨文字形上面的"一"表示方向、目标，下面是足（止），意思是朝着这个方向或目标不偏不倚地走去。该字形和"企"一样，也采用"止"作字根，表示阻止错误。许慎认为，"正"就是纠正，使恰当。

管理者应当自主学正，精心养正，真心扶正，全力保正，在恪守正道、追求真理的路上刚正不阿。倘若没有原则，走歪门邪道，就很容易在竞争中迷失自我。不忘立身之本是一种自主自立的定力，稳得住神、管得住身、抗得住诱惑，才能牢牢守住思想道德和纪律规范的防线。客观条件受制于人并不足惧，重要的是能够主动回应现实环境，对自己负责。盲从、屈从不是管理者的精神，管理者应当眼观六路、耳听八方、胆大心细、遇事不慌。心正不怕流言蜚语，心宽不怕琐事纠缠，心善不怕半夜敲门。

正确的想法是正念，不当的心思是邪念。念是一种稳定的心理状态，将思想专注于某个对象。心理疗法与大脑科学实证研究表明，正念疗法对建立健康积极的心理有正面影响，对专注力、情绪管理、抗挫能力以及社交能力都有显著的提升作用。如果人们能够通过正念教育学会积极地学习和工作，就能拥有自控力，长此以往就可以形成一种持续、稳定的健康心理模式，并存在于大脑系统中，帮助人们守正笃行。

如何做自己命运的主人呢？核心要义就是"正"，即守正义、讲真理、走正道，能够自卫自控。"正"者，大道也，既包含道德操守，又包含客观规律，还包含正确认知等。被实践所证明是正确的事物，以及从无数次成败中得出的宝贵经验，可谓之"正道"。"鼎，君子以正位凝命。"《易经》正位：摆正自己的位置，坐得稳，坐得正。凝命："凝"就是凝聚精神，发掘智慧；"命"，就是人的命运。"正位凝命"的意思就是，君子应当摆正自己的位置，端正而稳重，凝聚精神，发掘智慧，以此来完成人生的使命，实现人生的价值。

市场经济既是法制经济，又是信用经济或诚信经济。没有诚信的商业环境将充满道德风险，显著抬高交易成本，造成社会资源的巨大浪费。

人无诚信不立，事无诚信不和，业无诚信不兴。"诚"字由"言"和"成"构成，说的话做到了，能够"言必信，行必果"即"诚"。诚者，天之道也；思诚者，人之道也。"信"由"亻"和"言"构成，强调人要言而有信。诚和信连用，相辅相成；心有诚意，口有信语，诚于中而信于外。诚和信是德和善的基础，是实现自我价值的重要保障，也是个人修德达善的内在要求，还是一切事业得以成功的前提。

诚实守信是美德。诚实，就是忠于事物的本来面貌，不隐瞒、不造假、不欺骗。

守信,就是讲信用、守承诺,忠实于自己的义务。诚实守信是指真实无欺、遵守承诺的品德及行为。待人以诚信,人不欺我;处事以诚信,事无不成。诚信是立业之本。

违约失信是恶行。违约,是指合同当事人违反履约义务的行为。失信,就是违背协议或诺言,丧失信用。经营不诚实,走歪门邪道,必然被市场淘汰。诚信是塑造企业形象和赢得企业信誉的基石,是竞争中克敌制胜的法宝。为增强全民信用意识,我国正在构建"一处失信,处处受限"的信用惩戒机制。

3.2.5 以身作则,贵在品正

俗话说,兵熊熊一个,将熊熊一窝。领导者的威信成于民心,存于民心,对企业的影响既直接又深远。威就是权威,信就是诚信。领导者应当以德树威,做到心正、言正、身正、气正,才能赢得员工的敬重;以公立威,做到公开、公平、公正,以赢得员工的认可;以和聚威,善于动之以情、晓之以理、导之以行,才能取得员工的信任;以能添威,通过自身卓越的管理才能,使员工产生认同感、信服感;以诚取威,说到做到,诚实守信。此乃管理者的立身之本。

制定规则的人绝对不能破坏规则。正己方可正物,自治方可治人,律己方可服人。管理者的言行举动有着示范效应和影响力,会起到耳濡目染、潜移默化的作用,所以必须以身作则。上行下效,带头守规矩的人,其身正,不令而行;其身不正,虽令不从。

无论是企业还是管理者,其品牌价值首要在"品"。"品"首指人的道德修养,即人品。人品是最好的学历、最硬的实力和最宝贵的财富。品好则得到赏识、受人推崇,无论走到哪里都会熠熠生辉。"德薄而位尊,智小而谋大,力小而任重,鲜不及矣。"(《周易·系辞下》)人的品行要与其社会地位及享受的待遇相匹配,如果违背,就会遭受灾祸。你要想有存在价值,就必须创造"品牌"价值。

"老板"这一称谓来源于南方,是对工商业中那些主导者的敬称,旧时写作"老闆"。上土下匕是为老,门中有品乃为板。"老"字的上半部分有"土",下藏"匕",说明老板虽然有魄力,但杀气不外露,不盛气凌人,取意老道。"板"字取意商者应有品。信则立,门中有"品"才为板。"老板"是企业的一扇"门",代表一种品格、一种形象。

倡导正能量是一种自我调节的自控方法,在心理学教育中越来越受到重视。人在经营管理或社会活动中会处于各种状态,管理者要善于改变自己所处的环境,向正能量靠近,与积极的人相处。种下一颗快乐的种子,会促使你身心愉悦;种下一颗沮丧的种子,会导致你悲观失望;种下一颗愤怒的种子,会引诱你愤世嫉俗……人自身就是一个大磁场,可以吸引周围的人和事。如果你总是怨天尤人,你的眉头时常紧蹙、眼神飘忽不定,你的负面情绪就会逐渐聚集成负能量并向外围扩散,使你深陷其中同时吸引其他显示负能量的人和事。而一个拥有并向外界释放正能量的人,嘴角会自然上扬、表情会舒缓柔和,自然会吸引其他显示正能量的人和事,带动管理活动有序、和谐地运行。

名师点化3.2 │ 敬畏有忌,学会说"不",勇于拒绝

言无忌,不知轻重,会出口伤人。闲言招惹是非,恶言令人发指,轻言讨人烦厌,直言难免戳心。说出怎样的话,反映你是怎样的人。与人善言,暖于布帛;伤人之言,深于矛戟。

心无忌,贪图享乐,就不思进取。幼稚的人随性,成熟的人有责,毫无自控的人必定怠惰,不会有好的前程。

行无忌,举止轻浮,缺乏边界感。尤其是缺乏底线的人,行为举止危如累卵。

"不"是否定词,表示禁止、不要,虽寥寥四笔,却在自卫自律。之所以敢"不",在于心存敬畏。畏则不敢肆,无畏则从其所欲。常怀敬畏之心,就有神圣之感,方能行有所止。没有敬畏之心就会肆无忌惮,为所欲为。

古之贤者崇尚敬畏有忌。心中有戒,才能行之有界,勇于拒绝,做到不义之财不取、不正之风不沾、不法之事不干。只有戒与畏根植于心,行与果才不会跑偏。

3.3 流程失能与自约制衡

3.3.1 过程控制与流程失能

所有工作的完成都基于过程,过程管理是所有管理工作的基础,也是战略管理的基本单元。推行业务流程化控制,通过流程管人、管事、管进度,是行之有效的管理方法之一。流程的起点是需求与目标,流程的终点是结果与业绩,其过程包括制度执行、节点控制、岗位履职、能力发挥与管理协调等,从而有分有合、协调运作,既分段制约又相互制衡,既分散权力又形成合力。如果流程失能,就会产生无序、浪费与内耗等不良后果。

有规不依容易管理无序。管理者如果只将规章制度作为他人的守则,没有自律,不以身作则,就会造成无序管理,影响员工的积极性和创造性。

流程不循容易管理无序。管理者以本部门为中心,较少以工作为中心,不是部

门支持流程，而是要求流程围绕部门转，从而导致流程的实施处于纠缠状态，需要反复协调，加大了管理成本。

职责不清容易管理无序。某项工作好像两个部门都管，实则扯皮推诿，使原来有序的变成无序。例如，某人看到一项工作比较紧急，就主动补位，于是"今后这项工作就由你来做吧"，责任部门反而放任不管了。

能力低下容易管理无序。管理能力不足会造成管理工作无序，尤其是当部门和人员变更时，工作交接不力、协作不到位，原来形成的工作流程经常被推翻，人为增加了从无序到有序的时间。

协调不力容易管理无序。某项工作应由哪个部门负责没有明确界定，部门之间缺乏协作精神和交流意识，彼此观望，结果工作没人管，小问题被拖延成大问题，甚至形成管理盲区。如果不能及时发现问题并予以改进，业务流程就不能顺利推进，后续流程就可能停滞，形成损失，甚至舞弊丛生。

实证分析 3.2 | 程序失能、有章不循的严重后果

作为国有大型企业的南方航空集团，在银行贷款上具备良好的信誉。该集团的委托理财业务实际上是用集团自己的钱，借助证券公司操作自己的股票，且集中于两三个人运作。按法规要求，不论是国有资金入股市炒股，还是利用自有资金操作自己的股票，都是明令禁止的。而该集团决策层、内部审计等都没有进行程序方面的有效监控，对重大投资监管不到位。

程序失能使贪腐分子有机可乘。财务部陈某利用经办委托理财的职务便利，采用先办事、后请示或不请示，只笼统汇报理财收益、不汇报合作对象等方式，大肆超范围开展委托理财业务，侵吞集团部分理财收益，并收受回扣；超权限从银行贷款供自己及其朋友注册公司或经营所用；收受贿赂近5400万元，挪用公款近12亿元，贪污公款超过1000万元。教训沉痛！

3.3.2　制度导向与流程导向

控制的逻辑主要体现在制度文本和控制流程中，分别形成制度导向与流程导向。流程是河道，制度是堤坝，要使河流不泛滥成灾，梳理河道和加固堤坝都是不可或缺的。制度导向侧重于"以堵治水"，解决什么能做、什么不能做、对什么事负责等问题，是企业正常运行的保障。流程导向侧重于"以导治水"，以完成工作步骤为核心，提倡对自己高度负责和对上下游充分信任。制度是流程得以执行的保证，流程是制度的内容载体与运行灵魂。控制活动应当尽力堵住制度性缺陷，从流程中发现问题并予以解决。

管理企业必须理清制度。制度是约束组织成员的规范,是保障组织运行的基石。制度管理远比人的管理辐射广、链条长、效率高。随意践踏制度的管理注定失败。管理者最忌讳而又最容易犯的错误就是把个人意志凌驾于制度之上,如果制度形同虚设,员工的行为、组织的运行就必然产生不可逆转的偏差。管理中频繁出现"法不责众"的情况,则说明制度存在问题,相关规定或流程与实际不符。

管理企业必须理顺流程。流程(程序)是业务活动步骤的还原,是进行某项活动或某个过程所规定的路径,如采购流程就是指导采购团队完成原材料采购并入库的过程,也是通过一系列可重复、有逻辑的活动,将一个或多个输入转化成明确的、可衡量的输出。提倡流程化的管理方式,有助于把所有人从海量的、低价值的、简单重复的工作中解放出来。

20世纪初通行分工协作理论,把一件事划分为多个阶段、多个层次,让多个人共同完成。在分工协作的过程中,人们可以互相检查、互相监督,减少前一阶段舞弊的发生概率,前一道工序的质量由此得到提升。这种社会化大生产的思想运用到企业内部控制中,在相互牵制的基础上逐步形成了程序控制体系。所以,程序是分配资源的工具。所有工作无时无处不在强调程序。有了规范的程序,办事就容易多了。

程序是具有内在运行逻辑的科学管理方式,能够发挥高效协调的作用。早在1988年,美国注册会计师协会就发布了《审计准则公告第55号》,以内部控制结构替代内部控制。内部控制结构是为合理保证企业特定目标的实现而建立的政策,包括控制环境、会计制度和控制程序。控制程序是指管理当局所制定的政策和程序,用以保证达到一定的目的,具体包括:经济业务和活动的批准权;明确各员工的职责分工;充分的凭证、账单设置和记录;资产和记录的接触控制;业务的独立审核;等等。程序包括业务程序、控制程序、决策程序等。

流程化的优点是标准化、程序化、模板化,但绝不是僵化,也不是包治百病的灵丹妙药。一旦该走的程序不走或流于形式,就会酿祸成灾,所以要合理设计程序以发挥自控作用。流程应重点关注如何使一项经济业务的处理必然经过两个或两个以上因素的制约,从而使"想干坏事""在干坏事"的人感到不方便或害怕。例如,在职责牵制方面,规定一项经济业务由两人或两人以上负责完成,如出纳业务可以由出纳人员收支款项但不得兼管稽核,会计档案保管和收入、费用、债权债务账目登记工作,从而实现账、钱、物分管;在程序牵制方面,规定一项经济业务有两个或两个以上相互牵制的程序,如填制原始凭证、编制记账凭证、登记账簿等;在核算牵制方面,规定对经济业务的核算记录要有对照平衡关系,如采用复式记账法、总账与明细账的平行登记等,其中,决策权、执行权、监督权的三权分离很关键。探寻企业失败的诸多原因,致命的问题是失察,根本的原因是失控,终结的后果是失败。

李嘉诚的管理心得:好谋而成,分段治事,不疾而速,无为而治。"好谋而成",是指凡事深思熟虑,谋定而后动。"分段治事",是指洞悉事物的条理,按部就班地进行。"不疾而速",是指因为你早就收集了很多资料,很多困难早已知道,有充足的准备而胸有成竹,当机会来临时自能迅速把握,一击即中。"无为而治",是指要有好的制度和管理系统。兼具以上四个因素,成功的蓝图自然展现。

3.3.3 "三重一大"与权力制衡

内部控制的精髓就在于制衡。制衡就是使不同部分的权利之间形成彼此制约的关系,确保其中任何一部分都不能独占优势。没有制衡,何来控制?

不信任他人没法工作,但盲目轻信的情况更糟。制衡具有牵制和自卫作用。牵制就是约束、控制,使之不能随意行动。无所牵制的结果就是私欲泛滥。"只要不被发现,就想占为己有",这是舞弊者的一种心理暗示或行为借口。如果可能被发现呢?那就收手不干。这就是牵制的力量,其重要作用就在于让人在理智的权衡中放弃不理智的行为。

内部牵制主要基于以下两种基本设想:一是两个或两个以上的人或部门无意识地犯同样错误的机会很小,二是两个或两个以上的人或部门有意识地合伙舞弊的可能性大大低于一个人或一个部门舞弊的可能性。所以,牵制是控制的基础,对防范与遏制错弊具有积极的意义。

权力是一把"双刃剑"。管理者要将"秉公用权"作为底线,时刻保持对权力的敬畏,在自律之上加一把"锁",把恶念统统驱逐。堂堂正正做人,干干净净做事,对得起手中的权力,无愧于肩上的责任。权力越大,越要谨慎,否则将落入贪腐的深渊而万劫不复。

法人治理结构既是现代企业制度中最重要的组织架构,也是企业治理中股东、董事、监事及经理层之间的制约关系,是企业制度的核心。其中:股东会由企业股东组成,所体现的是所有者对企业的所有权,是企业的最高权力机构;董事会由企业股东大会选举产生,对企业的发展目标和重大经营活动做出决策,维护出资人的权益,是企业的决策机构;监事会是企业的监督机构,对企业经营者的行为发挥监督作用;经理由董事会聘任,是经营者和执行者。四个组成部分依法设置,行使各自的职权,履行既定的规则,在企业法人治理结构和决策过程中起着不可替代的重要作用。

程序是约束权力的手段,对权力的管制应融入程序中。其中:党委(党组)具有领导职能,把方向、控大局、保落实;董事会具有决策职能,定战略、做决策、防风险;经理层具有执行职能,谋经营、抓落实、强管理。通过权责法定、信息透明、协调运转、有效制衡的企业治理机制,可以推动制度优势更好地转化为治理效能。

管理者自控的核心要义就是控权,防止滥用公权。对决策权、执行权和监督权应当实行有效分离,对重大决策事项、重要人事任免事项、重大项目安排事项、大额资金运作事项必须经集体讨论做出决定。"三重一大"制度的主要内容如图3.3所示。

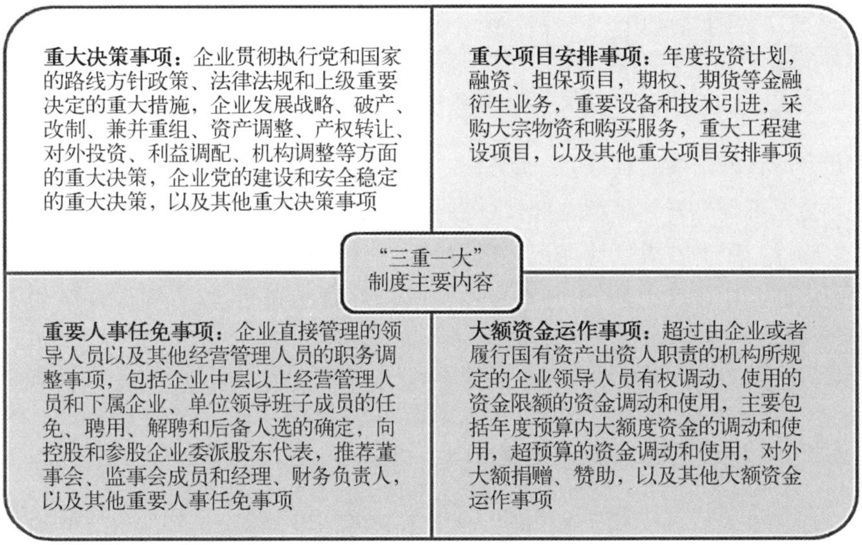

重大决策事项:企业贯彻执行党和国家的路线方针政策、法律法规和上级重要决定的重大措施,企业发展战略、破产、改制、兼并重组、资产调整、产权转让、对外投资、利益调配、机构调整等方面的重大决策,企业党的建设和安全稳定的重大决策,以及其他重大决策事项

重大项目安排事项:年度投资计划,融资、担保项目,期权、期货等金融衍生业务,重要设备和技术引进,采购大宗物资和购买服务,重大工程建设项目,以及其他重大项目安排事项

重要人事任免事项:企业直接管理的领导人员以及其他经营管理人员的职务调整事项,包括企业中层以上经营管理人员和下属企业、单位领导班子成员的任免、聘用、解聘和后备人选的确定,向控股和参股企业委派股东代表,推荐董事会、监事会成员和经理、财务负责人,以及其他重要人事任免事项

大额资金运作事项:超过由企业或者履行国有资产出资人职责的机构所规定的企业领导人员有权调动、使用的资金限额的资金调动和使用,主要包括年度预算内大额度资金的调动和使用,超预算的资金调动和使用,对外大额捐赠、赞助,以及其他大额资金运作事项

图3.3 "三重一大"制度的主要内容

对"三重一大"实施多治理主体分别参与决策是合理的,不能视为重复决策。重复决策隐含了一个前提,就是同样的人、同样的事、同样的模式反复多次。如果人员高度重叠,不同治理主体的功能发挥就会出现障碍,重复决策现象就会产生。如果党委会、董事会和经理层在讨论相关重大事项时,对决策角色和议事方式不清楚,就会产生越界和重复的问题。所以,如何促使党委会"把、控、促",董事会"定、做、防",经理层"谋、抓、强",各自的职能界定清晰很重要。只有人员分离、边界明确,才能各司其职、各负其责、协调运转、有效制衡。一种有效的做法是编制"权责

清单"并加以贯彻落实。

严谨规范办事流程是制度执行的重要环节。要警惕个别人有意通过流程倒置,把"三重一大"决策转化成独断专行、搞"一言堂"的道具。所以,要建立起与权力结构相适应的责权利关系,完善重大事项决策机制,包括决策程序、决策成员、决策范围、决策原则和表决程序等。决策程序是履行重大事项议事规则的关键,应当经过如图3.4所示的必要步骤。

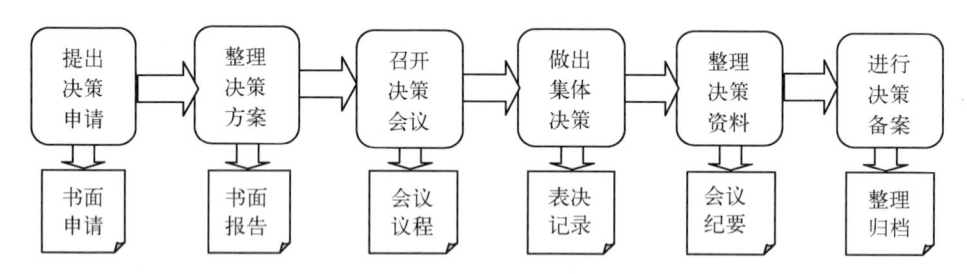

提出决策申请 → 整理决策方案 → 召开决策会议 → 做出集体决策 → 整理决策资料 → 进行决策备案

书面申请　　书面报告　　会议议程　　表决记录　　会议纪要　　整理归档

图3.4　重大事项的决策程序

开会的目的是履行程序,达成共识,解决争议,确保工作顺畅进行并实现预期目标。会议不是越开越多就越好,这样久而久之就成了搞形式,浪费宝贵的时间和精力。确保会议的有效性应谨记"五不开":一个部门或一个人能解决的,不开会;能个别协商并达成共识的,不开会;没有准备好的,不开会;没有明确议题的,不开会;没有讨论内容的,不开会。这样有助于形成"会必议、议必果、果必跟、跟必查、查必评、评必责"的良好会风。

3.3.4　授权制衡与流程优化

管理者事无巨细大包大揽,难免产生不必要的纰漏。上层累死,下层闲死,不懂得授权的管理者会在"兢兢业业"中把管理活动带上慢车道,或者说,不学会授权就无法走上管理的快车道。但授权不是把权力一放了之,授权后的跟进与监控必不可少。"一放就乱,一收就死"的根源就在于没有处理好授权与监控之间的关系。

授权批准控制是分权管控或权力均衡的具体应用场景,主要表现为上级对下级的权力下放,即根据被授权者承担目标责任的大小授予一定的权力,这既是职责的再分配过程,也是完成目标责任的基础,还是调动员工积极性、提高员工管理能力和应变能力的条件。通过授权,让权力锁定责任。权责对应的管理,有助于确保责任者有效实现目标,有助于降低权力运行的风险。不懂逐级授权以及不会授权的管理者走不远。

企业应当自主建立授权批准制度,明确规定授权批准的程序、条件、范围、额度、必备文件、有权批准的部门和人员及其相应的责任。授权批准控制的权限、范围、程序一旦明确,所有人不仅应当自觉执行,而且要在授权批准控制的过程中体现监控风险的主动性。对重大的业务和事项(尤其是对金额巨大、技术性强、影响范围广的经济业务与事项),应当实行集体决策审批或者联签制度,任何个人都不得单独进行决策或者擅自改变集体决策。重要事项提交管理层讨论时,管理者应当充分发表意见,意见分歧较大时应当暂缓表决,不同意见应当如实记录。在领导集体中,应取消"梁山式"的"交椅制",实现现代意义的圆桌会议制。

授权管理实质上是自控、控他与互控的艺术。管控权力有不少路径,企业可以因地制宜、有的放矢地选取以下路径实施制衡:

一是同质化制衡:将某类项目或事务分设两个部门,或由两位员工操作,彼此之间互不隶属,直接听命于上级部门,如设置两个销售部,均听命于销售总监。

二是异质化制衡:按照功能或程序将某些事务拆分,不同的人员或部门独立存在,又有一定的联系,如分设市场部、销售部、核价部、仓储部、物流部等,每个部门的业务既有联系,又无法一手遮天。

三是交叉化制衡:将不同部门的工作交叉配置,或轮岗切换,既有助于监控,又可以发现或储备人才,必要时还可以快速填补空缺,如市场部、销售部、核价部、仓储部、物流部的岗位定期轮换等。

四是随机化制衡:通过不定期或随机安排监督人员、监控对象、检查时间等,使制衡措施具有不确定性,由此提高员工的警觉性、效率性与管控的持久性。

如何制衡,大有讲究。良好的制衡不仅是控制措施,而且是管理机制,更是企业文化,可以体现自控、他控、互控的良性互动。以华为的费用报销流程及其制衡措施为例:报销人先自行上网填报费用报销信息,信息流转到主管处,主管需确认差旅事项的真实性及费用的合理性,再由上级审批;同时,报销人需将费用报销单打印出来,附上相应的发票,提交给部门秘书。华为的每个部门都配备秘书,秘书会集中将部门的费用报销单快递至财务共享中心。财务共享中心签收后,出纳会集中打款。整个报销流程结束后就是会计做账。其内在的自控、他控、互控要求都很明确。

首先强调自控。华为给每位员工建立费用报销诚信档案,每位员工都有诚信分值,这个分值会决定个人费用报销被审计抽查的概率。员工刚入职时的初始分为80分,B等。以后每报销一笔费用,没有出现差错的话,就可以加1分,最高可累加到120分。诚信分数为80~90分的，内审的抽查比例是20%；90分以上的，抽查比例是10%；100分以上的，抽查比例是5%；80分以下的，所有费用报销都需要检查；低于70分的，每笔费用报销都要事先审核，这将导致费用报销时限拉长，对报销人不利。

互控需要联动。华为的费用审批是主管领导对员工费用报销的真实性和合理性的把关，会计人员一般不对费用发票做实质性审核。这是为什么呢？一是报销人的主管领导是费用发生的知情人；二是费用审核工作量大，从成本效益上考虑，由会计人员做实质性审核不划算。遇到虚假报销怎么办？除了前端主管领导的把关，华为在后端通过审计抽查对此予以监督。审计抽查是一种事后监控的他控模式，如果抽查发现有问题，弄虚作假者就会受到处罚。上述对诚信分值的管理就是一种以自控为主的互控联动机制。

他控不可或缺。华为员工的费用报销主要由主管领导把关。主管领导把关不严怎么办？某位主管领导对员工的费用报销未能认真把关，导致不当费用报销，审计抽查时发现了这一情况，华为是怎么处理的呢？第一，要求这位主管领导承担连带赔偿责任，如不当报销费用的员工已离职，则由审批人赔付不当报销金额。第二，停止这位主管领导的费用报销审批权3年。如果其希望恢复该项权力，则需自费请两名注册会计师对其过去3年所审批的费用报销单做一番审计，若审计发现还有不当报销，这位主管领导就得像前述那样承担连带赔偿责任，完成后才能恢复其费用报销的审批权。

制衡应当一视同仁。华为审计对费用报销的抽查非常较真，即便对任正非也不例外。人们多次发现，任正非自己拖着拉杆箱在机场排队等出租车。难道创始人出行没有下属陪同吗？华为的差旅费报销制度规定，只有病员出差才允许有人陪同，领导出差时陪同人员的机票不能在公司报销，需由领导个人负担。

走流程也要讲效率，领导应当率先垂范。为了保证费用报销审批的及时性，华为规定了电子审批的时限。自流程转到审批人之日起超过一定时间没有审批的，系统将自动跳转到下一个环节，默认本环节审批人已经同意。当然，默认审批通过出了问题，仍需由该审批人负责。公司还会定期提取审批时效记录予以通报，超时审批会受到批评。对员工费用报销的时限也有限定，原则上要在费用发生后的3个月内进行；超过3个月但未超过6个月的，需说明未及时报销的原因并申请特批；超过6个月的，不能报销。

细化流程很有必要。例如，发票丢失了怎么办？写详细的情况说明并报销费用的50%。审批通过后为什么只能报销一半呢？一方面，发票丢失了，所报销的费用不能在所得税前扣除，这意味着公司要承担25%的所得税损失，这部分损失是员工造成的，理应由员工负担；另外的25%带有处罚性质，可视作对个人粗心大意弄丢发票的惩戒。

优化流程很重要。在审批环节，由电子审批代替人工审批。以前报销人必须找到领导面对面签字，现在，电子审批即可。在单据流转环节，实现了集中快递处理。以前是报销人将单据送到财务部，现在只需快递寄至财务共享中心。在付款环节，系统批量处理代替了逐笔打款。以前要由出纳一笔一笔给报销人打款，现在系统能归集员工姓名、身份证号、银行账号等信息，与网银对接后实现批量转账，大幅度减少了出纳的工作量。在账务处理环节，由系统自动化处理代替手工录入。以前每报销一笔费用，会计就要做一笔分录，不仅效率低下，而且容易出错。现在，通过SSE费用报销系统与财务软件对接可直接生成会计凭证。在会计核算领域，积极尝试自动化、智能化，将标准业务场景的会计核算工作交给机器完成。

3.4　岗位失职与自治尽责

3.4.1　岗位履职是最基础的自治要求

每个人都有自己的工作岗位，自控从岗位履职开始。现代管理依靠有效的履职过程来协调团队成员之间、团队与团队之间的互助和信任关系，这种信任关系的基础在于分工、守职、秩序与理性。建立起基于履职的信任关系，就能克服困难，达成目标。管理者的主要职责之一就是让员工对其行为负责，前提是让员工知晓并履行自己的岗位职责。所有管理者不仅要自身称职尽职，而且要引导员工称职尽职。

称职就是德才与职位相称，能胜任所担当的职务。尽职就是尽力做好本职工作。最有效的路径与方法是让员工清楚自己的职责，对工作产生热情，并学会自治，正确履行岗位职责，有权处理自己的事务，管理好自己。

最担心的就是失责渎职。失责就是没有完全负起责任。渎职就是不尽职，导致在执行任务时出现严重过失。

企业管理中最常见的错误就是岗位职责只是写在书面上的文字，并没有深入员工的思想意识与行为举止；管理者误以为员工只要参与了就会自觉履责，其实培训、引导更重要。即使岗位职责与工作方案是针对员工量身定制的，也要提升员工的知晓度,挖掘工作的兴趣点,结合个人的发展目标,用不同的方式激励,这样的履责才可能有效。

3.4.2 行为冲突与尽责履职

管理活动需要根据工作任务确定工作岗位的名称及其数量,根据岗位工种确定岗位职务范围,根据工种性质确定岗位使用的设备、工具、质量和效率要求,明确岗位环境和岗位任职资格,确定各个岗位之间的相互关系,明确岗位要实现的目标与责任等。由此可以最大限度地实现劳动用工的科学配置,有效地防止因职务重叠而发生的工作扯皮,提高内部竞争活力,并成为操作和行为的规范、控制和考核的依据、工作效率和工作质量的保障。

实证发现,不少管理过程中的争执、摩擦、纠纷与岗位职责不清、执行不到位有关。有经验的管理者在实施管理的过程中往往从明确岗位职责入手。岗位是为完成某项任务而确立的,通常由工种、职务、职称和等级组成。职责是职务与责任的统一,通常由授权范围和相应的责任构成。不知道该由谁干、不知道怎么干、不知道何时干、不知道干到什么程度的"四不知"就是推诿扯皮的根源,必须通过把职责落到"实处",与管理制度有机结合起来加以解决。

冲突是不协调的表现,将矛盾表面化可能会发生激烈的争斗,如员工之间、部门之间、职责之间、政策之间的不协调所产生的利益博弈等。没有冲突就不会进步,但破坏性的冲突是可怕的,所以要提倡有益的冲突,并有礼、有节、有序地管控好冲突。

发生冲突时,你的第一反应是把责任推给环境和他人,还是反省自己?如果某人影响了你的情绪,你的焦点是放在控制自己的情绪上,还是影响他人的情绪上?高情商的人包容而沉稳,先专注于自己的责任,而不是盯着他人的过错。大气的人胸襟开阔,奋发进取,具有团队协作精神;小气的人满腹幽怨,斤斤计较,最终孤家寡人。责怪无法改变现状,而度量能化解仇怨、解开矛盾、凝聚人心。当然,有些冲突是狭隘心理、恶意行为造成的,必须制止,不能任其泛滥,否则会导致"一颗老鼠屎坏了一锅粥"。

3.4.3 预算管控与行为约束

现代企业是一层层的预算组织,各级管理者包括员工能否尽责履职,充分体现在预算的制定、执行与监控方面。预算是有效的自治方略与管控路径,若能与岗位职责有效结合,就能成为最佳的管理方案与控制实践。

"凡事豫(预)则立,不豫(预)则废。言前定则不跲,事前定则不困,行前定则不疚,道前定则不穷。"(《礼记·中庸》)因为预算是一种数量化的详细计划,是对未来经济活动的周密安排,所以数量化和可执行性应当是预算的主要特征,即预算是一种可据以执行和控制的计划,是对目标的具体化。预算模式的初心是以量化的方式更有效地指挥商业"作战",从而成为重要的控制工具。好的预算是能锚定战略目标并鼓舞团队士气的。

善于做预算的人常常能抢占先机,其中的一个重要原因就是无形中建立起了自信优势和控制准备。早做准备可以有效地管控时间及业绩。做任何事情,预先有规划才能做到有的放矢。例如,讲话前有准备就能言之有据,不然就会理屈词穷;做事前有准备就能水到渠成,不然就会陷入困境。

预算以数量化的方式表明岗位的工作标准,控制则以确定的工作标准对行动进行度量并纠正偏差。预算管理就是过程控制,包括事前控制、事中控制和事后控制。事前控制就是进行规划、编制预算,详细描述为实现计划目标而要实施的工作标准;事中控制是一种限制差异的过程,保证预期目标的实现;事后控制是鉴别偏差,纠正不利影响并予以反馈。

预算控制要求按照全面预算管理制度,明确各责任单位与岗位员工在预算管理中的职责权限,规范预算的编制、审定、下达和执行程序,强化预算约束。即使是管理者,也只能在预算的舞台上"跳舞"。企业可以业务预算为基础,以财务预算为重点,以现金流控制为核心进行预算编制,并分季度按月落实财务预算管理工作,做到预算内资金实行责任人限额审批,严格控制无预算的资金支出。预算约束是最好的管控过程。

预算控制是每个管理者的职能。无论是哪一层的管理者,都不仅要对自己的工作负责,而且要对整个预算(计划)的实施与目标的实现负责,因为他们本人的工作是计划的一部分,员工的工作也是计划的一部分。控制无非是确立标准、衡量成效、纠正偏差等。各级管理者都必须承担预算控制这一重要职能的责任。判断预算合理与否的标准不是单纯的数据,而是控制的目标。

3.4.4 预算执行与自我均衡

偏离预算可能存在风险。例如,销售预算是企业生产经营全面预算的起点,其目标通常被分解为多个层次的子目标,如果某个层次的销售目标严重偏离预算,就会导致整个企业经营失算。所以,预算及其执行过程应当强调自治,将预算变成自控自衡的一种自觉方式。

对预算执行过程及其出现的偏差进行自觉控制很重要,包括他控和自控。这里的他控是指预算执行过程中上级对下级的控制,这里的自控是指每一责任单位对自身预算执行过程的控制。预算管理过程以自我均衡管控为主,通过分解明确各责任单位的目标和责任,并与激励制度相配合,把责、权、利紧密结合起来,这样有利于责任单位在执行过程中对偏离预算的不利活动进行自我纠正,调动责任部门自控的积极性。

不编制预算或预算不健全,可能导致企业经营缺乏约束或盲目发展;预算目标不合理、编制不科学,可能导致企业资源浪费或发展目标难以实现;重编制、轻执行,预算可能因缺乏约束机制而形同虚设;约束失算或平衡不够,可能导致预算难以有效实施;等等。

预算管理着眼大局,思考全面,注重过程,其核心是一种均衡管理,即利用有限的资源为实现预期目标而进行以人为中心的协调活动,如外部资源与环境的平衡,内部目标与发展的平衡,企业产供销、人财物的平衡等。平衡是指实现组织与环境、组织系统各要素之间以及组织行为决策的相互约束和相互协调。从指标计分来看,包括财务指标与非财务指标的平衡、长期目标与短期目标的平衡、结果性指标与动因性指标的平衡、内部群体与外部群体的平衡、领先指标与滞后指标的平衡等。平衡管理是对企业在生产过程中一系列行为的协调,它对企业的稳定运营和健康发展有极为重要的意义。

善于平衡也是一种制约,各级管理者不能存有破坏平衡的"小算盘",而要创造条件促进平衡。小事见格局,细节看人品。没有格局的人,目之所及皆是个人得失。习惯于投机取巧的结果是让预算落空,影响大局。戒掉这些低层次的"小聪明",才能走得更稳更远。

自我平衡、管控平衡、守住平衡,体现管理者的均衡思维。在宏观上,通过平衡顺应规律,有所为而有所不为,既考虑眼前也思考未来,不被功名所迷,不被得失所扰,平衡出良好的管理心态与发展前景。在微观上,保持预算平衡,从不平衡走向平衡是一种修为,管理者应当成为善于平衡的人。

强化预算有助于形成控制机制,但不能是机械的压制机制。投入为产出所必需,投入必须有产出。控制不一定都是强制性地控制偏差,也可以通过偏差分析应对变化,学会适应,重新组织学习,产生新的交互控制。交互控制机制是一种重视未来和变化的系统,要求追踪不确定因素,使管理者时刻保持清醒,注重各种变化信息,使管理控制系统不仅遵循和服从既定的战略,而且关注和应对战略本身的不确定性,并发现新的战略机会。

第 3 章
提升认知　自律自治

―――――― **经典案例评析** ――――――

自律是低成本的有效管理

以塑造员工自律为中心的企业文化是华为的管理思维。因为自律是低成本的有效管理，所以管理者应把践行自律作为座右铭，使流程管理更加简洁、及时、准确。

早在2005年，华为高层就警觉公司最大的风险来自内部，必须保持干部队伍的廉洁自律。2005年12月召开的EMT[①]民主生活会上，EMT成员共同认识到，作为公司的领导核心，正人须先正己。会上通过了"EMT自律宣言"，要求在此后的2年内完成EMT成员、中高层干部的关联供应商申报与关系清理，并通过制度化宣誓方式层层覆盖所有干部，接受全体员工的监督。2007年9月29日，公司举行了首次"EMT自律宣言"宣誓大会，并将这项活动制度化。"EMT自律宣言"摘要如下：

① 正人先正己，以身作则，严于律己，做全体员工的楷模。高级干部的合法收入只能来自华为的分红及薪酬，不以下述方式获得其他任何收入：绝不利用公司赋予我们的职权影响和干扰公司各项业务，从中牟取私利，包括但不限于各种采购、销售、合作、外包等，不以任何形式损害公司利益；不在外开设公司、参股、兼职，亲属开设和参股的公司不与华为进行任何形式的关联交易；不贪污，不受贿，高级干部可以帮助自己愿意帮助的人，但只能用自己口袋中的钱，不能用手中的权，公私要分明。

② 高级干部要正直无私，用人要五湖四海，不拉帮结派。不在自己管辖范围内形成不良作风。

③ 不窃取、不泄露公司商业机密，不侵犯其他公司的商业机密。

④ 绝不接触中国的任何国家机密，以及任何其他国家的任何国家机密。

⑤ 不私费公报。

⑥ 高级干部要有自我约束能力，通过自查、自纠、自我批判，每日三

---

① EMT(Executive Management Team)是指经营管理团队。华为的EMT成立于2004年，由董事长、总裁及6位分管不同领域的副总裁组成，是群体决策的民主机构，推行轮值主席制，由不同的副总裁轮流执政。EMT在华为具有最高决策权，成员每月定期商讨公司战略。

省吾身,以此建立干部队伍的自洁机制。

  我们是公司的领导核心,是牵引公司前进的发动机。我们要众志成城、万众一心,把所有力量都聚焦在公司的业务发展上。我们必须廉洁正气、奋发图强、励精图治,带领公司冲过未来征程上的暗礁险滩。我们绝不允许"上梁不正下梁歪",绝不允许"堡垒从内部攻破"。我们将坚决履行以上承诺,并接受公司监事会和全体员工的监督。

  一家民营企业能够独占鳌头必有其独到之处。华为的这种自控精神令人赞叹。

  制度不可能完善到无懈可击,自控才是根本,才能弥补制度固有的缺陷。流程管理只有与遵守规矩的人相配合,才会取得较大的价值,做出较大的贡献。流程过于复杂,沉重的内部体系运转不动,客户是不会为我们的高管理成本买单的。很多世界级大公司倒闭的原因就是内部运作的极高成本导致缺乏活力和竞争力,最后衰退。流程是用来运作的,应当简单、及时、准确,使绝大多数人遵守规则,这样就容易实现目标。人人学会自控,管理成本肯定是最低的。

  资料来源:邱晓雅.任正非传[M].北京:团结出版社,2020:169—172.

    任正非宣誓与自律:抛弃私心杂念(附华为各类誓词).https://tech.sina.com.cn/t/2019-01-07/doc-ihqhqcis3751724.shtml.

第4章 甄别风险 自警自醒

> 自控力的强弱与安全感、幸福感和成就感正相关。

4.1 风险失察与知危自警

4.1.1 风险意识与企业家精神

"企业家"的原意中带有"冒险家"的意思,是指从事组织、管理并承担经营风险的人。一般的管理者不能被称为企业家,只有那些敏于市场、敢于冒险、勇于创新、具有与时俱进特质的管理者才能被称为企业家。企业家所肩负的一项重要的责任就是利用企业现有的资源进行谨慎的冒险,确保企业的永续经营,所以企业管理的核心内容是企业家在经济上的冒险行为。有所为,有所不为。成功的企业家在实践中体会到:越害怕危险,就越容易遭受危险;从来没有绝对的安全,不冒风险才是最大的风险;只有不断创新,才能持续提高企业的核心竞争力,只有提高企业的核心竞争力,才能在技术日新月异、竞争日趋激烈的社会中生存下去。

风险与机遇并存,问题也许就是"金矿"。不被风险吓跑,才能撞见机遇。危机也许是化了妆的机会,敢于在风险中找机会,迎难而上,价值万金。而不敢与风险接触、不愿冒风险和不能防范风险,是缺乏事业心与控制力的表现。尤其是企业家,好比领头雁,是指引方向和带领队伍的人,应该站位高、定位准,看得更远、想得更深,是那个最先看到"桅杆"的人,是那个及时发现苗头或倾向性问题的人,是给思路或出主意的人。企业家不能怕风险、躲问题,而要善于在危机中发现商机,高人一筹,让大家心服口服、心甘情愿跟着走。

1994年,我有幸成为一名中国注册会计师(CPA)。注册会计师是一个高风险的职业和高危行业,在入行之前,我对此知之甚少且缺乏准备,入行后,我发现审计门类很多,情况复杂,而且风险很大,缺乏应对策略,我开始有点迷茫。心中没有方向,到哪里都是流浪。不敢直面风险的人,会到处遇见风险。怎么办?要称职,尤其是对主要管理者而言,要敢于直面最大最难的风险。验资风险就是注册会计师出具验资报告存在不恰当意见从而承担相应的行政、经济、法律责任的可能性。我对这项具有特殊审验要求的业务究竟为什么要做,以及应该做什么、怎么做、如何防范风险等问题在当时缺乏系统经验与理性认知。作为主任会计师,既要获取业务收入,又要保证审计质量,还要规避风险,我左右为难。我想研究验资风险,这是自控风险的前提;我更想控制住风险,这是促成深入研究的内在动力。

20世纪末,我国曾出现不少验资诉讼案件,搞得行业中的人心神不宁。尤其是1996年四川德阳会计师事务所的验资失败及其一系列案件"惊天动地"。根据法函〔1996〕56号,出具虚假验资报告的会计师事务所给委托人、其他利害关系人造成损失的,应当承担赔偿责任。此函发出后,不少法院直接依据该函的精神,判决涉及注册会计师验资的有关案件。法院的判决对涉案的会计师事务所及其注册会计师在精神、声誉、时间及财产等方面带来了难以估量的影响。例如,某会计师事务所一年中就因验资问题四次被判,最后连办公室内的桌椅都被法院强制执行;某会计师事务所被判罚超过70万元,判定书一下,该会计师事务所的员工纷纷自找门路,会计师事务所自动解散。有的企业、律师随意起诉注册会计师,只要企业的债权收不回来,就追诉注册会计师,有的会计师事务所甚至被列为第十七被告。验资风险为何会成为注册会计师的"地雷"或追溯责任的"深口袋"是值得深思的。我真正认知到注册会计师的执业风险就是从验资报告开始的,这是我进入会计师事务所的"童心初识"。

验资作为我国企业准入市场的一个关口,是一项政策性、法律约束性很强的审验业务。验资操作的规范性不仅已经成为提高验资质量的根本保证,而且是防范验资风险最有效的措施。我国独立审计实务的第1号公告就是《验资》(2001年1月21日发布)。我既深感责任重大,又害怕上当受骗,在小心审稿的过程中不断探究验资准则的精髓,在精心解析验资实务的同时开始对验资所面临的特有风险进行系统思考。我发现,验资实务操作中的任何疏忽与差错,包括一个字的差错、一个数字或符号的遗漏,都有可能导致验资风险的产生或验资失败。验资的风险存在于审验前,产生于审验中,暴发于审验后,并通过验资的结论是否真实、合法表现出来。验资的法律责任是注册会计师及其会计师事务所在执行验资业务过程中，因故意或过失行为损害了当事人的合法权益，依法应承担的带有强制性的法律上的责任。

风险对懦夫而言是绊脚石，对强者而言是垫脚石。没有风险，哪来机遇？没有困难，怎能成功？风险和困难犹如弹簧，看你强不强。你强它就弱，你弱它就强。管控风险应当敢于碰硬。记得在很长一段时间里，我一边如饥似渴地精读验资等审计准则，一边反复研究诉讼案件与法院判例，一边与同事们不厌其烦地解析验资相关风险，还参与了不少研讨会，发表了不少文章，于2002年8月编著出版了《验资实务》，该书被列为中国注册会计师执业实务丛书的第一本教材，我受邀讲课数十次。由于重视对验资准则的学习，透析验资实务操作风险，通过细致提炼出验资操作规程、操作方法与操作注意事项，验资风险反而躲得远远的。2011年，我又针对验资准则新的变化，编著《资本管理与验资准则》，系统介绍了我国的资本管理制度、验资准则、验资要求、验资程序、验资方法、验资报告与验资风险防范等内容，并对知识产权、股权投资、债转股、人力资本验资等进行探讨，对虚假出资、抽逃出资、借款出资、股东借款等法律责任进行分析，对防范验资风险与规避验资失败进行了有益探索，收获良多。

防范职业风险，不出质量事故，对一名合格的管理者来说永远是首要问题。我生怕自己做不好，对此诚惶诚恐，时常忐忑不安。随着我国商事制度的改革，虽然目前验资业务已经不多了，但居安思危、谨慎小心的习惯已经养成，难改初衷。

4.1.2 控不住风险就管不好企业

风险易变，稍不留神就可能引发危机，导致危险。临祸忘忧，忧必及之。繁荣的背后暗藏危机，所以不能沉迷于享乐。千古兴亡多少事，智者用他人的教训警示自己，愚者用自己的代价唤醒别人。有效的自控活动在于能自警自醒。

管理活动似乎永远都在现场直播，谁也无法准确预料接下来会发生什么。生活不可能总是晴空万里，也不会总是疾风骤雨。前行的路上有障碍、有彷徨是正常的。宠辱不惊，以智慧看待得失与成败，才能在竞争中坦然处事。

管理者有惰性，不到迫不得已不愿去改变尚且过得去的现状。然而，管理者或管理部门一旦失去危机的压力和必要的刺激，就处在一种安逸的氛围中而不自知，就容易失去警觉性与自控力，等到危机真正到来时就来不及了。大船只怕钉眼漏，粒火能烧万重山。蒲柳之姿，望秋而落；松柏之质，经霜犹茂。

因为不懂不明，所以才被风险吓坏。因为风险是否发生、发生的时间、发生的概率及其程度难以确定,所以管理者更要正视风险、应对危机、化险为夷,还要善于在风险中发现机遇、在危机中寻求商机。2003年"非典"疫情后,人们养成了使用手机的习惯,不仅增加了手机的业务收入,而且让不少互联网企业抓住了盈利的机遇,新浪、搜狐、网易等悄然崛起,人们在互联网上采购和获取信息,重塑了生活方式。2020年的"新冠"疫情虽然让不少企业陷入困境,但也推动了远程办公、线上教育等向纵深发展。

如何捕捉良机呢?管理者应当做好准备,通过增长相关知识、提高洞察能力、提升修养与品行,静候机遇的到来。"君子博学、深谋、修身、端行,以俟其时。"(《荀子·宥坐》)诺贝尔经济学奖得主罗纳德·哈里·科斯(Ronald H. Coase)告诉人们,只要产权是明确的,并且交易成本为零或者很小,一项有价值的资源,不管一开始它的产权属于谁,最后都会流动到能使它价值最大化的人手里。如同风只对能利用它的人而言是动力,机会只青睐做好准备的人。

机会摆在眼前却没看到,错失良机,这是眼界不够;有机会去尝试却怕这怕那,眼睁睁看它溜走,这是能力不足。面对机会,首先要看得清、能分辨,接着要有勇气、抓得住,最后要守得牢、用得好。人一般只能得到与其相匹配的东西,一旦拥有超过自己能力的东西,就会出现麻烦。所以要努力提升自己,让自己与机会相配,做到实至名归。

4.1.3 风险失察与知危自警

蚂蚁入秋后就开始不停地储备,因为它们知道只有积累得多才能挨过寒冬;小树还在幼苗时就不停地向深处扎根,因为它们知道只有根扎得深才能扛住暴雨狂风。动植物尚且知道为风险做好准备,人就更应该懂得居安思危方能立于不败之地的道理。

宁可有病再治,也不愿意未雨绸缪,尤其是长期处于安逸舒适的环境会使人的意志消沉,放松警惕,逐渐感受不到外界的刺激和变化,察觉不到危险的临近。无论是应对危机还是接受挑战,防患于未然都是智者避灾化险的良方。在风险经济中,无论是企业还是个人,都应该牢牢握住防患于未然这把钥匙,打开通向安全平稳的健康大门,尽力把灾难挡在门外。

生于忧患,死于安乐。失察风险的教训是惨痛的,一次失败就可能被淘汰。所以,从本源上防控风险是思想付诸实践的前奏。自控的高度就在于自警自醒,时刻做好防控风险的准备。例如,程序员在编程时习惯备份,万一硬盘出现故障,代码丢失,没有备份的损失就相当惨重。人生也是如此。当你只给自己准备了一个出口时，一旦那扇门被关上，你便只能做困兽之斗。备份就是另一种选择。思路清晰的人遇事会做两手准备。可怕的不是变故，而是遭遇变故后连选择的余地都没有。给自己一个备份，就是给人生多一种可能。

实证分析 4.1 │ 只有知危自警、利用逆境，才能临危不惧

居安思危的华为绝不侥幸，且善于利用逆境，破釜沉舟，把危机意识和压力传递到员工，使内部控制机制处于激活状态，并在研发上耗资巨大，从未停止，将几乎灭顶之灾的境遇反转为成功的有利条件。早在 2004 年，任正非就对海思总裁何庭波说："每年给你 4 亿美元的研发费用，给你 2 万人，一定要站起来，减少对美国芯片的依赖。"2019 年 5 月 16 日，美国特朗普政府将华为及 70 家附属公司列入美国商务部出口管制"实体清单"，禁止美国企业向华为出售产品和技术以及使用华为提供的服务和电气设备。正当人们为华为担忧的时候，2019 年 5 月 17 日何庭波发出了一封全员信，表示"多年前，还是云淡风轻的季节，公司做出了极限生存的假设，预计有一天，所有美国的先进芯片和技术将不可获得，而华为仍将持续为客户服务。为了这个以为永远不会发生的假设，数千海思儿女走上了科技史上最为悲壮的长征，为公司的生存打造'备胎'……今天是历史的选择，所有我们曾经打造的'备胎'一夜之间全部转'正'"。包括 2020 年在内的 10 年，华为已累计投入研发经费 7 257 亿元，占同期销售毛利的 37.59%；研发投入经费的复合增长率高达 22%，远快于公司销售收入与净利润的增长。面对美国的制裁，华为进一步加大了研发投入的力度，研发投入占销售毛利的比重从 2018 年的 36.49% 升高至 2020 年的 43.36%。华为的 19.7 万名员工中，从事研发的员工数量约为 10.5 万名，占员工总数的 53.4%。[①] 正是绝不侥幸的准备让华为在遇到突发情况时可以坦然应对。

成功的企业相当重视推行危机式的经营管理。首先在思想上要有危机意识，这样才能使企业的自我批判与自我革新成为可能。有危机意识不是悲观，也不是泛谈各种风险，而是引导管理者重视危机与治理危机。风险一旦引发危机就容易产生危害。通过综合整治，有助于制止危害。人生的十字路口并没有红绿灯在提醒，需要你自己去识别风险、防范危害，这时，你脑中的预警系统就该发挥红绿灯的警示作用了。

例如，财务杠杆能让企业变"富"，也能让企业资产变"负"，企业为此应当建立

[①] 薛云奎.深度复盘华为逆势生长（连载之五）. https://xueqiu.com/2371975527/216918281.

以资产负债率为核心,以企业成长性、效益、偿债能力等指标为辅助的资产负债监测与预警体系。其中,预警指标可以成为危机管理的主要抓手之一。抓手,原指人手可以把持(抓握)的部位,只要把手"抓"在上面,人便有了依托,有了凭借,如果没有"抓手",某些活动或工作就难以开展,就如同机械和工具,没有抓手便无法操控。

选择一些综合性较强的财务指标进行预警,是一种简洁有效的信息反馈方法,对发现问题、防范风险、治理危险具有提示作用,从而可以成为管控风险的重要"风向标"或"指路牌",实现在有效防范系统性风险的前提下持续提高运营效率和价值创造能力,以确保财务结构及其状况始终处在战略方向上的安全边界内。当财务危机征兆出现时,预警系统不仅能预告,而且能及时寻找导致企业财务状况恶化的原因,使经营者知其然更知其所以然,通过制定有效措施,阻止财务状况进一步恶化,避免严重的财务危机真正发生。

预警指标主要有三种类型:第一种是"越大越好型"指标,如利润额、净资产收益率等;第二种是"越小越好型"指标,如负债额、不良资产比率等;第三种是"区间型"指标,如财务杠杆系数、资产负债率等,在某一区间为最佳值,超出这一区间,无论是大于还是小于,均会产生警情。警度的确认一般是在收集与监测警情、分析警兆和警源的基础上予以测定,然后根据相关警限转化为警度并报告。企业善于危机预警与财务诊断对化危为机、转危为安相当重要。[①]

4.1.4 自觉关注临界,主动管控边界

管控边界是企业主动明确风险界限,自觉关注临界点的具体控制措施之一。边界风险通常是指从财务视角出发,在观察内外部环境变动后,确认可能出现风险问题的界限。管控财务边界风险,旨在识别、诊断、优化、监督重要财务边界指标,防范财务失控。例如,企业加强资产负债约束,旨在降低杠杆率,管控财务风险,增强经济发展韧性,提高经济发展质量。通常,资产负债率的适宜水平为50%～60%。资产负债率处于65%～75%,可能出现危机信号;处于75%～90%,危险在放大;处于90%以上,危害在增加;处于100%以上就是资不抵债。不同行业、不同规模的企业应有区别。国有工业企业资产负债率的预警线为65%,重点监管线为70%;国有非工业企业资产负债率的预警线为70%,重点监管线为75%。对不同

[①] 关于危机预警的理论与财务诊断的方法,请进一步阅读李敏所著《洞察报表与透视经营——算管融合的财务分析逻辑》和《危机预警与财务诊断——企业医治理论与实践》,上海财经大学出版社出版。

行业、不同类型企业的资产负债约束建议实行分类管理并动态调整,原则上以本行业上年度规模以上全部企业平均资产负债率为基准线,加 5 个百分点为本年度资产负债率预警线,加 10 个百分点为本年度资产负债率重点监管线。企业管理者应在年度董事会或股东(大)会议案中就资产负债状况及未来资产负债计划进行专项说明,并按照规范的企业治理程序,提交董事会或股东(大)会审议。

建立财务边界风险管控体系应当充分利用历史数据和管理预期,量化、细化各层管控指标的边界值、边界区间或边界红线,通过管控指标来管控业务,引领业绩管控目标的实现。其建设过程可分为梳理业财边界、诊断边界风险、优化边界管控、应用落地深化等步骤,并运用数理模型制定边界评价指数,以长期跟踪、有效评价财务边界风险管控成效,并对执行弱项指标进一步开展研究分析,推动风险控制与业务绩效平衡发展。建成后的财务边界风险管控体系自上而下分成目标、业务、方法、支撑等方面,并结合内外部环境与条件的变化,动态滚动修订管控规则,共同推动财务边界风险管控闭环管理的实现。

从内在逻辑看,边界管控是风险平衡的管控方法论,并与底线思维相关。一方面要防范风险,使企业在风险可控的前提下力求效率,在风险与效率的有效平衡中实现持续发展;另一方面要以"负面清单"为管理思路,将突破财务结构边界明确为禁止行为。所以,学会解析临界、关注临界、管控边界很有现实意义,包括建立以资产负债率、净资产收益率、自由现金流、经济增加值等关键指标为核心的财务边界,科学测算投资、负债、利润、现金流等指标的平衡点,确保企业整体资本结构稳健、风险可控。

从精益控制看,边界控制应当具有现实针对性,注重指标之间的相关性、精细化等。例如,以资产负债率为核心的财务结构边界旨在保持财务安全与财务结构总体稳健。那么,怎样将资产负债率掌控在合理的范围内?① 将资产负债率列为财务风险控制的核心指标;② 严格监控带息负债、或有负债的增减变动情况;③ 有效管控"两金"(应收账款和存货)占流动资产的比重;④ 规定资本性支出不应超过自由现金流量;⑤ 规定投资收益不得低于贷款利率;⑥ 对外投资必须符合"列举业务许可"或"负面清单";⑦ 严格规范各种担保行为;⑧ 规范各业务主体之间的债权债务关联以避免风险传递;等等。

从行为过程看,设定好经济运行的安全边界有助于促使企业隔离风险或在边界内高效运转。例如,以业务板块之间的风险隔离为目标的制度边界,旨在避免风险传递;以聚焦核心主业、高效配置资源为准则的行为边界,旨在管控资源利用效率和确保主营业务;等等。所以,企业应当结合业务系统环境,将边界管控指标有机嵌入线上信息系统和线下业务流程,确保业财边界严格按既定规则运行,将边界管控思想融入业务。在指标评价方面,运用数理模型制定通用边界管控评价指数,综合考量边界管控类指标的客观完成率及通用边界的主观满意度,跟踪评价财务边界风险管控成效,并将其纳入企业健康指数及业绩评价体系,助力边界控制指标不断优化。

在实际运用中,企业可以通过模型计算得出边界值和标准值,并将其固化到预算方案和预算管理过程中进行系统落实和过程管控,通过边界值和标准值对相关预算指标划定红线,从而达到风险与效率的有效平衡。在预算编制阶段,边界管控体现为在相关业务预算和专项预算中对边界指标的系统安排;在预算执行阶段,边界管控的主要职能是监测预警信号并进行反馈调整;在预算评价阶段,通过将预算指标边界值纳入经营业绩考核指标体系,与经营年度和任期薪酬考核直接挂钩,进一步强化对预算执行结果的评价和运用。管理者不仅要主动管控边界,而且要善于均衡收益与风险,不能因为满足业绩指标考核而不顾风险甚至弄虚作假。

4.2 底线失控与知耻自退

4.2.1 底线绝不能失控

中华民族自古以来推崇底线思维。买卖生意,童叟无欺;著书立说,言之有据;做人做事,不卖朋友;当官为民,不丧天良……底线是人赖以生存的基本保障,是不能再退的最后防线。基础不牢,地动山摇;底线失控,全盘崩溃。没了底线,就什么都敢干:腐败变质的食品敢卖,无中生有的宣传敢吹,指鹿为马的大话敢说,弄虚作假的报告敢出……

人和企业都应具有自律意识和"有所为,有所不为"的底线思维,至少应当做到不妨碍别人的生存,不侵犯别人的利益,不破坏社会的环境。法规、政策、制度条文中的"应当"与"禁止"等词语是有区别的,要明确区分法律条款的不同约束程度,掌握法律规范的精神实质,并在实践中合理、准确地应用。控住底线,才能守住未来。

"应当"是指必须做某事,属于义务性条款,如《中华人民共和国会计法》规定:"单位负责人应当保证财务会计报告真实、完整。"

"禁止"是指不得做某事,具有抑制行为的强制性,如《中华人民共和国会计法》规定:"任何单位不得以虚假的经济业务事项或者资料进行会计核算。""任何单位和个人不得伪造、变造会计凭证、会计账簿及其他会计资料,不得提供虚假的财务会计报告。"

法律文本中的禁止性条款就是控制活动的底(红)线,规定了哪些能做、哪些不能做,可以使人们直观地知晓行为准则与行为目标。底(红)线内的是禁区,未经许可,不得进入;如果违反,行为人将遭受惩戒。

资本热衷于弱肉强食,不仅逐利无度,而且贪得无厌。一旦有适当的利润,资本就胆大起来。如果有10%的利润,它就会被到处使用;有50%的利润,它就会铤而走险;为了100%的利润,它就敢践踏法律。

底线失守是彻底的失败。对失控无度、践踏底线的胡乱作为应当高度警惕。守住底线的人,干净正直,就算风雨欲来、浊浪排空,也可泰然自若。没了底线的人,什么坏事都敢干;没了底线的企业,什么光怪陆离的事情都会发生。岳飞墓前的秦桧跪像告诉人们,即使一时显赫,也终会得到制裁,遗留千古骂名。要人敬者,必先自敬。有尊严的人懂得自爱,能堂堂正正立于世、有建树。尊严不是要来的,只能自己树立。一个人在得意时坚守底线,可能是名誉驱使,在失意时仍能坚守底线,才是大丈夫。

4.2.2 红线纪律与红绿灯警示

有组织就要有纪律,古今中外概莫能外。纪律普遍作用于社会生活的各个领域、各个层面和各种组织。党有党纪,政有政纪,军有军纪,厂有厂纪,校有校纪……纪律就是要求人们遵守业已确定的秩序、执行命令和履行自己职责的行为规范,是用来约束人的行为的规章、制度和守则的总称。

严明的纪律和完善的制度是企业生存与发展的重要条件,是企业效益和信誉的重要保证。一家企业要想取得长远的发展,就必须建立一套科学的纪律体系,并切实抓好纪律的贯彻执行,实现以制度管人、管钱、管事。

面对形形色色的风险,管理活动只能用规则的确定性来对付结果的不确定性,通过制定制度、落实程序、设置边界、标明红线、明确底线来防止人们随心所欲,阻止风险导致危险或产生危害。企业与个人一样,能够知晓禁区、不闯红线、不破底线,才能看清自由活动的范围。

纪律具体化为章程、条例、守则和注意事项等,体现在各项规定中。纪律是约束河流泛滥的岸、是驯服马儿狂奔的鞭、是阻断散漫怠惰"无形的墙"、是锁住私欲膨胀"有形的锁"。遵守纪律包括按照内部控制规范的要求,对自身行为进行自我管控。如果能让企业通过实施内部控制减少费用、降低成本、提高收益、赢得市场,那么企业开展内部控制的意愿就会得到极大提升。遵纪守法直接关系到生产力的提高和生产关系的协调。

初识内部控制的人可能会将纪律与自由对立,以为控制就是不自由,对控制存有抵触情绪。就拿道路交通打比方,在马路上行驶的车辆(人或企业)有交通信号灯(纪律)管着,红灯表示禁止通行,绿灯可以自由通行,黄灯警示小心。控制不是给交通添堵,而是让自由存在限度。交通信号灯要变换,控制也要在动态中与自由有序平衡。

专题讨论 4.1 │ 红绿灯的警示作用

十字路口有风险,就需要红绿灯警示。有风险并不一定不安全,关键在于是否有纪律意识,是否遵守交通规则。十字路口纵向亮红灯,在这数秒的时间内,在允许的空间范围内,横行的车辆和斑马线上的行人都处于安全状态。如果在这数秒内有车或人闯红灯,空间位置的变化和时间同时发生了作用,就会产生危险,导致事故的发生。遵守交通规则需要认同红绿灯的警示作用,及时刹车才是阻断危险的"杀手锏"。但有的人无视黄灯警示,"勇"闯红灯,血的教训就在眼前。

红绿灯预警法是一些企业在危机管理中的一种自动报警安排,它通过设置并观察有关指标偏离目标值的异常程度与变动趋势,促使管理当局警觉并采取相应措施:红色表示高度警戒,黄色表示提请关注,绿色表示基本正常。在预警系统中,警度的确认一般是在收集与监测警情、分析警兆和警源的基础上予以测定,然后根据相关警限转化为警度,一旦触发某个警限,就立即予以警告。

4.2.3 知耻自退近乎勇

人的志向是否正确,节操能否坚守,常在一念之间,其枢机在于能否知耻。耻,指耻辱、可耻的事,左"耳"右"止",意为听闻指责就中止过错。

知耻敬畏,自尊自立。知耻是以正义为内核的是非观,是求真向善、行为合宜的逻辑起点。古人以为同情心、羞耻心、辞让心、是非心是仁、义、礼、智的开始。《孟子》曰:"恻隐之心,仁之端也;羞恶之心,义之端也;辞让之心,礼之端也;是非之心,智之端也。""人不可以无耻。无耻之耻,无耻矣。"能够知耻,才有敬畏。敬畏是自律的保障,自律是自由的源泉。有敬畏心的人,行为有规范,不会出格;无耻无惧的人,什么坏事都可能干。知廉耻,明是非,而后才能立大志,做大事,成大器。

知耻而退,不立危墙。一些人对可耻行为习以为常,甚至混淆是非、颠倒荣辱。有的恃权凌弱,不以为耻,反以为自己地位显赫;有的玩弄权术,不以为耻,反以为自己神通广大;有的趋炎附势,不以为耻,反以为自己人脉广博;有的投机取巧,不以为耻,反以为自己头脑灵活;等等。人一旦没有了羞耻心,就会自甘堕落。知耻而退者,通达清醒,举止端正,外事不侵,内心自安。

知耻自省,勇于改过。有了羞耻心,做了错事就会惭愧,辜负了别人就会内疚,行为不当就会后悔。君子之耻,耻于自己不修,不耻别人诬陷;耻于自己失信,不耻别人不信;耻于自己无能,不耻别人不用。因而能够端正自己的言行,严以律己,知过改错。

名师点化 4.1 │ 行己有耻,止于至善

孔子以为:"好学近乎知,力行近乎仁,知耻近乎勇。知斯三者,则知所以修身;知所以修身,则知所以治人;知所以治人,则知所以治天下国家矣。"(《礼记·中庸》)爱好学习就接近智慧,努力行善就接近仁爱,知道廉耻就接近勇敢。知道这三点,就应该知道如何修养自身品德、治理家国天下了。所以,人应当"择其善者而从之,其不善者而改之"(《论语·述而》)。

"小人以小善为无益而弗为也,以小恶为无伤而弗去也,故恶积而不可掩,罪大而不可解。"(《周易·系辞下》)故此,先贤极力倡导行己有耻,止于至善,就是要求凡是自己认为可耻的就不去做,即自己在做事时有知耻心,在达到至善前便停止。过犹不及,懂得停止和克制,就是至善。

4.3　信息失真与知止自醒

4.3.1　报表失真、内部人控制与逆向选择

报表失真一直困扰着管理界并成为治理的难点。有些企业利令智昏,自控意识"瘫痪",以粉饰财务业绩为基础的信息失真相当猖獗。不少骗取资金、侵占资产、违规担保、内幕交易等的把戏导致财务报表造假,当事人不可能不知道是错的。例如,宜华生物于 2016 年至 2019 年通过虚构销售业务累计虚增收入 71 亿元、虚增利润 28 亿元,还通过伪造银行单据等方式虚增银行存款约 80 亿元,相关人员心知肚明;胜通集团于 2013 年至 2017 年累计虚增收入 615 亿元、虚增利润 119 亿元,令人发指!

内部人控制的土壤源于所有权与经营权分离的环境现状。所有者与经营者利益的不一致导致了经营者控制企业,这与企业治理中的缺位现象和控制权不匹配等问题相关。

产权主体"他控"缺位。例如,国有资产实行国家所有、分级管理,各级政府机

构代表国家进行具体管理,但难以形成严格意义上的委托人。由于产权主体可能是缺位的,因此投资人的"他控"难以落到实处。

债权主体"他控"缺位。如果企业收不抵支、资不抵债,就应当破产,这是硬约束。但商业银行和某些企业之间的债权债务关系千丝万缕,某些情况还体现为某种特殊的借贷关系,并不是典型的市场行为。

会计主体"自控"缺位。会计人员作为"内部人",在组织上、经济上都依赖经营者,很容易陷入"内部人控制"的泥潭。作为被领导者去监督领导者,监督者与被监督者定位混淆、分离不清,难以持久,使会计失控问题日益严峻。

在法理上,拥有剩余索取权或承担最终风险的人应当拥有控制权,或拥有控制权的人应当承担风险。但由于股东和债权人的主体缺位,内部人作为企业的经营者,实际掌控着筹资权、投资权、人事权等经营控制权,加上外部监督和控制权的弱化,因此,"内部人控制"问题接踵而至。

所有者追求股东权益最大化,经营者作为内部人享有经营权和劳动报酬索取权。内部人可以通过对企业的控制,追求自身效用最大化,损害外部人利益,如力求尽可能多的薪酬、闲暇和荣誉,即所谓目标上的逆向选择,更有甚者会利用财务收支混乱、资产管理马虎、资金体外循环等达到以权谋私的目的,通过文过饰非、串通舞弊等导致会计报表失真、会计信息失信。

随着2021年4月12日乐视网及其实际控制人分别被罚2.4亿元后,追责诉责案件接二连三,不少独立董事开始"大逃亡"。《上市公司信息披露管理办法》规定,上市公司董事长、经理、财务负责人应当对公司财务会计报告的真实性、准确性、完整性、及时性、公平性承担主要责任。财务人员在企业规范运作及企业治理中处于举足轻重的地位,财务核算的准确性将直接影响报送的报告或者披露的信息是否存在虚假记载、误导性陈述或者重大遗漏。在证监会及其派出机构于2021年做出的处罚决定案例中,有49家企业(包括上市公司、拟上市公司、非上市公司)共65名财务人员收到行政处罚,15名财务人员被市场禁入。

根据他山咨询的统计,2019年至2021年,涉及信息披露违法违规的财务人员收到证监会"行政处罚及市场禁入事先告知书"的统计汇总如图4.1所示。

2021年11月12日,广东省广州市中级人民法院宣判:康美药业的52 037名投资者共获赔约24.59亿元,公司实际控制人马兴田和5名直接责任人承担连带清偿责任;时任公司董事、监事和高级管理人员共13人按过错程度分别承担20%、10%、5%的连带清偿责任;康美药业时任审计机构——正中珠江会计师事务所及年报审计项目的签字会计师承担连带清偿责任;等等。

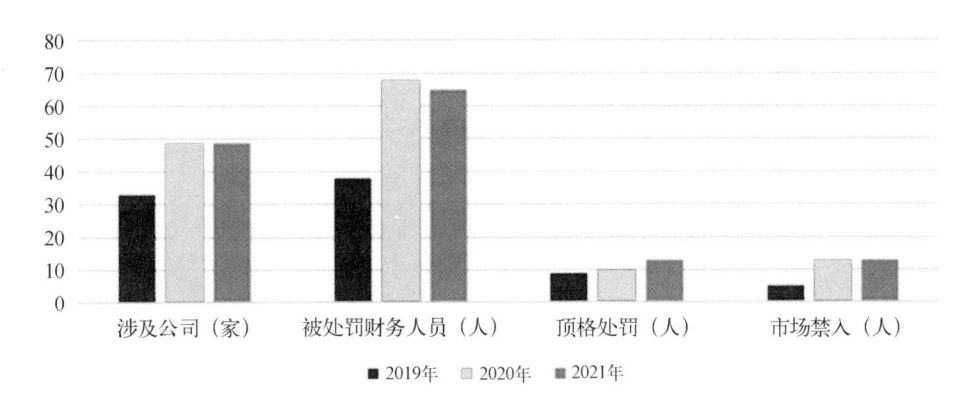

图 4.1　财务人员行政处罚及市场禁入情况汇总

4.3.2　会计剩余控制与自律问题

人是有限理性的,加上内外部环境的复杂性、信息的不对称性等不确定性因素,合约管理不可能是完全的,不完全的部分被称为"剩余",与剩余有关的权力被称为"剩余权"。会计剩余控制权是会计准则赋予企业选择会计政策的权利空间,却也给管理当局利用会计剩余控制权提供了便利,如果对此不能自律,又不加以约束,就必然损害会计信息质量。

宋文娟、袁建国以 2007 年至 2012 年沪深 A 股上市公司数据为样本,实证检验了会计剩余控制权对会计信息质量的影响,以及大股东控制对两者关系的影响。研究发现,会计剩余控制权对我国上市公司的会计信息质量产生了显著的负面影响,会计剩余控制权越大,会计信息质量就越差。大股东控制在一定程度上加剧了会计剩余控制权对会计信息质量的负面影响,大股东控制程度越高,会计剩余控制权对会计信息质量的负面影响就越大。

利用会计剩余控制权就是利益相关者冲突、协调与博弈的结果,或是执行者的特意安排。作为理性经济人的经营者,确有利用自己拥有的会计剩余控制权谋取私利的动机,却不一定有动力运用会计剩余控制权来披露变化后的会计状况。所以,提升对会计剩余控制权的自控能力,对预防会计剩余控制权的滥用与错用很重要。

会计核算应当自觉自律,既要关注交易或事项的法律形式,又要关注交易或事项的经济实质。实质重于形式,即企业应当按照交易或事项的经济实质进行会计核算,而不应当仅以它们的法律形式作为会计核算的依据,因为在实务中,交易或事项的外在形式有时并不能完全真实地反映其实质内容。比如融资租赁,在法律形式上,承租人租入的固定资产的所有权不是自己的,但其在经济实质上被视同自有资产。所以,租赁准则在承租人会计处理方面的核心变化就是取消了承租人关于融资租赁与经营租赁的分类,要求承租人对所有租赁(12个月以内的短期租赁和低价值资产租赁除外)在资产负债表中均确认相应的使用权资产和租赁负债,并分别确认折旧和利息费用。这一变化实质是将原在表外反映的经营租赁统一纳入表内核算,并增加企业的资产和负债金额,导致资产负债率上升的同时,资产周转率下降。于是,有人想回避融资租赁的管控,将租赁期改为一年一签,年年续签,行吗?按照实质重于形式来判断,一项租赁属于融资租赁还是经营租赁取决于交易的实质而不是合同的形式。只要一项租赁实质上转移了与租赁资产的所有权有关的几乎全部风险和报酬,出租人就应当将该项租赁归为融资租赁。

4.3.3 盈余管理与盈余质量分析

盈余管理就是管理盈余、调节利润,以达到自身利益最大化的行为。利用会计政策的变更、应计项目的管理、交易事项时点的确认、关联交易、资产重组、虚构交易或虚增资产等都可以进行有目的、有针对性的盈余管理,如筹资、避税、逃债等。如何通过自控机制来根治这个顽疾呢?

盈余管理本身不完全是一个单纯的会计问题,它会涉及一系列管理与经济等问题,依法经营、商业伦理、社会道德、信用管理等内涵其中。企业只有放大格局,善于通盘考虑、全面运筹,才能不坠入盈余失真的境地。

信息失真往往伴随异常现象,如应收账款增加的幅度大于营业收入增加的幅度,缺乏货币资金支撑的利润迅猛增加等。企业如果自觉建立财务指标触发条款与反弹机制,当某些指标出现异常时就会反弹呈现,引发警示。反弹机制失灵是失能失职的表现,即失去了应有的能力或没有尽到应尽的职责。

会计运作、数据平衡、勾稽关系都是有逻辑的。逻辑认知源于自我反省、有效理性等。运用逻辑思维,不仅可以识别错误,而且能够揭露诡辩。引导企业进行下列盈余质量状况的理性分析,是一种自控的自觉表现:

① 不良资产剔除法。不良资产是指待摊费用、待处理流动资产净损失、待处理固定资产净损失、开办费、递延资产等虚拟资产和高龄应收账款、存货跌价损失、投资损失等可能产生潜亏的资产项目。如果不良资产总额接近或超过净资产,或者不良资产的增加额(增加幅度)超过净利润的增加额(增加幅度),就说明企业当

期利润有"水分"。

② 关联交易剔除法。将来自关联企业的营业收入和利润予以剔除,分析企业的盈利能力多大程度上依赖关联企业。如果主要依赖关联企业,就应当特别关注关联交易的定价政策,分析企业是否以不等价交换的方式与关联方进行交易以调节盈余。

③ 异常利润剔除法。理性解析后将其他业务利润、投资收益、补贴收入、营业外收入从利润总额中扣除,以分析企业利润来源的稳定性。尤其应关注投资收益、营业外收入等一次性偶然收入的具体情况,警惕有诈。

④ 现金流量甄别法。将经营活动产生的现金流量、投资活动产生的现金流量、现金净流量分别与营业利润、投资收益和净利润进行比较分析,以判断企业的盈余质量。一般而言,没有现金净流量的收益质量是不可靠的。

实证分析 4.2 │ 疯狂造假,罪有应得

2022年1月18日,中国证监会下发行政处罚决定书及市场禁入决定书:2015年至2018年上半年,金正大生态工程集团股份有限公司及其合并报表范围内的部分子公司通过与其供应商、客户和其他外部单位虚构合同,空转资金,开展无实物流转的虚构贸易业务,累计虚增收入 2 307 345.06 万元、虚增成本 2 108 384.88 万元、虚增利润 198 960.18 万元等。处罚结果包括:责令改正,给予警告,并处以150万元罚款;对金正大实际控制人、时任董事长、总经理万连步给予警告,并处以240万元罚款,其中,对直接负责的主管人员罚款120万元,对实际控制人罚款120万元(另采取10年市场禁入措施);对时任副总经理、财务负责人李计国给予警告,并处以60万元罚款(另采取5年市场禁入措施);等等。

4.3.4　知止自醒,悔过自新

我国自古重视敬畏文化,倡导知止自醒。孔子以为:"君子有三畏:畏天命,畏大人,畏圣人之言。"(《论语·季氏》)明代方孝孺认为,凡善怕者,必身有所正,言有所规,行有所止,偶有逾矩,亦不出大格。民谚云:"万事劝人休瞒昧,举头三尺有神明。"有的企业家将"知止"二字高悬于办公室的醒目位置以自警省。

贪恋利益而不懂止步、贪恋权位而身陷囹圄,古今中外不胜枚举。一些人之所以顶风违纪、铤而走险,究其根源,主要是不知足、不知止。心不知足,则无所不取;行无所止,则无所不为。"欲而不知止,失其所以欲;有而不知足,失其所以有。"(《史记·范雎蔡泽列传》)如果欲望得不到节制,就会失去想得到的;如果已经拥有了还不知满足,必将失去原有的一切。

人一旦不知廉耻,就会肆无忌惮、为所欲为。人要心存敬畏,尤其要敬畏权力,因为权力是一把"双刃剑",用得好可以造福人民,用得不好则会为害一方。只有自觉自愿地遵纪守法,才能稳得住心神、管得住行为、守得住清白,面对诱惑不动心、面对利益不贪心,有原则、有底线。

人应当知道在什么情况下叫停自己,使自己的想法切合实际、做法合乎理性。知行知止就是举止有度、迷途知返。人既要有前行的勇气和意志,也要有止步的魄力和心境。知足不辱,知止不殆,可以长久。能屈能伸,有进有退,才是智慧。

名师点化 4.2 | 知行守正道,知止能自醒[①]

"止"的本义是"足(脚)"。脚是用来走路的,走路自然要到达目的地,"止"便引申出"至""到""停止"的意思。隋朝大儒王通道破了"止"与"不止"是成功与失败的分水岭,是成大事者与平庸者的分界线。《止学》认为:"事变非智勿晓,事本非止勿存。天灾示警,逆之必亡;人祸告诫,省之固益。躁生百端,困出妄念,非止莫阻害之蔓焉。""人困乃正,命顺乃奇。以正化奇,止为枢也。""才高非智,智者弗显也。位尊实危,智者不就也。大智知止,小智惟谋,智有穷而道无尽哉。"

曾国藩少时就深爱《止学》,他一生的作为和成就处处烙下"止"印。曾国藩认为:"《止学》乃人生行为之约束,忽略此学,智者必有一失。""人生之善止,可防危境出现,不因功名而贪欲,不因感极而求妄。"

张良与萧何、韩信为"汉初三杰",刘邦曾称赞他"运筹帷幄之中,决胜千里之外"。但刘邦即位后,张良逐渐有了退意,尤其是目睹韩信等功臣的遭遇后,毅然决然地选择归隐。静卧于秦岭南坡紫柏山麓的张良庙中的一块巨大岩石上刻着"知止"两个苍劲有力的大字。知行知止唯贤者,能屈能伸是丈夫。

"正"字内含一"上"一"下"一"止"。人在前行的路上要能上能下能止,才能不偏不倚向前。月盈则亏,水满则溢。知止之人懂得:事过即止,不纠结过去;点到为止,不锋芒毕露;适可而止,不贪得无厌。如此方能远离灾祸。"上"加一竖是"止","止"是一种分寸、一种自律、一种修行、一种境界。"止"加一横是"正",想"上"能"止"善"正"才是大智慧。

[①] [隋]文中子. 止学[M]. 胡志泉,评译. 北京:北京联合出版公司,2021:3,4,94,97.《止学》原文及译文. http://www.360doc.com/content/18/0122/09/17793184_724063755.shtml.

4.4 防线失守与知微自慎

4.4.1 防线失守与防御工事

防线失守就是阵地被敌方占领,即沦陷。梳理"失守"案例会发现,思想的防线一旦失守,缺了信念,没了底线,就打开了贪婪的闸门,人就会像吸毒般,从小错一步步走向违法违纪的深渊。

小陆负责公司安置动迁居民的销售合同的打印工作。在该房产项目收尾前,公司让熟悉情况的小陆一人留守办理入户手续,并规定出纳定期过去开具发票、收取费用等。由于是"临时"的例外安排,公司的领导与财务不太关心小陆的具体工作情况。在之后的一年半内,小陆凭着熟悉该房产现状、独自办公、拥有合同印章和法人名章等"有利条件",利用新任出纳工作经验不足,取得了空白发票及开票税控密码,乘着代其开具发票等工作之机,对外私自以公司名义委托房产中介公司低价销售,通过与众多社会非动迁人员签订房屋出售合同等方式,蒙骗购房人将购房款交给小陆本人或汇入其指定的个人账户。

分析该舞弊案情可知,例外事项与无人监管的"真空点"是最大的"失控点":其一,发票专用章管理和发票开具属不相容岗位。小陆既管发票专用章,又掌握开票权,而财务部门没能及时进行查核。其二,合同签署和审批属于不相容岗位。小陆保管合同专用章和法人名章,造成合同签署和审批这两项职务未分离。其三,合同签约和开票属于不相容岗位。小陆既负责销售合同的打印和签署,又掌握公司开发票的职责,而授权人或财务部门未能及时进行监督检查。其四,销售和收款属于不相容职务。小陆既掌握销售的权利,又行使收款的权利,如此未加分离且没能及时查核发现问题。

按照内部控制规范,企业应当落实不相容岗位分离的基本要求,对"合同谈判—合同订立—合同审批—发票(或收据)开具及管理—收款—记录—复核"流程进行监控。不管是开盘集中销售阶段、盘中正常销售阶段还是尾盘销售阶段,都应规范销售现场的合同谈判、合同签订、合同用章、收款及解缴、开票等环节的操作,明确现场工作人员与财务部门的管理界限及职责,确保公司销售业务及资金的安全。对特殊情况下短时间内不相容岗位重叠的业务,也要有替代性手段,不能麻痹大意,不能形成有规定但不执行的"失控点",或无人监管的"真空点"。

销售是所有业务管理的源头,并由一连串紧密连接的流程构成,如何既监控销售舞弊又提升销售绩效,考验着管理者的智慧。尤其是销售经理如何对业务员的不端销售行为进行必要的干预,成为关键的风险控制点,其最终落脚点就在于能否对销售团队"脱离预期轨道的绩效表现"进行及时纠正。在这个方面,警惕销售团队或业务员的执行失控现象,并落实多元绩效评价指标相当重要。有经验的销售经理正在改变"短视"的销售绩效评价指标,采用多维度的"销售人员绩效计分卡"来完整监控销售团队及其成员的表现,并从绩效评估升级为绩效干预。在如何控制关键业务与关键风险点方面,应当善于将经验方法化,将想法标准化,将做法工具化,并通过不断交流予以提升。

防线就是由连成一线的防御阵地构成的区域,是用以抵御外力,保护自身安全的阵地。内部控制防线是通过明确控制职责和厘清角色定位来强化风险管理的。有效的控制应构筑起防御工事,以防为主,以防为先,这是控制的要义。

构筑双重"防火墙"用以防范风险事故。第一道"防火墙"管风险,通过定性和定量使风险显现出来,并按等级从高到低依次划分为重大风险、较大风险、一般风险和低风险,让企业结合风险的大小合理调配资源,分层分级管控不同等级的风险;第二道"防火墙"治隐患,排查风险管控过程中出现的缺失,整治失效环节,动态管控风险。

设置"三道防线"是为了落实风险管控的具体责任:业务部门是本领域风险管理的责任主体,负责日常相关工作,履行第一道防线的职责;合规管理牵头部门组织开展日常工作,履行第二道防线的职责;纪检监察机构和审计、巡视等部门在职权范围内履行第三道防线的职责。

4.4.2　见微知著与独具慧眼

经济活动的风险可能渗透于所有业务领域,管理者应当提高警惕,特别关注失控点与真空点,不断寻找关键控制点,切实落实管控措施。管理者需要独具慧眼,能注意到别人注意不到的地方,眼光敏锐,见解高超,能做出精准的判断。见微知著才能防微杜渐。

风险点即控制环节中可能存在错弊的、容易失控的、应当予以关注的地方,其可能存在于流程中的任何环节或步骤,具有一定的普遍存在性,又被称为常见的风险控制点。

失控点即失去控制的地方,通常是指内部控制环节中已经想到但没有设计好,或虽然想好但因没有落实到位而产生控制缺陷的地方。一些别有用心的人拉拢手中有权但与自己职责不相容的人员串通造假，而企业缺乏相应的监督检查制度，或虽有检查规定但形同虚设，造成管理失控。例如，材料核算人员拉拢仓库保管人员侵吞材料；产成品核算人员勾结成品仓库人员窃取产品；费用核算人员串通出纳人员虚报费用，侵吞公款；等等。

真空点即控制行为没有到达的地方，或控制环节中既没有想到也没有做到的处于空白的地方。一些企业跨地区设置分支机构，项目点分布广而散，如果缺少行之有效的对分支机构的管控手段，就会出现"天高皇帝远"的现象，这些管理未覆盖到的地方如果问题成堆，到头来就会危及整个企业的生存。

实证分析 4.3 | 管理真空与防线失守

只有初中学历的詹恩贵早年在上海打工时将同事的约60万元偷走，2006年被判5年有期徒刑。2011年其在四川巴中担任某公司出纳，卷走公款超过700万元，2013年被抓，判处有期徒刑7年。2020年2月，江苏南京一家公司发现账上超过1900万元不翼而飞，财务总监有重大作案嫌疑。詹恩贵被捕后交代，2020年1月24日，他利用除夕公司放假潜回财务室，对电脑动了手脚，第二天一早，他赶到广东转账、取现、洗钱。为了掩人耳目，他还一直和公司董事长保持电话联系，甚至提交了年度工作计划。

詹恩贵作案所用的身份和学历都是假的，但管理者疏忽大意了；他伪装成"高富帅"，但同事们信以为真了；他能接触到转账所需的3个U盾，但无人追问质疑；他为公司处理了两起法律纠纷，主持了两个过亿元的投资项目，公司领导未能多方考察就晋升他为财务总监……管理真空，后患无穷。

关键控制点是指相关流程中影响力和控制力相对较强的一项或多项控制措施，其控制作用是必不可少或不可代替的。由于企业的资源是有限的，因此应当将关键控制点作为控制活动的重点予以考量。

风险控制点可以包括所有风险问题，而关键控制点只是控制和影响与目标实现有关的重大风险，其往往处于内部控制环节中的紧要环节或具有决定性的作用。如果没有这些控制点，业务处理过程就可能出现错误，达不到既定目标。通常，有可能发生危险的地方就是应当予以关注的关键控制点。

设置关键控制点应针对错弊的发现和纠正。例如，为了保证账户记录的真实性，账实核对是关键控制点；为了保证银行存款的正确性，核对银行对账单与存款余额，并实施银行函证是关键控制点；为了防止串通舞弊，设置秘钥、密码并各自保密等就是关键控制点……

为了有效防控风险,管理者要将注意力集中于主要业务和关键控制点。关键控制点(主要矛盾和矛盾的主要方面)往往会影响全局。有效的控制方法是指那些能够以小的代价来查明实际偏离或可能偏离目标的程度及其原因,并落实相应措施的控制方法。尤其要关注重点领域、重点环节的不相容岗位分离、授权审批控制等管控要求的落实情况,严格规范重要岗位和关键人员在授权、审批、执行、报告等方面的权责,实现可行性研究与决策审批、决策审批与执行、执行与监督检查等岗位职责的分离。不断完善管理要求,重点强化采购、销售、投资管理、资金管理、工程项目、产权(资产)交易流转等业务领域各岗位的职责权限和审批程序,形成相互衔接、相互制衡、相互监督的内部控制体系工作机制。

4.4.3 防微杜渐与自控自卫

一条虫能把树蛀空。防微杜渐就是在差错刚露出苗头的时候就予以制止,不使其发展,防止量变积累成质变。

"微失控"的形式多样:一是"小",与"大腐败"相比,其金额小,影响小,容易被忽视,存在一定的容忍度;二是"多",如请客送礼、"吃拿卡要"、公车私用等行为司空见惯,听之任之;三是"近",离群众近,社会关注广泛,群众议论颇多;四是"暗",这些"小毛小病"可能裹着"合情合理"的外衣,打着"人情交往"的幌子,依靠"潜规则"的手段游走于"灰色地带",有相当的模糊性,容易腐蚀心灵、扭曲行为。"微失控"如不坚持抓早抓小,任其发展,势必严重损害资金、资产与资本的利益。贪似火,无制则燎原;欲如水,不遏必滔天。一些人在腐败的泥坑中越陷越深,一个重要原因是对其身上出现的违法违纪小错提醒不够、教育不力、网开一面、法外施恩,导致出现大问题。可见,"微失控"的危害并不微小。

把一只青蛙放在盛满凉水的容器里,然后慢慢给容器加热,即使水温很高了,青蛙几乎被煮熟了,它也不会主动从容器中跳出来。而如果直接将青蛙扔进沸水中,它就会马上一跃而起,逃离危险。青蛙对眼前的危险看得一清二楚,对即将到来的危机却置之不理。有些企业何尝不是这样呢?管控风险在于有效落实措施,对"微失控"不能有"微态度",切勿以恶小而为之,以善小而不为。大事、难事都是从小事、易事而来的。

自控能守正在于自觉自卫,主动防范损毁千里之堤的蚁穴,因而对"微失控"不能视而不见甚至推诿或掩盖,以致积重难返。与其病后服药,不如病前预防。

专题讨论 4.2 | 1%的错误导致 100%的失败

"冠生园"是诞生于 1915 年的老字号品牌,年销售额曾达到 60 亿元。2001 年 9 月,南京冠生园被中央电视台曝光用过期的馅料做月饼后,造成广泛的负面影响,加上管理层未能正确处理危机,还自作聪明地将事件焦点转移到同行和消费者身上,最终惹来大麻烦。"好事不出门,坏事传千里。"2002 年 3 月南京冠生园宣告破产。一批过期月饼使一个百年老店轰然倒塌。

品牌的创建源于精益求精的结果。天下难事,必做于易;天下大事,必做于细。一些管理者不缺少知识,缺少的是做细节的工匠精神;一些企业不缺少产品,缺少的是精益求精的执行者;不少企业不缺少管理制度,缺少的是对制度条款的贯彻执行。企业要想在市场上成功,就要警惕 1% 的错误,要不遗余力地重视细节的改进,做到万无一失。

4.4.4 慎独是自控的最高境界

修身之道,最难养心;养心之处,最难慎独。"慎"字左边是竖心旁,提醒为人要小心;右边是"真",告诫处事要求真、认真。"莫见乎隐,莫显乎微,故君子慎其独也。"(《礼记·中庸》)"慎终如始,则无败事。"(《老子》)"慎易以避难,敬细以远大。"(《韩非子·喻老》)

古往今来,自慎守正者千古扬名。南宋吕本中在《官箴》中提出:"当官之法,惟有三事:曰清、曰慎、曰勤。知此三者,可以保禄位,可以远耻辱,可以得上之知,可以得下之援。"据清代史学家赵翼的《陔馀丛考》记载,各衙署讼堂多书"清""慎""勤"三字作匾额,这成为清朝通用的"官箴"。[①]

慎独是指个人独处时谨慎不苟,即在无人关注时,尤其是在没有外在监督,有做坏事可能的情况下,能够严于律己、遵道守德,自觉控制自己的欲望,坚守自己的初心,不做违背良知的事,表现为胸中有责、心有所畏、言有所戒、行有所止,台上台下、事前事后、有人无人始终表里如一、善始善终。慎独是道德品质的"试金石"和忠诚、干净、担当的"内视镜",不能以为别人看不见、听不到就放松,而是要自觉依法用权、秉公用权、廉洁用权,保持对权力的敬畏,始终处理好公与私、情与法、利与法的关系,干干净净做事,清清白白做人。慎独是自我完善的必修课。

事出有因,总有当初,初之不慎就是走下坡路的开始,一而再,再而三,一发而不可收,最后毁了自己。所以,第一步最重要,要守住第一关,在不良的念头或不好

[①] 当官之法,惟有三事,曰清、曰慎、曰勤. m.ccdi.gov.cn/content/86/26/2751.html.

的行为发生时就必须制止,以免一失足成千古恨。行百里者半九十,如果能持之以恒,始终严格要求自己,那么人的一生就会平安,企业就不会有败绩。

专题讨论 4.3 │ 慎独乃人生第一自强之道

曾国藩一生修身律己,礼治为先,以德求官,以忠谋政,在官场上获得了巨大的成功,其克制、坚韧、勤奋的品质深受推崇。《曾国藩诫子书》论述了他的处世经验:一曰慎独则心安,二曰主敬则身强,三曰求仁则人悦,四曰习劳则神钦。其中,慎独为首。曾国藩认为,"自修之道,莫难于养心;养心之难,又在慎独。能慎独,则内省不疚,可以对天地质鬼神。人无一内愧之事,则天君泰然,此心常快足宽平,是人生第一自强之道,第一寻乐之方,守身之先务也"。他主张人格修炼要一诚、二敬、三静、四谨、五恒。他每日静坐,反思己过,数十年如一日地严格自律,并有著名的"五到"与"五勤":必取遇事体察,身到、心到、手到、口到、眼到。当官者,一曰身勤——险远之路,身往验之;艰苦之境,身亲尝之。二曰眼勤——遇一人,必详细察看;接一文,必反复审阅。三曰手勤——易弃之物,随手收拾;易忘之事,随笔记载。四曰口勤——待同僚,则互相规劝;待下属,则再三训导。五曰心勤——精诚所至,金石亦开;苦思所积,鬼神迹通。[①]

以慎独警示和鞭策自己,才能养心安心、问心无愧、坦荡为人、踏实做事。道光年间,曾国藩连升十级,在升至三品大员后,按规定要从蓝色轿子换成绿色,并可增加两名抬轿人员,不久其又升为二品大员,可以乘坐八抬大轿了,但曾国藩仍然乘坐之前的蓝色轿子,既没有引路官,也没有扶轿子的人,尽量不张扬、不炫耀。格局大的人懂得谦虚低调、谦和有礼、虚心待人,所以赢得好口碑,获得支持,以此成就自己,万世流芳。

经典案例评析

被"砸"出来的海尔品牌

34岁的张瑞敏接手青岛电冰箱总厂厂长职务。该厂当时只有348万元的营业额,却亏空多达147万元,已经好几个月发不出工资。面对工人上班想来就来、想走便走、自由散漫的状况,张瑞敏从抓劳动纪律入手,整顿管理秩序。他亲自贴出

[①] 曾国藩全集[M].北京:光明日报出版社,2015:1016—1017. 曾国藩诫子书. https://guoxue.baike.so.com/query/view?id=ea908699cd30f4e0f8909a3e742f8e2c&type=poem.

布告(如图4.2所示),将违章员工直接开除,由此促使生产运营好转起来。

企业经营必须有规有矩。1985年,张瑞敏收到一封用户来信说电冰箱有质量问题,他立马带人检查仓库,认定四百多台电冰箱中有76台存在缺陷。张瑞敏把职工们叫到车间,问大家怎么办。多数人提出,问题电冰箱不影响使用,便宜点儿卖给职工算了。当时一台电冰箱的价格为八百多元,相当于一名职工两年的收入。张瑞敏告诉大家,有缺陷的产品就是废品。"我要是允许把这76台电冰箱卖了,就等于允许你们明天再生产760台这样的电冰箱。"他宣布,这些电冰箱要全部砸掉,谁干的谁来砸,并抡起大锤亲手砸了第一锤!很多职工砸电冰箱时流下了眼泪。张瑞敏说:"过去大家没有质量意识,所以出了这起质量事故。这是我的责任。这次我的工资全部扣掉,一分不拿。但今后再出现质量问题就是你们的责任,谁出质量问题就扣谁的工资。"由于对不合格的产品敢于说"不",从而使员工树立起严格的品质意识,有缺陷就是不良品,没有等级之分,目标只有一个,就是没有不良,最终达到"零缺陷"。有什么样的领导就有什么样的企业文化与自控力。自控力有多大,企业就能走多远。

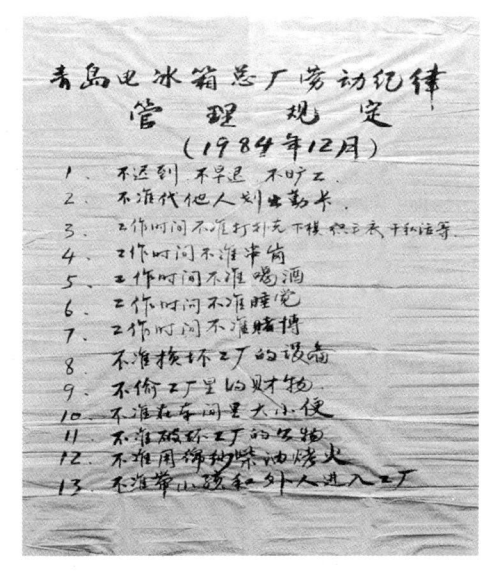

图4.2 青岛电冰箱总厂劳动纪律管理规定

管理学上有个"酒与污水定律":把一匙酒倒进一桶污水,你会得到一桶污水;把一匙污水倒进一桶酒,得到的仍是一桶污水。管理过程难免会遇到"污水",如不及时倾倒,就会慢慢侵蚀机体。决定事业成就的往往是你舍弃掉什么。轻言舍弃是弱者;不言舍弃是愚者;勇于舍弃是强者。砸电冰箱砸醒了海尔人的质量意识,更砸出了海尔"要么不干,要干争第一"的精神,促使这家不知名小厂的命运得以彻底改变。张瑞敏的举动慑服了所有海尔人,确立了他在海尔的威信和领导地位。心诚则美,品正则贵。1988年12月,海尔获得了中国电冰箱史上的第一枚质量金牌。30年后,海尔凭借3 633.18亿元品牌价值成为中国家电巨头。

张瑞敏注重自主管理的创新思维。1998年,他成为应邀登上哈佛讲坛的第一位中国企业家,海尔成为第一家以成功案例进入哈佛案例库的中国企业。2015年11月,张瑞敏应邀到伦敦参加全球最具影响力的"五十大管理思想家"颁奖典礼,被授予 Thinkers50 杰出成就奖之"最佳理念实践奖"。2018 年 12 月 18 日,党中央、国务院授予张瑞敏"改革先锋"称号,颁授"改革先锋"奖章,并将其评为注重企业管理创新的优秀企业家。在 2019 年福布斯中国领导力论坛上,张瑞敏荣获"2019 福布斯中国终身成就奖",并成为《福布斯》中文版的封面人物。2020 年 9 月 27 日,张瑞敏被授予中国管理科学大会"管理科学特殊贡献崇敬奖"。

张瑞敏具有自我革新的独特意识。直面互联网时代,张瑞敏的管理思维再次突破传统管理的桎梏,在海尔独创"人单合一"的管理模式,让员工在为用户创造价值的过程中实现自身价值;通过搭建机会公平、结果公平的机制平台,推进员工自主经营,让每位员工成为自己的 CEO,将企业成功转型为自组织、自驱动、自进化的生态型企业。"人单合一"的本质就是将"人"视为目的而不是手段。要释放每一位员工的价值,让员工实实在在拥有决策权,在控制与自主之间找到新的平衡点。当每一位员工均对用户负责,而不是对上级负责时,才会实现"双赢"。2018 年,张瑞敏表示:"希望我交班的时候,交的不是一个帝国,不是一个有围墙的花园,而是一个生态系统,让这家企业可以像一个热带雨林一样,可能会每天都有生死,但是总的一定会生生不息。"2021 年 9 月 17 日,张瑞敏和欧洲管理发展基金会主席埃里克·科尼埃尔(Eric Cornuel)联合签署首张"人单合一"管理创新体系国际认证证书,标志着中国企业创造了首个管理模式国际标准,并开创了中国企业从接受国际标准认证到输出国际标准认证的新时代。

张瑞敏推崇老子,以水论道,在海尔推动"水式管理"的变革模型,将"无为"的观念应用于"自驱动、自组织、自演进"的管理系统。他认为,海尔应像海,唯有海能以博大的胸怀纳百川而不嫌其细流,容污浊且能净化为碧水。他提出"组织无边界",把原来金字塔形的科层制变成一个网络形组织,打破权力的锁定,改变上、中、下的管理结构。2015 年,张瑞敏在"致创客的一封信"中说:当年自己写海尔是海,现在海尔是一朵云,海再大,仍有边际,云再小,可接万端。这是认知的提升。

2021 年 11 月 5 日,在海尔集团第八届职工代表大会上,张瑞敏正式辞任董事局主席,受邀担任名誉主席。海尔集团评价称,张瑞敏首创了一种使海尔在转型成为生态型企业后仍可持续进化的传承新机制。

资料来源:https://baike. so. com/doc/5343109-5578552. html.
　　　　　张瑞敏. 中国是时候引领这个时代了. https://finance. sina. com. cn/hy/hyjz/2019-06-25/doc-ihytcitk7556557. shtml.

第 5 章　增进情商　自衡自重

> 人生如钟摆,在自控与失控间徘徊,请自尊自重,善于自衡。

5.1　情绪失常与情商自衡

5.1.1　情绪失常与情绪化的奴隶

情绪是人对现实的心理体验,包括喜、怒、忧、思、悲、恐、惊等。喜则手舞足蹈、怒则咬牙切齿、忧则茶饭不思……积极的情绪助力学习与工作,消极的情绪影响健康与生活。面对问题,理智的人让血液进入大脑,冷静思考,举止得当;野蛮的人让血液进入四肢,鲁莽冲动,拳脚相加。在情绪的蛊惑下,"鸡毛蒜皮"的小事也能被放大成可以"撬动地球"的大事。

情绪化是指人因为或大或小的问题而产生情绪波动,或在不理性的情感支配下所呈现的行为状态,喜、怒、哀、乐会在不经意间转换,前一秒还兴高采烈,后一秒就焦躁不安。情绪化的人感情用事,容易在强烈情绪的冲击下做出不理智的行为,事后往往后悔,内心经常处于矛盾冲突的痛苦中。理性的管理者一定要善于驾驭情绪,做情绪的主人,而不是沦为情绪化的奴隶。

据世界卫生组织统计,90%以上的疾病与情绪有关。情绪正悄悄主宰着你的健康。整天焦躁不安、紧张易怒,人的免疫系统会失调、内分泌会紊乱,给健康埋下隐患。杰出的医生不在医院,而是你自己;灵丹妙药不在药房,而在你心中。

美国著名心理咨询专家约翰·辛德勒(John A. Schindler)曾碰到过这样一位病人,她的病症和胆囊炎一模一样,所以辛德勒为她注射了三针止痛剂,在病情日益严重的情况下,还为她进行了胆囊摘除手术,但仍然没有治愈。最后才发现,她的疼痛是因儿子前往部队,她产生的情绪紧张所引发的腹部疼痛。等她儿子回到家里,她的病痛就不药而愈了。人的很多问题与情绪有关,如何自衡自愈情绪是一门必修课。

良言一句三冬暖,恶语伤人六月寒。每个人都有自尊和被尊重的需要,尊重他人,使他人获得自重感,才能产生互敬互重氛围。在专业分工越来越细的今天,互相信任与协作变得越来越重要。管理者应当善于营造有利于他人自重自强的环境,创造能够更好发挥集体才能的空间。

5.1.2　培养情商与自衡情绪

哈佛大学心理学博士丹尼尔·戈尔曼(Daniel Goleman)提出了"情商比智商更能影响成功""情商是决定人生成功与否的关键"等观点。他认为,智商高、情商也高的人,春风得意;智商不高、情商高的人,贵人相助;智商高、情商不高的人,怀才不遇;智商不高、情商也不高的人,一事无成。研究也发现,相当多的高智商者尽管学业优秀、反应灵敏且博闻强记,但在事业上远不如一些智商比他们低得多的人那么辉煌。决定一个人成功的因素中,智商占20%,其他因素占80%,其中最重要的是情商。高情商的人比高智商的人更容易获得成功。领导者对企业的成功极端重要。戈尔曼认为,最根本的领导力是情商的威力。如果分析领导者所拥有的各种特定能力,就会发现,其中80%~90%与情商有关。戴尔·卡耐基(Dale Carnegie)认为一个人的成功,只有15%归结为他的专业知识,还有85%归结为他的思想表达、领导他人及唤起他人热情的能力。

情商是待人接物的能力,体现人在情感、意志等方面的品质,又称情绪智力,是思维与行为的指挥棒。培养高情商可以使人主动认识、理解并管理好自己的情绪。情绪像钟摆,时而高昂,时而低落,它是人体内的一种生化反应,是可以被调节或控制的。

一是提升自我认知能力。培养自我意识,增强理解自己及表达自己的能力是提高情商的基础。自知之明就是既不高估自己的能力,造成浮躁冒进,也不低估自己的潜能,变得畏首畏尾。有自知之明的人遇到挫折时不会轻言失败,取得成绩时不会沾沾自喜。

二是提升情绪管控能力。思考时,让情绪离开,你需要的是理智,千万不要在情绪低落时做出决策。管控情绪包括控制不安情绪或冲动,保持清晰的头脑且能顶住各方面的压力,用真诚赢得他人的信任并影响他人等。

三是提升自我激励能力。谦虚使人进步,执着才能实现自我超越。自我激励需要将情绪专注于某一目标并保持高度热忱,这是达成一切成就的动力。

四是提升认知他人的能力(同理心)。人同此心,心同此理。从关心别人、体谅别人的角度出发,做事时为他人留下余地,发生误会时替他人着想,主动反省自己的过失,勇于承担责任,这是获得他人认可的重要方式。理解别人是一种涵养,求同存异是一种气度。

五是提升人际关系管控能力。人际交往能力包括倾听与沟通的能力、处理冲突的能力、建立关系的能力、合作与协调的能力、说服与影响的能力等。管理者总是期望改变他人、使他人顺从自己。人具有一种与生俱来的对自尊的保护意识,所以不要轻易点燃别人内心仇恨的火苗。失控的情绪害己害人。尤其在面临危情时,镇定自若、沉着应对,有助于化险为夷。

5.1.3 控制情绪的路径与方法

管理躲避不了与人打交道。人不是火柴,不能一有摩擦就冒火。吵架需要两个人,停止吵架只需要一个人。脾气,发出来是本能,压下去是本事。所以,既不要让情绪成为横冲直撞的"野牛",也不要让负面情绪在心路上"加塞"。请给情绪按上一个自控的"阀门",能够在掌控情绪的情况下进行决策,才会获得理性的收获。

自我情绪管理的核心是情绪自控,以适合的方式调节、引导、改善情绪,避免或缓解不当情绪,以下几条路径值得借鉴:

一要学会转移注意力。人在悲伤、忧愁、愤怒时,大脑皮层常会出现一个强烈的兴奋灶,如果能有意识地调控大脑的兴奋与抑制过程,使兴奋灶转变为平和状态,则能保持心理上的平衡,使自己从消极情绪中解脱出来。当一个人情绪低落时,往往不爱动,越不动注意力就越不易转移,情绪就越低落,容易形成恶性循环。这时可以通过转移注意力,调节兴奋灶,淡化烦闷。埋怨他人,天昏地暗;改变自己,风和日丽。

二要学会自我降温。自我降温就是指用意志和素养来控制或缓解不良情绪的暴发,努力使激愤的情绪降至平和的抑制状态。心律是衡量情绪的尺度。当你的心跳快至每分钟100次以上时,调节一下情绪至关重要,因为这时你体内会分泌比平时多得多的肾上腺素,若不及时抑制,你就会失去理智,变成"好斗的蟋蟀"。生气时,建议你做几次深呼吸以稳定情绪。林则徐在房内挂着"制怒"的条幅,目的是提醒自己及时控制情绪。美国心理学家唐纳·艾登的方法是,想着不愉快的事,同时把指尖放在眉毛上方的额头上,大拇指按着太阳穴,深吸气,这样血液就会重回大脑皮层,你就能冷静地思考了。

三要学会宽容大度。有人向你倾诉,说明你值得信赖;愿意听人讲话,说明你知人冷暖;能够等人把话说完,不插科打诨,是很难得的素养。管理者要善于用耳倾听,让心发声,在人际交往中使人感到舒服。你不让他人舒服,他人也会让你不舒服。所以要学会用加法爱人,用减法怨人,用乘法感恩,用除法恕人。

四要学会辩证看问题。理智的管理者能看到事物的多面性,包容和尊重人与人之间的差异性。下雨了,赶车的人嫌道路泥泞,庄稼户却十分欢喜。同样的事,从不同的角度去看,结果会不同。人生有顺境也有逆境,但不会处处是逆境;人生有巅峰也有谷底,但不会处处是谷底。因为顺境或巅峰而趾高气扬,因为逆境或谷底而垂头丧气,都是浅薄的。人生的境遇并不掌握在嘲笑者的手里,面对他人的无端质疑,你若强大,它就是你向上的垫脚石;你若怯懦,它就是你向前的绊脚石。

五要学会合理发泄情绪。合理发泄情绪是指在适当的场合,用适当的方式来排解负面情绪,从而防止不良情绪对人体的伤害。从科学的观点看,哭是自我保护的一种措施,它可以释放不良情绪产生的负能量,有助于消除紧张、调节机体的平衡。当遭受不良情绪困扰时,可以痛快地喊出来,将积郁发泄一下,也是一种自救方法。向朋友诉说是一种不错的宣泄方法。英国哲学家弗朗西斯·培根(Francis Bacon)以为,把快乐告诉一个朋友将得到两份快乐,把忧愁向一个朋友述说则只剩下半份忧愁。

专题讨论 5.1 | "学会"说话并不容易

语言的力量只有在合适的场合才能发挥恰如其分的作用。善言能赢得听众,善听能赢得朋友。有些管理者嘴不对心,无人敢信,还自视强者,说话唠叨,夸夸其谈。"夸"字,上"大"下"亏",自大的人要吃亏。青蛙彻夜鸣叫,让人烦躁;雄鸡适时啼叫,天下大白。

"说话"是一门学问,控制不好谈吐的人往往伤人伤己。语言可以伪装,语气却很难隐藏。语气发自内心,彰显态度,人的情绪大多体现在语气上。词不达意、语气不当,是很多误解的根源。例如,明明表达关心,却被看成埋怨和指责;明明诚心称赞,却被当作讽刺和嫉妒。

成熟的管理者理解他人的难处或短处,说话留有余地:知人不必言尽,留些口德与己;责人不必苛尽,留些肚量与己;才能不必傲尽,留些内涵与己;锋芒不必露尽,留些深敛与己;有功不必邀尽,留些谦让与己;得理不必抢尽,留些宽和与己。必要的沉默是看透之后的不言,是看淡之后的不争,是为人的气度与做人的洒脱。

有才而性缓属大才,有智而气和为大智。内心平和的管理者容易收获认同。但情商不是八面玲珑的圆滑,而是有德性的谦虚、包容与自信。太谙于世故的人,费尽心思迎合别人、伪装自己,并不属于高情商。

5.2 心态失衡与能稳自静

5.2.1 端正心态,绝不失心

人生最难开的是心门,最难解的是心结,最难过的是心坎,最难治的是心病,最难走的是心路,最难平衡的是心态。心态是指人的心理状态,是人在一定情境下各种心理活动的复合表现,驾驭着人的思想和行为,影响着人的心胸、视野和成就。

心态与认知休戚相关。从窗内往外看,有的人看到遍地尘土与琐碎,有的人看到漫天星辰与未来。积极的心态会促使你从问题里找机会,消极的心态会引诱你从机会中找问题。失心失意容易迷失方向。

心态支配着人的行为。美国社会心理学家费斯汀格(Festinger)有一个著名的判断:生活的10%是由发生在你身上的事情组成,另外的90%则是由你对所发生的事情如何反应所决定。你控制不了前面的10%,但完全可以通过你的心态与行为决定剩余的90%。可以说,控制内心就是掌握命运。

心态与健康正向相关。《黄帝内经》以为,百病生于气也。怒则气上,喜则气缓,悲则气结,惊则气乱,劳则气耗……内心安宁的人,情绪稳定,气血就不易凝滞。正所谓心宽一寸,病退一丈。紧张、愤怒、敌意等不良情绪容易破坏人体免疫系统,引发高血压、冠心病、动脉硬化等症。平和、愉悦的精神状态可以使免疫力大幅提高,增强治病防病的能力。人生不可能一帆风顺,别把起落看得太重。不以物喜,不以己悲;穷则独善其身,达则兼济天下。好心态源于助人为乐,知足常乐,自得其乐。

打开心门,走出心房,才能看见阳光,心灵才能敞亮。封闭自己,只会让自己越来越消极。管控心态就是以积极的姿态主导自身的行为。心小,事就大;心大,事就小。心态不对,越活越累。"态"字比"心"字大(多)一点,心态要尽量好。大其心,容天下之物;虚其心,爱天下之善;平其心,论天下之事;定其心,应天下之变。

5.2.2 调整心态,冷静自处

生活累不累由心境决定。心境通达,生活轻松。生活像镜子,你对它哭,它也对你哭;你对它笑,它也对你笑。发怒是用别人的错误惩罚自己,烦恼是用自己的过失折磨自己,后悔是用无奈的往事摧残自己,忧虑是用虚拟的风险惊吓自己,孤独是用自制的牢房禁锢自己,自卑是用别人的长处诋毁自己……不要让内耗消磨了你的生活。

经营难不难由心态决定。心态端正,前途光明。成就是心态与能力的乘积。能力有强弱,但一般大于零;心态有正负,积极心态为正,消极心态为负。当心态为正时,能力越强,成就越大;当心态为负时,能力越强,成就反而越小。竞争越激烈,风险越大,难题越多,管理者就越要调整好心态,不怨天尤人,不自暴自弃,不鲁莽冒进,要脚踏实地,妥善处理好各种关系。千万别让不良情绪扰乱心神。卓越的管理从端正心态开始。

境由心转,你现在的处境,很大程度上与你的心态相关。相同的处境,不同的心态,导致不同的生活、不同的成就和不同的命运。马斯洛认为:心态若改变,态度跟着改变;态度改变,习惯跟着改变;习惯改变,性格跟着改变;性格改变,人生就跟着改变。

实证分析5.1 │ 心坚志定的"冷处理"

工作哪有事事如意,管理不会样样顺心,被误解、被非议,在所难免。有人参不透,选择生闷气;有人意难平,选择论是非;有人气不过,选择斗到底。殊不知,急躁是本能,冷静才是本事。有些苦衷不言痛,不是没感觉,而是多说无益;有些暗伤不表现,不是不在乎,而是默默修复。理性的管理者要能控制自己的情绪,学会"冷处理"。

首先,选择一个舒服的姿势坐下,放松身体,把手放在腹部,深呼吸,感受腹部的气息正在往下沉(当你感到有压力时,你的能量可能是向上聚集的);接着,喝一杯水,以帮助平复你的情绪;然后,想一些美好的事情,尽量调动你积极向上的情绪;最后,扪心自问,自己的做法或想法是对的还是错的。如此重复,以达到观心自静的程度,然后将分散的思绪收回来,将注意力集中起来,专注于自己最初的目标。只有心坚志定,才能守正驱邪。

5.2.3 生气是恼怒失控的表露

生气、纠结、埋怨等不健康的情绪会破坏大脑兴奋与抑制的节律,加快脑细胞的衰老。尤其是生气时,心跳加快,心脏收缩力增强,大量血液冲向大脑和面部,使供应心脏的血液减少而造成心肌缺氧等,形成百病之源。时常听管理者说"我气饱了",这是因为愤怒的情绪使胃肠中的血流量减少,蠕动减慢,食欲变差,严重时会导致胃溃疡等。

生气既失控,又无奈,还愚蠢,其只会让自己思绪凌乱,对解决问题没有任何帮助。与其生气,不如争气;与其纠结,不如坦然;与其埋怨,不如埋了怨。外部环境的干扰,如流言蜚语等容易使人心生怨怼,如果控制不好情绪,就会将简单的事情复杂化、复杂的事情困难化。自控力强的人即使身处风波,也泰然自若;即使身陷泥淖,也推己及人。不同的心态往往导致迥异的结局。剧本是人写的,如果你能从悲剧中走出来,那就是喜剧;如果你沉湎于喜剧,那就是悲剧。保持一颗平常心,不沉湎于悲伤,也不沉溺于欢乐,用从容平和的态度对待潮起潮落。

前行在路上,需要学会动态"清零",但不是最终"归零"。人的心灵就像一个容器,难免会有沉渣,每过一段时间清空一下心灵的沉渣,将过去"清零",刷新自己,不让过去成为现在的包袱,轻装上阵才能走得更远。与其抱怨天黑,不如提灯照路;与其指责他人,不如反躬自省。凡事从自己身上找原因,才能熨平生活的褶皱,过得顺心达观。

专题讨论 5.2 | 保持自信心态与自律自戒状态

八种心态体现管理者的自信自强:一是成就心态,有理性的成功欲望和工作热情,孜孜不倦地追求目标;二是积极心态,善于从风险里找机会,从问题中看趋势;三是学习心态,好学是永续的成功动力;四是付出心态,懂得一分耕耘一分收获;五是自律心态,以高标准要求自己,不自欺欺人;六是宽容心态,能容天下能容之事;七是平常心态,不以物喜,不以己悲;八是感恩心态,感恩敬畏,助人助己。

十条戒律彰显管理者的自重自警:一戒欺,唯有真诚才能持续具有凝聚力和号召力;二戒狂,心存"老子天下第一"的想法是无法管理好企业的,有实力的管理者往往虚怀若谷;三戒浮,一知半解便指手画脚,会沦为员工茶余饭后的笑柄;四戒躁,管理要有耐心,提高效率切忌让员工叫苦不迭;五戒怕,怕冒风险,怕担责任,没有领导风范;六戒僵,会根据实际情况应变,而不是墨守成规;七戒犟,知错不认错,没人信服你;八戒乱,工作不能没有头绪,说话不能没有分寸,管理不能没有尺度;九戒赖,工作不达标时不找借口,不推卸责任;十戒推,推诿塞责、不能主动承担责任的管理者不可重用。

5.2.4 心态失衡与行为失常

强者的成功秘诀之一是善于调整心态,通过心理补偿使心态逐渐恢复平衡,直至增加建设性的心理能量。人的心态好似一架天平,左边是心理补偿功能,右边是消极情绪和心理压力。你能在多大程度上加重心理补偿功能的砝码,就能在多大程度上拥有时间和精力去完成你的任务并享受成功。而心态失衡时,人们大多不能正确对待自己的功过。

在现代社会中,心态失衡的现象随着竞争的日益激烈而时有发生。大凡遇到成绩不如意、竞聘落选、被人误解、遭受讥讽等情况时,各种消极情绪就会在内心积累。舞弊钻石理论认为,舞弊存在四个应当予以关注的要素:"压力"——舞弊者想实施舞弊或需要实施舞弊;"机会"——制度存在舞弊者可利用的漏洞,使舞弊有可能发生;"合理化借口"——说服舞弊者冒险舞弊,从而引导其走向舞弊;"能力"——具有实施舞弊的必要能力或特质,包括在企业中的职能、智力、抗压能力等。

心态失衡将导致行为失常,舞弊行为与心态失衡内在相关。在我国市场化改革初期,受到"权力不用,过期作废"思想的影响,发生了不少"59 岁舞弊现象";如今,舞弊呈现低龄化发展态势,出现了"29 岁舞弊现象"。研究发现,目前一些年轻人舞弊,一是源于环境压力、经济压力的增大以及对待压力的不正确心态,二是企业制度建设特别是互联网技术条件下的内部控制存在漏洞,三是年轻人实施舞弊的能力较强而诚信道德修养和自我约束力较弱。企业舞弊者的行为主要包括收受贿赂、索取回扣、职务侵占、财务欺诈、泄露机密等。从行业来看,信息传输、软件和信息技术服务业的舞弊者低龄化现象相对突出。所以,企业应当将反舞弊关口前移,既要注意缓解压力,又要推动诚信与合规教育入脑入心,还要扎紧制度的"笼子",加快互联网领域的建章立制并加大监管力度。

美国注册舞弊审查师协会(ACFE)将"舞弊"定义为:为了个人利益,利用职务之便故意滥用工作单位资源和财产的行为。按性质不同,舞弊可分为资产滥用、腐败和虚假财务报表。《中国注册会计师审计准则第 1141 号——财务报表审计中与舞弊相关的责任》将"舞弊"定义为:被审计单位的管理层、治理层、员工或第三方使用欺骗手段获取不当或非法利益的故意行为。

舞弊正日益成为全球性的焦点问题。美国注册舞弊审查师协会发布的全球舞弊调查报告(2020 年)称,舞弊给包括政府和企业在内的各类组织带来的经济损失约为全年总收入的 5%。前联合国秘书长潘基文将腐败定性为与恐怖主义、气候变暖同等级别的"全球性威胁"。

实证分析 5.2 │ 心态失衡容易行为失控

案例分析表明,一些管理者之所以堕落,与心态失衡和权力失控不无关系。某些管理者看到身边某些老板的学识、才能都逊于自己,却过着比自己富裕的生活,心里很失落,对物质与金钱愈发渴望,此时如果有"契机"就很可能走上歧途。"我帮助他赚了钱,他主动送点给我,我就没拒绝。"就这样,从胆战心惊地收,到心安理得地收,最后伸手索要……为规避调查,有些人还自作聪明地设置了"防火墙",如通过持有他人银行卡收钱,支取钱款时签别人名字,以为不会留下痕迹。然而"机关算尽太聪明,反误了卿卿性命"。义利界限不清、原则立场不明,到银铛入狱时才意识到,自己的所作所为不过是掩耳盗铃罢了。

5.2.5 守静自重与稳中求进

守静自重,方能心有所止。"知止而后有定,定而后能静,静而后能安,安而后能虑,虑而后能得。"(《礼记·大学》)一杯清水,被不停地晃动,就会浑浊;一杯浊水,不去摇晃,自然清澈。水的清澈,并非因为不含杂质,而是因为懂得沉淀;心的通透,不是因为没有杂念,而是因为明白取舍。

静是稳的基础。静坐观心,真妄毕现;自我审视,降服心魔。作为湘军最高统帅的曾国藩在战事最艰难的时候,免不了万般焦虑、六神无主。一旦出现这种情况,他就会到小楼上独自静坐,让自己静下心来做出正确的决策。静在心,不在境。你生气,是因为你不够大度;你郁闷,是因为你不够豁达;你焦虑,是因为你不够从容;你悲伤,是因为你不够坚强;你惆怅,是因为你不够阳光;你嫉妒,是因为你不够优秀。心静如水的人,方能抛开杂念,透过事物的表象看清本质。心有多静,就能想得多深、看得多远。

稳是进的前提。"进"是目的和方向,但必须在"稳"的前提下向前迈进。稳是主基调,是大局,在稳中进取,在把握好度的前提下奋发有为,这是有智慧的表现。只有以"稳"促"进",以"进"固"稳",才能稳扎稳打、行稳致远。稳具有基础性的保障作用。不急躁,方能不迷乱;不莽撞,方能有建树。

静思而后笃行,这是自控力的表现。遇事先静心深思而后做决断,以沉着的态度做好事,以文明的姿态做好人。每临大事有静气,讲的就是人在关键时刻保持清醒的头脑、冷静的心态,不败给自己的情绪,这样才能立稳脚跟、扛住事。令人叹息的是,不少人在遇到难题时败给了自己的坏脾气或意气用事,因一次情绪失控而丧失了良好机遇,或将多年的心血毁于一旦。

静思笃行是一种气度。企业成长的路上难免大事、难事,管理者不能缺少静气而自乱阵脚。"泰山崩于前而色不变,麋鹿兴于左而目不瞬",这种沉稳的品质透露大气的风度。只有心安神定,才能从容不迫;只有深思熟虑,才能审时度势。用静思笃行作为管理的"压舱石",才能无惧风浪。

至简的静养是闭目养神,给自己一些时间静下心来思考问题,收回能量,开启智慧。能吸收到怎样的能量取决于你的内心,有怎样的内心就会感召到怎样的能量。一个人拥有的能量的大小与他的心量成正比,心量有多大,吸取的能量就有多大,能量越大,能力就越强。

遇到事情,不能抓起来就做,以致很少去想为什么做、怎么做以及做了之后有什么结果。管理者可以采用"5W1H法"对管理活动进行分析,在调查研究的基础上,就工作内容(What)、责任者(Who)、工作岗位(Where)、工作时间(When)、怎样操作(How)以及为何这样做(Why)进行有条不紊的思考,并按此描绘流程、分清职责、规矩行为,以达成任务目标。控制是讲逻辑的,逻辑思维是人在认知过程中,通过判断、推理等思维形式,积极地反映对客观现实的理性认知的过程。逻辑思维强大的人内心强大、气质宁静。在浮躁的社会中,能稳自静者胜。

专题讨论 5.3 │ 能稳自静的自律法则

静心能生慧,心静能悟理,静心自律法则对养成良好的自控习惯很有帮助。例如,说话酝酿1分钟,遇事先缓2分钟,心烦冥想3分钟,凡事提前5分钟,睡前复盘10分钟等,都可以让大脑冷静下来。

静心冥想在于自我修炼,让心思宁静下来,达到净化意识的效果。神经学家发现,冥想可以帮助人自觉管理压力、克制冲动、提升自控力和集中注意力。医学证明,打坐冥想可以增强心理抵抗力和免疫力。由于下半身被盘结,心脏向上半身的供血量就会加大,短时间内可以使头脑清醒,帮助收回心神。运用静思技巧,可以帮助你明辨是非、抑制冲动、克制盲从。

身处快节奏生活的你,需要静下心来,问一问自己的内心:初心是什么?使命在哪里?尤其需要将注意力收回,专注于最初的目标和行为的初衷,然后仔细考量几分钟:有没有更好的路径与方法?还可以请教他人,有时一句忠告、一个建议具有醍醐灌顶之效。

几分钟的自律定律对提高或平衡自控力很管用。如果你想严控手机的使用,就可以把手机放远一些。当你忍不住想看微信时,就告诉自己,读10分钟书后再看吧。等过了这10分钟,也许你已经沉浸在读书的乐趣中而把手机忘在一边了。这"10分钟的延迟满足法则"在于不让自己轻易得到即时满足,这是比较容易实现的能够增强自控力的好方法。

"20分钟高效黄金法则"在工作中出现的频率也很高,如分组讨论20分钟、中场休息 20 分钟、赛前热身 20 分钟……坚持 20 分钟,你会进入状态;专注 20 分钟,效率就会提高;休息 20 分钟,给自己更好的状态……

学会管理时间是管理者应具备的自律能力之一,需要坚持不懈,形成习惯。充分利用好时间会产生复利效应,几分钟微小的改变会产生巨大的影响。

5.3 压力失调与均衡自尊

5.3.1 疏缓压力与自守自尊

心理压力是人的一种紧张状态,源于环境要求与自身应对能力的不平衡。人类已经进入心理负重的时代,心理健康成为严重的社会问题之一。怎么办?做自己的心理医生,为自己的心理把脉,以便对症下药。

压力是压力源和压力反应共同构成的一种认知和行为体验,如错误认知、道德冲突、环境不适等,其中人际关系处理不当可能是压力的主要来源。当一个人觉得自己无法应对环境要求时所产生的负面感受就被称为压力。压力过大、过多会损害身心健康。但没有压力的管理是不存在的。压力常常带着"吓人"的面具出现且不会因为你的害怕而退避,所以必须敢于面对压力,而不要让压力成为心灵的枷锁。

在管理活动中,风险与压力成正比,风险越大,压力就越大。一旦压力超出心理承受能力,就会导致心态失衡。人的精力有限,做事要分轻重缓急,不能"眉毛胡子一把抓"。有的管理者对自己有过高的要求,标准定得太高,压力就像大山似的压得人透不过气,结果往往适得其反。所以要懂得量力而为,不要错估自己的能力,这样才能使压力均衡化。

在高压的世界里,学会自我疏导情绪、治愈焦虑,是每一位管理者的必修课。不要被"我想""我要""我求"的这个"自我"所束缚,使格局越来越小。任何心态上的急躁都将造成不良的后果。就如将钱投入股市后,越想立马赚钱的人,往往输得越惨。

一家企业运作时间长了,不知不觉会出现怠惰等不如意状态。但变革不能是疾风骤雨式的侵袭,而应是春雨润物式的渗透。压力容易导致失衡。任正非一直强调"灰度"管理与均衡理念。然而"灰度"的度很难把握,它考验着管理者的智慧与能力。任正非说,"任何黑的、白的观点都是容易鼓动人心的,而我们恰恰不需要黑的或白的,我们需要的是灰色的观点。介于黑与白之间的灰度是十分难掌握的,这就是领导与导师的水平""管理上的灰色,是我们的生命之树"。①

心态均衡,就很笃定。目标设定后,就要放松心态,努力精进,做该做的事,不要总惦记着利益的到来。要深信目标的意义,并坚信一定能够做成;只管做好每一个当下,不在意结果什么时候到来;因为不走弯路,所以会水到渠成。有的人在追求目标的时候,因暂时见不到显著成效就半途而废。有的人心浮气躁、急功近利,甚至为达成目标而不择手段,容易误入歧途。如果人心经常处于"妄动"状态,即一个念头接一个念头像滚雷一样不断地在心中炸响,就难免失控,此时的行动就会如"盲人骑瞎马,夜半临深池"。

设定目标应当具有明确性、可度量性、可实现性、相关性以及时限性。追求目标的幸福感来自目标的可实现程度,获取超越计划的结果是令人兴奋的。既有距离,又看得见,才能驱动你转动奋斗的磨盘。

释放压力需要学会分解目标,分解目标就是分解压力。管理者将工作分配给员工,员工按照自己的工作目标开展工作。工作时难免会遇到问题,压力就会随之而来,这时需要管理者与员工进行沟通,这样员工的工作积极性就会提高。管理者要善于把企业的战略目标进行合理分解,将分解后的小目标分配给每一位员工。需注意的是,目标必须具体和富有挑战性,并能及时得到反馈。目标可以增强员工的工作动机,减轻员工的受挫感和压力。管理者可以协助员工建立月报表和自我成长衡量表,让员工学习整理和分析的方法,培养计划能力,将现在和过去的指标进行比较,在此基础上从工作中寻找可改善的地方,提升专业程度。只要能力不断提升,既有的压力就会不断减轻。

运动、旅行、唱歌、倾诉等都可以减轻或释放压力。你可以找一个空旷的地方大声喊叫以释放不满,但不能自暴自弃。有时摁下暂停键,让疲惫的思绪暂停片刻,有助于看清问题、厘清思路、轻装上阵。能稳自重,用最少的后悔面对过去,用最低的浪费面对现在,用最美的梦想面对未来,那是理想的状态。

名师点化5.1 | 淡泊自守,宁静自重

"静"是中国人推崇的大智慧。诸葛亮写给儿子的《诫子书》概括了做人治学的经验、成败得失的道理。"夫君子之行,静以修身,俭以养德。非淡泊无以明志,非宁静无以致远。夫学须静也,才须学也,非学无以广才,非志无以成学。淫慢则不能励精,险躁则不能治性。年与时驰,意与日去,遂成枯落,多不接世,悲守穷庐,将

---

① 详见本书第6章的"经典案例评析"。

复何及!"诸葛亮教育儿子要淡泊自守、宁静自处、勤学励志,从淡泊和宁静的自身修养上狠下功夫,以"否定之否定"的认知逻辑来强调"淡泊以明志,宁静以志远"的哲理。

心如明镜,才能洞悉世事,练达人情。"知止而后有定,定而后能静,静而后能安,安而后能虑,虑而后能得。"(《礼记·大学》)懂得停下来然后才稳定,稳定然后才能冷静,冷静然后才能平心静气,平心静气然后才能仔细考虑,仔细考虑然后才能有所收获。稳重是轻率的控制者,镇定是躁动的制服者。每临大事有静气,不信今时无古贤。

5.3.2　切莫借口自怜,杜绝自欺欺人

过于顺遂的人生并不值得庆幸,因为困境或许迟到但不会缺席。与其承受致命一击,不如乘早于风雨中历练。年轻时的任正非没有因生活、工作不顺利而自暴自弃,反而集资 21 000 元创立了华为,才有了如今举世瞩目的成就。曹德旺曾在街头卖过烟丝、贩过水果、修过自行车,经年累月一日两餐、食不果腹,在歧视者的白眼下艰难谋生,但他并未逆来顺受,而是不断与命运抗争,终于成为玻璃大王。每一次不幸的遭遇也许都是一次机遇,你的任务是不在自怜与自卑中淹没,而是以建设性的方式充分利用自己的遭遇,学会自我救赎。你不勇敢,谁替你坚强?

无数的成功与失败教导人们,人生没有借口。借口扭转不了乾坤,它是一种无能的表现,就像在说"我不行""我不可能""……"。找借口的人实质上是在承认行为本身的错误或不正当性,用假托的理由否认其应当承担的责任,其实是在自欺欺人。

借口使人暂时逃避了责任,代价却无比昂贵,其危害一点也不比其他恶习少。找借口的人往往因循守旧、懒散怠惰,缺乏创新意识和奋斗精神。他们往往躺在以前的经验规则和思维惯性上沾沾自喜,以至于碌碌无为。

名师点化 5.2 ｜ 曾国藩的人生"六戒"和十六字座右铭[①]

曾国藩以为慎独则心安。人能够抵住利益的诱惑,守住自己的内心,才能守住人格与尊严。

品味曾国藩的人生"六戒",领悟他做人做事之道:① 久利之事勿为,众争之地

[①] 曾国藩语录六戒五勤. https://www.yangmengsi.com/44962.html. 曾国藩十六字箴言. https://baijiahao.baidu.com/s? id=1671640242023909573.

勿往。② 勿以小恶弃人大美,勿以小怨忘人大恩。③ 说人之短乃护己之短,夸己之长乃忌人之长。④ 利可共而不可独,谋可寡而不可众。⑤ 天下古今之庸人,皆以一"惰"字致败;天下古今之才人,皆以一"傲"字致败。⑥ 凡成大事,以识为主,以才为辅,人谋居半,天意居半。

曾国藩为人处世的座右铭:物来顺应,未来不迎,当时不杂,既过不恋。

物来顺应:事情既然已经发生了,就应该坦然面对,逃避和拖延是无法解决问题的。越喜欢拖延、找借口,就越容易造成更大的问题。

未来不迎:人没必要为还没有发生的事情而焦虑。无论未来如何都不要畏惧,从容淡定方能应对自如。

当时不杂:抓住现在,专心做好自己最有把握的事,把杂七杂八的事都丢掉。人的时间和精力有限,要学会用最充沛的精力去做好自己最有把握的事,你将最快地实现成功。

既过不恋:人生如同单程旅途,有去无回。已经过去的就不要再留恋,不要让自己活在无止境的回望中止步不前。

5.3.3　与其焦虑快慢,不如坚持不懈

天下武功唯快不破,尤其在集聚度高的行业,慢了会处于劣势,会被挤出市场。出招快,既要看准时机,又要有娴熟的技巧,才能一招制胜。如果"快"并不能让你独占市场,那么就要小心"快"带来的风险超过收益。

分散度很高的行业难以速成,因此不必刻意追求爆发式增长,而要巩固地盘,稳扎稳打,持续前行。例如,餐饮业是较分散的行业,进入壁垒低,退出壁垒也低,面对的主要挑战不是竞品,成败的关键在于目标消费群体。要博得消费者的青睐,重要的是懂他们而不是开店速度的快慢。

能不犯错,不绕弯路,快无疑比慢强。但你不是超人,快了就容易出错,跳跃式发展会埋下"雷"。特别是刚进入新行业的创业者,步子太快的试错成本很高。瑞幸咖啡当年求"快",用低价吸引顾客形成流量规模,接着用数据融资,再快速开店,然后上市圈钱……如此"快"的后果不堪回首。漫漫奋斗路,看得清比走得快更重要,因为走得对才能走得远。

发展总有快慢,考核总有压力,竞争中的人们越来越焦虑。2019年,中国精神卫生调查显示,焦虑症已成为中国人普遍的心理问题。据世界卫生组织统计,全球每13个人中就有1个患有焦虑症,这个比例还在不断上升。焦虑是严重心理问题的初始症状,必须警觉。每一个人都有一个承受压力的极限,超过这个极限,生活

和工作的效能就会下降,继续增加到一定限度就会产生危险。

事业的成功有时并不在于别人走你也走,而在于别人停你还在走。有的人在开始的时候雄心勃勃、踌躇满志,但缺少耐心和持久力,以致虎头蛇尾。在前进的路上还要警惕"前行一小步,后退两大步"的现象,尤其在持续运行等问题上,有的人会将进步作为放松自己的借口,于是在"目标释放"的作用下,前进的动力松懈下来,导致前功尽弃。在达到目标的进程中,前80%的时间和努力只能获得20%的成果,80%的成果是在后20%的时间和努力下获得的。不要预期前80%的付出会有很大收获,要坚持不懈,最后20%的努力就会有长足及本质的进步。量变才能达到质变。为什么成功的人总是少数?因为能持之以恒的人总是少数。

专题讨论5.4 | 做久、做强、做大与快慢心态

经过三十多年打拼的王均豪,其目标是将均瑶集团打造成"百年老店",其路径是做久第一、做强第二、做大第三。别做错比快慢更要紧,盲目的"快"可能是自杀,不走弯路的"慢"可能反而快。对管理者而言,平和的发展心态和强大的执行力很重要,因为事业与人生就像一场马拉松,起跑快的不一定是赢家,坚持到最后的才是胜利者。

柳传志曾说,联想希望成为一家长久性的公司,要做百年老字号,不急于一下子很出名、利润很高,然后很快就垮了,这是最重要的目标。联想采用"撒土夯土"逐次推进法(撒上一层新土,夯实,再撒上一层新土,再夯实)来夯实管理基础。筑路工人习惯用这样的方法构造公路的路基,联想人习惯用这样的方法建设坚强的队伍。

快与慢是相对的。两车同行,快者不一定领先,稳者才驶得长远。行稳不是慢行,而是疾徐适中,不慌不忙,保持充足的体力不懈行进。任何改善都有过程,都需要积累。成就事业需要脚踏实地、稳扎稳打,若投机取巧、心浮气躁、违背自身条件、超出个人能力,最终就只能一事无成。

5.3.4 自寻烦恼与患得患失

人在企业中,难免有是非。流言蜚语别在意,指点议论不入心。管理企业本就不易,何必自寻烦恼。人心本不大,装满了愁绪,就盛不下愉悦。在乎太多,容易困扰;计较太多,容易烦恼;追求太多,容易累倒;把自己看得过重,容易患得患失。每当烦恼降临时,不要怨天尤人,更不要自暴自弃,而要学会给心灵松绑,从心理上调节自己,避免烦恼变成心病。有些烦恼来自外界,但更多的源于内心。烦恼如盐,是咸是淡取决于心量的大小:一勺盐倒进杯里很咸,倒进湖里则很淡。烦恼不寻人,人自寻烦恼。虑多心散,心散志衰。

在撒哈拉沙漠中有一种土灰色的沙鼠,每年在旱季未到来时,它们都要囤积大量草根,以备在旱季缺粮的时候吃。但奇怪的是,当囤积的草根足以使它们度过旱季时,沙鼠仍然拼命地寻找草根并运回洞穴,似乎只有这样它们才能安心,否则便会嗷嗷叫个不停。研究证明,这一现象是由沙鼠的遗传基因造成的,是一种本能的担心。过度担心使沙鼠干了多于其实际需求几倍甚至几十倍的活儿。沙鼠的劳苦大部分是多余的。

烦恼像葱,里面是空。简单的事,计较太多就复杂了、棘手了。复杂的事,看淡些就简单了、好办了。现实中,让人揪心的常常不是眼前的事,而是还没有发生,或许永远也不会发生的事。对未来的过度担心会严重影响当下的活动,习惯于杞人忧天的人往往麻烦不断。在管理活动中,过分担心员工"落后",过度担忧失控"危险",怕这怕那,缩手缩脚,当管理者变成整日只会搬运草根的沙鼠时,问题不但不能解决,反而可能积重难返。

有位心理学家做过一个很有意思的实验:首先,他要求一群实验者在周日晚上把未来7天会发生的烦心事都写下来,然后投入一个"烦恼箱"中。第三周的周日,他在实验者面前打开这个箱子,与实验者逐一核对每件烦心事,结果发现,其中的 90% 并没有真正发生。接着,他要求实验者把发生的 10% 的烦心事重新丢入箱中,过三周再来寻找解决之道。结果到了那一天,实验者发现剩下的 10% 的烦心事已经不再是他们的烦恼了,因为他们都有能力应对。

实证分析 5.3 │ 警惕患得患失的瓦伦达效应

尼克·瓦伦达(Nikolas Wallenda)是美国著名的钢索表演艺术家,他以精彩而稳健的高超演技闻名。他最后一次表演时,许多美国知名人物在座。演出开始了,他没有用保险绳,因为他没有出过错,他有 100% 的把握不会出错。但意想不到的事发生了,当他刚刚走到钢索中间,仅仅做了两个难度并不大的动作后,就从 10 米高的空中摔了下来,一命呜呼。事后,他的妻子说:"我知道这次一定要出事。因为他在出场前就这样不断地说:'这次表演太重要了,不能失败。'在以前每次成功的表演中,他只是想着走好钢丝这件事本身,不去管这件事可能带来的一切。"[1]瓦伦达太想成功,太不专注于事情本身,太患得患失了。如果他不去想这么多走钢索之外的事,以他的经验和技能是不会出事的。心理学家把这种为了达到目的而患得

---

[1] https://baike.so.com/doc/5677811-5890485.html.

患失的心态命名为"瓦伦达心态"。

人在没有得到的时候,害怕得不到;得到之后,又害怕失去。在患得患失中迷茫,始终不知道自己真正想要的是什么,举棋不定不但会影响自己的判断力,而且容易失去自我。当你太在乎别人的看法,太在乎现在和未来的一切时,大脑被各种想法塞得满满的,身体被压得气喘吁吁,能把事情做好吗?美国斯坦福大学的研究表明,人大脑里的某一图像会像实际情况那样刺激人的神经系统,当一个高尔夫球手击球前一再告诫自己"不要把球打进水里"时,他的大脑就会出现"球掉进水里"的情景,那么这时,球大多就会掉进水里了,这就是瓦伦达效应。

5.4　贪婪失节与忍耐自重

5.4.1　洞察人性,遏制贪欲

欲望生而有之。"欲"的右边是"欠",左边是"谷",意思是"缺少谷物",引申为因缺少某种东西而产生的想要填补这种缺失的愿望。欲望是重要的力量来源,它能够扫清成功路上的障碍,战胜困难。优秀的管理者善于制造"饥饿感",让员工产生欲望。任正非认为,管理就是洞察人性,激发人的欲望。一家企业的成与败、好与坏,背后所展示的逻辑都是人性的逻辑、欲望的逻辑。欲望是企业、组织、社会进步的原动力。欲望的激发和控制构成了一部华为的发展史,构成了人类任何组织的管理史。任正非对人性有深刻的洞察,个体对财富自由度、权欲、成就感等的多样化诉求构成了华为管理哲学的底层架构。三十多年来,任正非在华为最重要的工作就是分钱、分权,与员工分享财富、权力和成就感。通人性,方能聚人心。舍得在员工身上花钱的企业,管理成本是最低的。

任正非将知识型劳动者的欲望分为五个层次:物质的饥饿感、安全感、成长的愿望与野心、成就感、使命主义。只有抓住人的五层欲望,企业才会成功。华为将员工分为四种:奋斗者、贡献者、劳动者、怠惰者,用绩效考核和末位淘汰制度来激励奋斗者、奖励贡献者、善待劳动者、淘汰怠惰者,并通过激励制度抑制人心中的贪婪,约束权力带来的傲慢,克服懒惰的天性,借助严格的制度来驾驭人性,从而实现企业的目标。华为一直坚持"以奋斗者为本",为奋斗者提供舞台,授予相应的职权,配置相应的资源,充分赋能,为奋斗者创造赚钱的机会、表现的机会、发展的机会,使大量年轻人有机会担当重任,快速成长,实现人生的价值,成为正能量的重要牵引力。

其实人的需求远低于人的欲望。财、色、名、食、睡属于人的基本欲望和得以存续的基本手段,具体到每一个人,会有所偏重。爱财的人,觉得拥有金钱是人生最大的乐趣,为了挣钱可以不择手段;贪色的人,为了美色可以将家庭、事业抛在脑后;虚荣心极强的人,为了自己的名声可以不顾一切;饕餮之徒,觉得享用美食是人生极乐;贪睡的人,不惜浪费光阴。

贪欲似深渊,诱人得陇望蜀,越陷越深;欲望如炭火,会把心灵烧焦,以致万劫不复。人心不足蛇吞象,贪婪过度早晚酿成悲剧。老子说:"罪莫大于可欲,祸莫大于不知足,咎莫大于欲得。"(《道德经》)所以,古代圣贤强调"克己",就是要有自制力。尤其要制服那些一念之差、终身遗憾的欲望。

"患生于多欲,害生于弗备。"你想控制的,其实也在控制着你。所以,人必须学会控制自己的欲望,才不会在欲望中毁灭。欲望是大脑的号令,对意志产生阻力,对自控构成威胁。欲望无法消除,但可以控制。管理者要善于看到人的欲望、利用人的欲望、引导人的欲望,并做到恰到好处、合乎规矩。

实证分析 5.4 | 老鼠掉进米缸后

老鼠的生命力旺盛,繁殖速度极快,适应能力很强,常在犄角旮旯处打洞筑窝。它们虽然非常灵活,但是近视。一只老鼠掉进米缸里,结果是因祸得福、喜忧参半,还是因福得祸?

饥肠辘辘的老鼠面对半缸米的美餐,高兴极了。在"吃了就睡,睡了就吃"的日子里,这只老鼠曾为是否要跳出米缸而犹豫,但终究未能摆脱大米的诱惑,便把这个米缸当作了自己的"家"。随着缸里的米逐日递减,老鼠的身体一天天变胖,终于有一天,米被老鼠吃光了,这只吃得圆溜溜的老鼠却再也无法从米缸里逃出来了。

贪欲是诱惑的"帮凶"。对这只老鼠来说,想将这缸米全部据为己有,代价就是自己的生命。管理学家因此把老鼠能跳出米缸外的高度称为"生命的高度",这个高度就掌握在这只老鼠的手中。诱惑在诱降,让老鼠屈服。贪欲越重,自控越弱,离死亡就越近。现实生活中,能够清醒认识到潜在的危机,适可而止的"老鼠"不多。凡是难以抵御诱惑,无法跳出"生命高度"的"老鼠"最终只能坐以待毙。

企业管理所遇到的难题要比"老鼠掉进米缸后"所带来的问题复杂得多。"欲而不知止,失其所以欲;有而不知足,失其所以有。"(《史记·范雎蔡泽列传》)"祸兮福之所倚,福兮祸之所伏。"(《老子》)祸福相依,否极泰来。不少古人的言论中蕴藏着为人处世的大智慧。

5.4.2 善用外物却不被物所役

金钱似水,少了渴死,多了淹死。人总有一些舍不得放下的东西,这既是弱点,也是人的丰富性所在。合理的要求是动力,过度的贪欲是阻力。天下熙熙,皆为利来;天下攘攘,皆为利往。人们整日奔忙,不过是逐利。太过贪婪必作茧自缚,所以要将欲望控制在合理的范围内,就如同筑堤以挡住奔腾的江水一样,不让欲望控制了思想,不让贪婪腐蚀了良知。

贪婪失节,自古如此。先哲们一再警示人们:不物于物,方能常乐。古今中外,物噬主、钱吃人、人为物役的事例不胜枚举。

诱惑是引诱、迷惑的意思,通常是指使用手段,使人认识模糊而做出坏事。人们往往觉得诱惑来自外界,但自控力明确地告诉你,问题出在人自身。为什么有的人经不起诱惑,有的人却能成功抵御诱惑?关键在于自控力的强弱。就拿吸烟来说,明知吸烟有害健康,但失控的人仍然在吸,自控力强的人则不吸,即使吸了也可以戒掉,而自控力弱的人戒了又吸,吸了又戒,反复无常。

欲望无度与心浮气躁相关。有的人只看到眼前"实惠",总想着要小聪明,奢求不付出努力就获得收益。须知,可以投机取巧一时,但无法走捷径一辈子。光鲜亮丽只是暂时的,落魄潦倒才是结局。

生命如舟,载不动太多欲望,欲望太重,就会搁浅。贪婪是堕落的陷阱:有"油水"的地方通常是容易"打滑"的地方,最诱人的地方往往最危险。苍蝇不叮无缝的蛋,一旦不检点,很快就会成为被"围猎"的对象。管理者应懂得以公义众利为指南,理智权衡得与失,挺直自己的精神脊梁,坦然走好人生路。

5.4.3 能忍善耐,制约自重

卓越的管理者内心平静坦然,善于约束自己,懂得适可而止,能够见好就收,行为举止具有分寸感。该强的时候要强,该忍的时候要忍。不会沉沦于利益的争夺,能专注于自己的人生理想与企业的愿景规划。

制约自重需要有意平衡多巴胺。为什么明知吸烟有害,却还是会吸上瘾?为什么明知偷税违法,却还在肆意妄为?当快感蒙蔽了双眼后,人可以是不自觉或不知不觉的。从生理学的角度看,人的生理状态和精神状态无时无刻不处于体内各种激素的调控下,激素们演绎着复杂冗长的剧情,呈现人生百态,多巴胺在其中扮演了重要角色。

自控自重包括平衡自身即刻的享受与长远的利益。人需要为未来的自己不断投资：对未来的自己有什么希望？自己会变成什么样？未来会如何评价现在的自己？若想做出更明智的决定，就要用行动去理解和支持未来的自己。

改变自己会痛苦，不改变自己会吃苦。身处利益多元和思想多元的社会，能心不动于微利之诱，目不眩于五色之惑很不容易。北宋名相寇準的《六悔铭》才42个字，却道尽人生六大悔事："官行私曲，失时悔。富不俭用，贫时悔。艺不少学，过时悔。见事不学，用时悔。醉发狂言，醒时悔。安不将息，病时悔。"尤其是面对弯腰堆笑的送礼者、处心积虑的围猎者，一步错，而后步步错。一名经济囚徒在回顾"人生破产史"后清算出"七笔账"：政治账——自毁前程、经济账——倾家荡产、名誉账——身败名裂、家庭账——夫离子散、友情账——众叛亲离、自由账——身陷囹圄、健康账——身心交瘁。① 真是自作孽，不可活。

人要学会止欲，因为欲望是填不满的"黑洞"。真正的富足，不是填满了欲望，而是学会了知足。渔夫的老婆起初只想要一只新木盆，但得到了新木盆后，她马上就要木房子，有了木房子，她要当贵妇人，当了贵妇人，她又要当女皇，当上了女皇，她还要当海上的女霸王，让那条能满足她欲望的金鱼做她的奴仆。这就越过了界限，如同吹肥皂泡，吹得过大，必然破碎。凡事总有限度，一旦过度，必受惩罚，这是事物运行的规律。

可持续发展的理念与心态有关。内心有序，管理有度，就能把控住行为。一些企业的失败不是因为没有机会，而是因为没有忍耐力和自控力；看似死于资金链断裂、败在现金流枯竭等财务问题上，深入调研后发现，其主要是"纵欲无度"致死、"虚脱造假"作死、"积重难返"病死。失败的企业大多不是被竞争对手击倒，而是被自己的欲望所害，追求业绩，追求金钱，追求权力……一步步走向罪恶的深渊。

天欲其亡，必令其狂。有些企业只想"做大"（而非做强、做精），追求一夜成名的快感，本质上就是投机意识、机会主义、赌徒心态，缺乏长期的定力。由于没有耐心与韧劲，就在投资无度、负债无度上纵欲。尤其是"做大"后的企业膨胀了，丢掉了危机意识和自我批判精神，自满自大，跌入"成功陷阱"。一方面不认知规律，不尊重常识，无底线经营，甚至违法乱纪；另一方面当业绩跟不上指标时，就忍不住吹嘘、造假，以致拆东墙补西墙，甚至干起"空手套白狼"的勾当，最后病入膏肓，无药可救。

---

① 中共海南省纪委海南省监察厅. 人生核算——一名囚徒的感言[M]. 北京：中国方正出版社，2009.

名师点化 5.3 | 能忍善耐，才能负重前行

忍耐的意志是战胜艰难困苦的基石。心字头上架刀刃，忍的滋味不好受，要禁得起、受得住，实在不容易。史册中传颂着众多能忍善耐的故事，诉说着小不忍则乱大谋的道理。越王勾践卧薪尝胆，韩信忍受胯下之辱等。千古英豪之所以成大事、立大业，莫不是忍常人所不能忍、容常人所不能容、处常人所不能处。

元代许明奎的《忍经》曰："必有忍，其乃有济；有容，德乃大。"①先贤圣人教人能忍善耐，忍让宽恕，忍辱负重，形成了宝贵的"忍文化"。古有忍字三诀：一忍物欲，二忍人欲，三忍己欲。能忍物之所欲，此谓之忍者，乃人中人；能忍人之所欲，此谓之贤者，乃人上人；能忍己之所欲，此谓之圣者，乃人之尊。

适者常乐，忍者自安，这是大智慧。忍是识大体、顾大局、善自控的积极作为。在困苦面前，学会忍耐，适应环境，富有弹性，是金子总会发光的。动心忍性、笃实务远，方能徐图自强。

经典案例评析

对自己狠一点的"霸道"女总裁

董明珠是一个女强人，"倔强""高调""霸气"……是赋予这位"霸道"女总裁的标签。她从一名普通的业务员成长为格力电器的董事长，乐于"为自己代言"，亲自为格力站台，豪言"让世界爱上中国造"。《财富》中文版2016年"中国最具影响力的25位商界女性"榜单中，董明珠位列第一，并位列福布斯2017年中国最杰出商界女性排行榜榜首。

人要对自己狠一点，不管是对待生活还是对待工作，都要严格要求自己。董明珠就是这样，她的演讲——"对自己狠一点"震撼人心。

销售旺季时，某经销商找董明珠的哥哥帮忙拿货，拿一百万元货可以给两三万元回扣。董明珠一听就把哥哥的电话挂了，然后打电话给那个经销商："现在通知你，停你的货了。"经销商不理解，这样的做法对格力电器和董明珠的哥哥都有好处，董明珠为什么不干呢？董明珠头脑清楚，这样做，她的哥哥是发财了，但其他商家如何看待格力电器？他们以后还会用心经营吗？恐怕得天天去找格力电器勾兑了。董明珠对自己、对亲人狠，因为她觉得这个权力不是为个人服务的。那个经销商半个月后写了一份保证给董明珠，说绝不再找董明珠的哥哥了，那一年他做了七

---
① 《忍经》全文及译文. https://www.ruiwen.com/guji/1551086.html.

千多万元的生意。董明珠回忆说："很多人对这件事不理解，这不是你个人的东西，你何必这么较劲，但是我觉得作为一个人来讲，一定要有做人的原则，就是要对别人负责任，你是这家企业的员工，你要对你的企业负责任。"

2001年董明珠担任总经理时，不少管理者埋怨现在的员工太难管、太刁蛮。但董明珠认为，员工没有权力，是被动的，而干部是风，风往哪里吹，草就往哪边倒。企业出现这么多不好的现象，原因是干部队伍出了问题。董明珠当总经理做的第一件大事就是干部作风整顿，很多人说董明珠管得很厉害。

董明珠认为，在当时一盘散沙的情况下，先要让员工有集体的观念，从行为上加以约束。格力电器规定上班不准吃东西，不准交头接耳，如果没事就看书。有人以为这只是说说而已。有一天快下班时，董明珠看到有一位员工在吃东西，当场就罚了款，然后这位员工找了一个理由说："我也没有办法，是某某人带来给我们吃的，你要罚不能罚我。"董明珠说："那更好，罚你50元，就罚他100元。"被罚100元的员工家庭条件非常困难，那时的工资才800元/月。下班后，董明珠从口袋里拿了100元给他，"这是因为你家庭困难才给你这100元，不等于把这100元的罚款还给你"。格力电器的员工通过这次惩罚，意识到应该怎么遵守制度。

格力电器在20年间从2 000万元做到1 000亿元，从2万台空调做到4 000万台空调，这样的成绩来自哪里？董明珠认为："不是我一个人，是我们所有员工，大家都对自己狠，才能不断把产品做得越来越好。"一如董明珠所言："我要么不做，要么就要做到最好。面对外界的不理解，大多数人选择妥协。其实这时候你更要敢于坚持，用结果告诉他们，你的决定是正确的。"

董明珠自豪地说："我觉得一个人的一生当中最大的价值，不是在于你多么富有，而是你回头再一看的时候，你问心无愧。"

资料来源：启文.董明珠：世界会看到你的匠心[M].山东：山东画报出版社，2021.
　　　　　董明珠.《对自己狠一点》励志演讲稿. https://www.diyifanwen.com/yanjianggao/lizhiyanjianggao/3107668.html.

第 6 章　防错纠偏　自省自化

> 自知之明难,知错改过更难,自控适度难上加难。

6.1　缺陷失管与自省自查

6.1.1　认识缺陷与墨菲定律

风险客观存在,问题总会出现,缺憾已是常态。因为不够圆满,所以努力才有了方向。"夫尺有所短,寸有所长,物有所不足。智有所不明,数有所不逮,神有所不通。"(《卜居》)尺虽比寸长,但和更长的相比就显得短,寸虽比尺短,但和更短的相比就显得长;事物总有它的不足之处,智者也总有不明智的地方;卦有它算不到的事,神有它显不了灵的地方。所以,面对风险与缺陷的常态化,认知与措施要棋高一着、技高一等。

企业内部由各种不同的部门、职位、等级等组成,各个部分往往优劣不齐,而劣势部分会决定整个企业的水平。一只沿口不齐的木桶能盛多少水,取决于最短的那块木板,而最短的那块木板仍是组织架构中有用的部分,不能把它当成烂苹果扔掉。美国学者劳伦斯·彼得(Laurence Peter)对组织中人员晋升的现象进行研究后得出一个结论,下级总是趋向于晋升到其不称职的职位,并无处不在:一名称职的教授被提升为大学校长后无法胜任,一名优秀的运动员被提升为主管体育的官员后无所作为。一旦相当一部分人被推到其不称职的级别,就会造成组织的人浮于事、效率低下、发展停滞。因而不能因某人在某个岗位上干得出色就推断此人一定能够胜任更高一级的职务。或者说,大部分领导职位是由不能胜任的人担任的,所以缺憾难以避免。当然,人的能力是可以培养的,如果能力提升的速度超过了被提拔的速度,彼得原理就会失效,但前提是能够认清自己,知错改过并不断赋能。

缺陷是失控的表象,有的先天遗传,有的逐渐形成,有的结果使然。不怕有缺陷,就怕没发现,更怕没人管。评价缺陷的重点在于检查哪里出错、为何出错、危险程度如何、如何应对等。认识缺陷的意义在于居安思危、防微杜渐,以求长治久安。凡是危险的事情都是有征兆的,管理者应当学会洞察风险,不能做井底之蛙,这就需要自省自查。缺陷失察就是检查工作马马虎虎、流于形式,没有看到短板,或明知有缺陷却任其演变。小洞不补,大洞吃苦。

人的起点有多高,可能是机遇"送"的;能走多快,也许是能力"给"的;能行多远,却是人品"锁定"的。短期看机遇,中期拼实力,长期靠人品。德才兼备,以德为重。人品才是底牌、王牌与招牌。所以要倡导明大德、守公德、严私德,做到克己奉公、以俭修身、树德立人。

识不足多虑,思不足多怨,智不足多疑,威不足多怒,信不足多言。名声大于才华,地位大于贡献,财富大于功德,德不配位,必有灾殃。沈东军娶了"翡翠王"的千金,成为"最强赘婿",利用老丈人的品质背书,在南京珠宝街卖翡翠一炮打响,之后频频推出爆款,一跃成为行业霸主,年营业收入达到 16.51 亿元。2016 年公司上市,号称"沪市 IPO 珠宝第一股"。不甘"寂寞"的沈东军又涉足娱乐圈,在电视节目中频频亮相,一时风光无限。彼时的沈东军喜欢被称颂,逼着员工每天花时间背诵沈东军语录、写感想,还考试。可随之而来的是大量门店关闭,市值蒸发几十亿元。2022 年 1 月,沈东军被迫辞职,黯然离场,被戏称为"成功的野心家,失败的企业家"。无独有偶,被称为"有天眼"的文峰创始人陈浩也要求员工背诵其鸡汤语录,让众人见识了令人匪夷所思的"文峰文化",其实就连他是美容协会华人会长的故事也是杜撰出来的。

专题讨论 6.1 | 不要侥幸,会出错的总会出错

爱德华·墨菲(Edward A. Murphy)是美国爱德华兹空军基地的上尉工程师。有一个实验项目是将 16 个火箭加速度计悬空装置在受试者上方,当时有两种方法可将其固定在支架上,但不可思议的是,竟然有人有条不紊地将 16 个加速度计全部安装在错误的位置。由此得出教训:如果做某项工作有多种方法,而其中有一种方法将导致事故,那么就有人会按这种方法去做。

墨菲定律告诫人们不要存在侥幸心理,因为任何事都没有表面看起来那么简

单,会出错的总会出错。如果你担心某种情况发生,它就很有可能发生。所以:一要重视小概率事件。概率虽小,但并不代表它不会发生,今天不发生并不代表以后不会发生。二是易犯错误是人与生俱来的弱点。不论科技多发达,事故总会发生。解决问题的手段越高明,面临的麻烦就越严重。我们无法避免错误,但不能总是犯同样的错误,在犯了错误后,要及时总结,吸取教训,改正方法,而不是企图掩盖错误或找借口。三是不要盲目乐观。盲目乐观往往是糟糕的开始,忽略小概率事件就为糟糕的开始埋下了伏笔。四要尊重事实,遵守自然规律。凡事皆有规律,无论什么事情,都要以实事求是的态度去面对,才能最大限度地把事情做对做好。

6.1.2 自知之难与认知层次

自控之难,难在认清风险。控制的对象就是风险,如果说与人员、岗位、职责、流程等相关,也是因为风险蕴含其中,管不住风险就是控制没有到位。不能以为只要有规章制度、岗位责任和业务流程就行了。试问,不认知风险,怎么可能存在针对风险的控制活动呢?还有些管理者将控制活动看成只是针对下属的管理工作,没想过要自控、更不愿自控。再问,不会自控,如何控人?不想他控,如何互控?更有甚者以为控制就是审计,就是监督,具有抵触情绪,给控制活动增加阻力。也许是因为没有系统学习过自控知识或内部控制规范,对如何防控风险、预警危机、制止危险知之甚少,故此学习跟进就显得特别重要。

自控之难,难在有自知之明。老子认为:"知人者智,自知者明。胜人者有力,自胜者强。"圣人之圣,在于向内求。孔子以为:"知之为知之,不知为不知,是知也。"知道的就是知道,不知道的就是不知道,这才是真正的智慧。"志之难也,不在胜人,在自胜。"(《韩非子·喻老》)

据说有4个修行者相约彻夜打坐,并事先约定要专心致志,不能为外界的事物所分心,更不可以开口说话。夜半,冷清的禅室里,微弱的油灯越燃越少,忽然吹起一阵风,使得灯火闪烁不定,几乎要熄灭了。"糟糕!灯火快被吹灭了。"一位修行者不禁着急地叫了起来,声音异常刺耳。坐在旁边的一位修行者立马责备他:"我们专心打坐修行,你怎么可以开口说话呢?"他的责备引来另一位修行者的不满:"你们能不能闭嘴!"只见第四位修行者微微一笑,自言自语地说:"幸好只有我没有破戒。"此种情形印证了"当局者迷,旁观者清"的说法。人总是站在自己的角度看问题,容易看到别人的失误,却难以发觉自己的过错。

管理者一定要学会识别什么地方可能出错,及出错的后果,这是认知缺陷最基本的指导思想。了解自己,重在认识人性中的局限或漏洞并不断修补。只有认识到不足，才会激发扬长避短、不断进取的渴望。

人的认知可以分成以下四个层次或四种状态：

一是不知我不知。不知道自己存在缺陷，甚至不知道"我是谁"，经常处于不懂装懂、自以为是的状态；或不清楚"我要什么"，缺乏明确的目标，以为自己什么都行；或不知道管理能力就是影响力，身为管理者却似跟随者，习惯于人云亦云、碌碌无为。

不少管理者一直在与他人打交道，却很少花时间解剖自己。每个人都有自己看待世界的主观态度，以这个态度作为衡量的标准，难免失之偏颇，甚至就像盲人摸象那样不自知。管理者在对他人评头论足时，为什么不能审视自己呢？因为人最难认识的是本我，最难战胜的也是本我，常犯的毛病是既不知人，又不自知，往往盯住他人的缺点而忽视他人的优点，夸大自己的优点而无视自己的缺点，有时甚至会凭借现有的知识和范例去拼凑相关信息来证实自己的想法，经主观臆断并加以强化后成为自己的偏见的奴隶，倘若有人反对，就会对其怀有敌意。

最可怕的不是无知，而是对无知的无知。如果你已经处于"无知＋自负"的状态，就难以进步了。

二是知我不知。知道自己有不懂的地方，也知道自己想要什么，但不知道怎么做好；学得越多发现自己的缺点越多，管理权力越大发现自己的能力越不够。

提升认知的最大障碍在于活在自己的世界里，当新事物或新知识与自己已有的知识或经验相冲突时，很难接受。这时，保持开放包容的心态很重要。不少具有自控能力的成功人士清楚地知道，只有跳出禁锢，站在更高的层面审视自己，才能成为真正的高手。

如果你有敬畏之心并持开放的态度，处于"认知＋理智"的状态，你就能向前迈进。

三是知我知之。知道自己的优缺点，有着明确的奋斗目标和方法，能够知己知彼、扬长避短。

能够完全知晓自身思想和行为的只有自己。人和自己相处得最多，却往往参悟不透。得意时把自己估计得过高，似乎一切所求的东西都唾手可得。失意时又低估自己，把一切磨难和挫折都归咎于自己的无能。如何做一个冷静的现实主义者，既知道自己的优势，也知道自己的不足？悟透自己才能把握自己。在前行的路上，最难的不是没有人懂你，而是你不懂自己。不懂自己还莽撞行事，早晚坏事。所以，将自觉自知作为自控的基础与核心是有道理的。

如果你处于"自觉＋自信"的状态，就具有不断奋进的内在力量。

四是不知我知。不知道自己知道什么,是因为学习得越多,就越能体会知识的博大精深。人的知识储备好比一个圈,圈内是已知的,圈外是未知的。知道得越多,圈就越大,你不知道的也就越多。

自以为自知不同于真正的自知。对自己进行评价时,秤轻了容易自卑,秤重了容易自大,只有秤准了,才能实事求是、恰如其分地感知自我。在开放包容的心态下,懂得谦卑而不傲慢,才能不断求知求新而不故步自封。

如果你处于"智慧+卓越"的状态,你就正在塑造智慧的大家形象和卓越的领导风范。

自知无知应求知,自知不足应改进。自知度越高,求知欲越强,自控力就越强。学而后知不足,知而后再求学。知无止境学无涯,控有边际行有度。自知之明是求知的不竭动力,求知是自知之明的升华。通过求知改变自己的无知,也促使自己达到自尊自重,进而自律自强。

任正非说:"别人说我很了不起,其实只有我自己知道自己,我并不懂技术,也不懂管理及财务,我的优点是善于反省、反思,像一块海绵,善于将别人的优点、长处吸收进来,转化成自己的思想、逻辑、语言与行为。孔子尚能'三省吾身',我们又不是圣人,为什么不能?""自我批判不是自卑,而是自信。只有强者才会自我批判,也只有自我批判才会成为强者。"[①]长期坚持自我批判的人,才有广阔的胸襟和光明的未来。

专题讨论6.2 | 现在的你、过去的你和将来的你

从时间轴上看,不同时刻的你并不一样。现在的你、过去的你和将来的你都是不同的个体。过去的你会延续为今天的你,发展为将来的你。三者之间有时会产生矛盾:为了未来的成就,需要牺牲现在的你和过去的你的时间与精力,但现在的你并不能享受未来的成果与荣耀;这种努力的权利并不掌握在未来的你的手中,而在现在的你的掌控中,但对未来的你来说,你的现在已经成为过去,重要的不是现在的你有多优异,而是未来的你会多优秀。

如何不让现在的你憎恨过去的你,也不让未来的你讨厌现在的你?人应当学会控制当下自己的思想和行为。相对于过去和未来,当下无疑是最重要的。不因困难而退却,不因未知而恐惧,不因失败而灰心,认真做好自己,一切皆有可能。

---

① 【原声169-2008】任正非在核心网产品线表彰大会上的讲话:从泥坑里爬起来的人就是圣人。https://www.ximalaya.com/sound/212210419.

6.1.3 努力摆脱不知不明的困境

"知不知,尚(通'上')矣;不知知,病也。圣人不病,以其病病。夫唯病病,是以不病。"(《道德经》)知道自己有所不知,这是高明的;不知道却自以为知道,这就很糟糕了。圣人没有缺点,是因为他把缺点当作缺点,所以才不会犯这种毛病。由此可见,理智的人应当摆脱不知道自己不知道的窘境。

例如,利用税收洼地降低税负是一种税务筹划的形式。但不同的洼地税收优惠不同,要了解清楚具体有哪些税收优惠,而不是在不清楚具体政策的情况下乱搞"对策"。

某科技公司某年的账面利润较高,于是找了一家财税中介进行税务筹划,到某园区注册了十几家独资企业,向该科技公司开具了大量"技术服务费"的发票来冲抵利润,税负当时确实降下来了,但第二年当地税务局在纳税评估时发现了这些问题,经查得知该公司人为虚列费用近5 000万元,依法要求其纳税调增,补缴了企业所得税等数千万元。

"不知道自己不知道"的"对策"就像一个拿着火把的人横穿一个炸药库,却不知道自己正处于随时可能被炸毁的险境。

实证分析6.1 | 如此利用税收洼地的"对策"有用吗

某高管年薪206万元,自以为需缴纳的个人所得税很高。某"大师"经筹划,让该高管在税收洼地注册一家个人独资企业,每年开票给所在单位200万元。于是该高管每年仅拿工资6万元,其个人综合所得税为0元,经营所得税不到3万元,避税几十万元。问题是,该高管为什么要成立这家个人独资企业?其合理的商业目的是什么?有几名员工?为何开票200万元?提供了什么服务?该高管每月工资仅5 000元,可能吗?如果该高管有自控意识,该失控行为就会收敛而不至于被追责处罚了。

税收洼地不是避税天堂。投机取巧、变换名目、虚开虚抵等行为终会原形毕露。不少明星利用税收洼地、阴阳合同、拆分收入等偷税漏税的案情历历在目。随着智慧税务的不断渗透,隐藏在税收洼地背后的交易事项终会水落石出。

怎样治疗"不自知"的毛病,避免"乱对策"的自我封闭心智模式呢?

一要不断提高认知。察己比律人重要。古希腊哲学家伊壁鸠鲁(Epicurus)曾说,认识错误是拯救自己的第一步。凡事从自己身上找原因,不把精力浪费在反复纠结的内耗上,你才有可能成为更优秀的自己。

二要怀有空杯心态。想获得更多学问,先要把自己想象成"一只空着的杯子"。让大脑处于开放的、发散性的思维状态,不被已知的学识和经验所限制,这种谦虚好学的姿态是一种承认自己无知,把当下当作认知起点的自觉状态,由此会激发一个人的好奇心。好奇心是遇到新奇事物或处在新的外界条件下所产生的注意、思考、提问的心理倾向,是学习的内在动机和寻求新知识的原生动力。

三要学会反思。反思是从自己正在想和做的事情中抽离出来,重新思考。反向思考,总结经验,有助于弥补不足。反思是一种自我批判的思考模式,通过回顾过去的得失,总结经验教训,为未来提供借鉴。没有经过反思的经验是狭隘的,经常反思会养成良好的行为习惯。

只要有心,反思可以多路径运行:

一是通过对照规范来认识自己。自查自纠最常见的路径就是通过对照规范文本自我反省,找出不足之处予以改正。企业可定期以规范流程、消除盲区、有效运行为重点,对内部控制体系的有效性进行全面自评,真实、准确地揭示经营管理中存在的控制缺陷和合规问题,形成自评报告,作为整改的依据。

将镜子对着自己,是为了看清自身的优缺点。人性的弱点不仅会阻碍进步,而且可能危及企业的安全。懒散、自负是前行路上的"绊脚石",自私、功利是鼠目寸光的"自画像",放纵、放任是身败名裂的"通行证",谄媚、庸俗是自甘堕落的"迷魂汤",盲从、莽撞是事倍功半的"墓志铭"……

二是通过他人的态度来了解自己。当看不清自己时,可借助各种信息反馈。他人对自己的评价也是自我评价的一面镜子。尤其要注意倾听多数人的意见,观察多数人的反应,善于从周围人的一系列评价中概括出较稳定的评价作为自我认知的基础,将有助于了解自我。

三是通过对照别人来认识自己。以人为镜就是指以他人为参照,将他人的成败得失引以为鉴。管理者每天和人打交道,其中必有可以学习的能者,如果遇见没有德行的人,则要反省自身是否有和他一样的错误。所谓"见贤思齐焉,见不贤而内自省也"(《论语·里仁》)。管理者学会以人为镜,通过洞悉人性,认识他人的同时也认知自己,在他控时自控,或在自控时控他并互控。

6.1.4 善于自省,敢于自查

思维因自省而理智,所以每天应该留出自省的时间,把一天中的一言一行一念都做一番自我检讨。一句话说错了,下次说得体,这就是进步;一件事做错了,不再犯同样的错误,这就是成长;产生了不好的念头,去分析和纠正它,这才是新的开始。尤其是在不顺遂的时候,更要多多反省。孟子曰:"行有不得者皆反求诸己,其身正而天下归之。"常自省,方能长清醒。反省可以让你忠于自己、忠于良心、忠于正义,忠于初衷。

一省自知之明。审视自己的优缺点,这是最基本的认知。只要你善于把精力放到自己的优点上,最大限度地发挥自身的优势、发掘自己的潜力,就能找到适合自己的发展道路。

二省自知之志。志者事成的前提是知志立志。如果一个人不知道自己该做什么,就会像无头苍蝇一样乱飞。而做自己不喜欢的事无异于折磨。人要向自己擅长、喜欢、有可能做好的方面努力,这是重要的自知。

三省自知之势。"势"和"机"相关。得势就是机缘到了,是该发力的时候了。看准时机,发力进取,就能扬长避短或趋利避害。

四省知错能改。人无完人,有了过错不要怕改正,应牢记"不迁怒,不贰过"。"不迁怒"就是要善于自我检查,通过反躬自省,在自己身上寻找原因;"不贰过",就是同样的错误不要犯第二次,勇于及时改过。为了避免重蹈覆辙,重要的是查验已有的错误是否被及时发现、及时改正。不能有错不改,让小错酿成大错。一个知错能改的人就拥有了自我更新的内生动力。

自查就是自觉查看自身言行是否符合规范,并注意约束自己的言行。"夜觉晓非,今悔昨失。"[①]早晨有过失,晚上就要醒悟;昨天做错了事,今天则应悔改。说明改正错误贵在及时。人要经常反省、检查自己,在"省"中及时知错改过。

互查也是不可或缺的。员工的责任心与执行力在很大程度上源自管理者检查的深度与力度。优秀的管理者一定是善于检查工作的人,通过检查,督促工作的进度,提升员工的责任心。

6.2 轻信失聪与自评自纠

6.2.1 轻信失聪与兼听则明

在盲人摸象的故事中:有的人摸着象腿,说象的身体像树干;有的人摸着象鼻,说象的身体像水管;有的人摸着象牙,说象的身体像玉一样润泽……由于角度不同,人们的所知所感会有偏差。站在自己的立场,看到的往往是问题的一部分而

---

① 颜之推. 颜氏家训[M]. 吉林:吉林摄影出版社,2003:2.

不是全部。况且看到不等于看清,不等于看懂,更不等于看透。人在自助时,会偏向自利的解释;在解剖别人时,会偏向不利的说辞。人是通过观念来理解自己的利益的,如果认识有限,观念落后,就会做出错误的判断。兼听有助于自知并端正认识。

管理者决不可偏听偏信,这应当成为自律要求。如果管理者没主见,一听谗言便无名之火冲击脑门,就很容易造成极不冷静的窘境,久而久之,小人得志,能人离去。思维定式与固执己见会对你施展障眼法,只让你看到你想看到的,此时你如果头脑发热,就会做出傻事。如果看不清事情的来龙去脉,看不透事物的本质,好心也会办坏事。欺骗有多种方式,如胡编乱造,真假参半,对事实进行完全不同的解读、定义或制造真相等,轻信容易犯片面性的错误,对风险或问题认识不清。

有一位母亲抱着孩子上街,遇到一对爷孙组合的人贩子,他们抢了这位母亲的孩子准备逃跑,却被这位母亲抓住不放。这时有路人来围观,两个人贩子急于脱身,老头就说怀里的婴儿是他孙子,说这位母亲是人贩子,想抢他的孙子;旁边的小孩儿也跟着说,这个婴儿是他弟弟。路人不明事理,竟上去帮助人贩子,对这位母亲拳打脚踢。于是,两个人贩子带着婴儿趁机溜走了。

还有一个寓言很有教益:谎言和真实在河边洗澡,谎言先洗好了穿上真实的衣服走了,真实却不肯穿上谎言的衣服。于是在人们眼里,只有穿着真实衣服的谎言,却很难接受赤裸裸的真实。鲁迅在《野草·立论》中讲过一个故事:一户人家生了一个小男孩,全家都高兴极了,满月的时候,主人将孩子抱到客人面前。第一个人说这个孩子将来是要发财的,他得到一番感谢;第二个人说这个孩子将来是要当官的,他收到几句恭维的话;第三个人说这个孩子将来是要死的,他得到一顿痛打。其实,说孩子要死是真话,也是必然;说孩子会做官是恭维,当不得真。但人们宁愿听顺耳的假话,也不愿听逆耳的真话,这便是人性的弱点。

托利得定理指出,判断一个人的智力是否属于上乘,就看他脑子里是否能同时容纳两种不同的思想而无碍于其处世行事,即面对同一个问题,要同时关注其两面,能容纳不同的见解,只有这样,才能保证决策的准确性。管控活动之所以倡导信息沟通、广开言路,意在集思广益,这也是他控或互控思想在管理实践与决策过程中的落地。

马陷松软易失蹄,人羡蜜语易摔跤;忠言逆耳利于行,良药苦口利于病。管理者要学会倾听,能感受对方,但实际做得如何?能否做到不打断别人讲话,不急于下结论?善于纳谏、从善如流是开明民主的标签。只有让"言者无罪,闻者足戒"制度化,才能广泛征集意见;只有"闻过则喜",才能彰显管理者的胸襟。兼听则明,偏信则暗。唐太宗李世民任命魏徵做宰相,问魏徵怎样才能成为贤明皇帝。魏徵说,尧舜善于听取多方面的意见,所以就贤明,能保住天下;又说秦二世、梁武帝和隋炀帝偏听偏信,不去了解真实情况,所以就亡国。魏徵逝世,唐太宗亲临吊唁,痛哭失声,叹曰:"夫以铜为镜,可以正衣冠;以史为镜,可以知兴替;以人为镜,可以明得失。魏徵没,朕亡一镜矣!"(《旧唐书·魏徵传》)

陈云一生践行实事求是,他将自己学习和运用马克思主义哲学的理论认识和实践经验高度概括为15个字:不唯上、不唯书、只唯实,交换、比较、反复。交换意见、彼此沟通,才能兼听则明。上行沟通,成为领导眼中的好员工;下行沟通,成为下属心中的好领导;平行沟通,成为同事身边的好伙伴。管理者要善于综合、筛选各种信息,去粗取精、去伪存真,使合理化建议成为决策的有益参考,通过广开言路,使各方信息畅通无阻,在有效沟通中达成共识。

6.2.2 自我衡量与评价控制缺陷

虽然最了解自己的就是自己,但对自己做出公正的评价很费劲。有效的评价程序将有助于自知之明。

自我衡量是评价的基础,管理者要扪心自问并结合各方信息,帮助了解自我。自我衡量重在认知自我、观察自控的有效性与可持续性,至少有以下五个维度可资参照:

一是原则的稳定性。在人际关系中,应当坚持原则不崩塌,守住底线不动摇。稳定性越强,承载力就越强。

二是自我的控制力。自控力越强,自觉性越高,人格的魅力就越突显。自控力主要体现在执行力度与执行效果等方面。

三是自控的灵活度。应当能够敏锐地感知环境对自身的要求并进行调整。灵活度高的人,敏感性强,做事有韧劲、有弹性,不会故步自封。

四是纠错的自律性。能够及时知错改过的人,不仅自律性强,而且有良好的成长空间。

五是协调的自主性。人与人、人与组织、人与环境能否协调融合,是能否持续发展的重要标志。

评价缺陷可以依据风险导向、问题导向或木桶原理等思维,有的放矢地进行。缺陷按其成因分为设计缺陷和运行缺陷;按其影响程度分为重大缺陷、重要缺陷和一般缺陷。

设计缺陷是指企业缺少为实现控制目标所必需的控制,或现存的控制不合理,未能满足控制目标。例如,未建立定期的现金盘点制度和对账操作程序,属于控制设计问题。设计缺陷与无知之错密切相关,大多是缺乏正确认知犯下的错误。

运行缺陷是指设计合理且有效的内部控制制度没有被正确执行,如管理中的被动现象——地位越高、权限越大的人可能越被动。由于信息不充分,对管辖范围内的事件发生情况掌握不够,管理者多数情况下只知结果而不知过程;又由于各层管理者自视过高,遇到问题没有调查研究就随意行使权力,导致管理失控。运行缺陷与管理者无能相连,大多是未能正确履责犯下的错误。

针对缺陷,可随时随地进行自我检讨,也可以日常监督和专项监督为基础,结合年度内部控制评价,由内部控制评价部门或机构进行综合分析后提出认定意见,按照规定的权限和程序进行审核后予以最终认定。

重大缺陷(也称"实质性漏洞")是指一个或多个控制缺陷的组合,可能严重影响内部控制的有效性,导致企业无法及时防范或发现严重偏离整体控制目标的情形,如经营团队合伙舞弊给企业带来重大损失。

重要缺陷是指一个或多个一般缺陷的组合,其严重程度低于重大缺陷,但导致企业无法及时防范或发现严重偏离整体控制目标的严重程度依然重大,需引起管理层关注,如个别管理者虚报业绩等,对年终考评造成重要影响。

一般缺陷是指除重要缺陷、重大缺陷外的其他缺陷。

评价缺陷需要列出一张缺陷清单,并为每一种可能性和重要程度分配一个概率,然后对可以采用的避免危险的行动进行优先级划分。人要避免误判,就要找到自我批评的路径,列示检查清单或缺陷清单有助于自觉发现、自我评价、取长补短、防错纠偏。确认缺陷的路径与方法如图 6.1 所示。

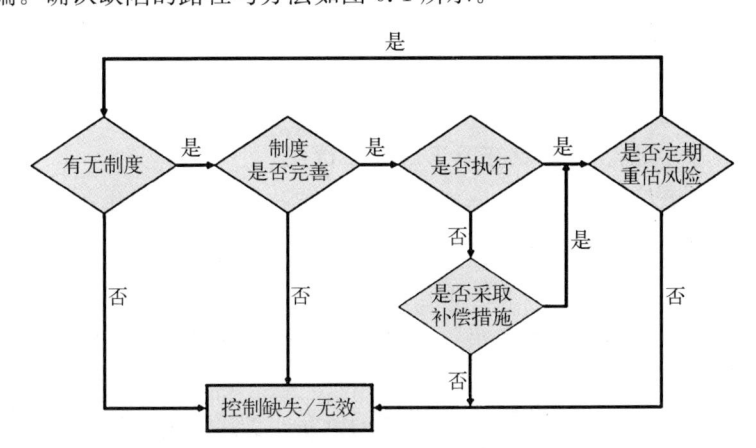

图 6.1 发现控制缺陷的路径与方法

6.2.3　勇于改过，及时自纠

业绩是管控的成果或知错能改的表现。自我评价就在于发现缺陷而不是文过饰非。图6.1中的补偿措施是针对某些环节的不足或缺陷而采取的自我救赎式的控制行为，目的在于通过对已经发现的缺陷进行干预，补偏救弊。一项补偿性控制可以包含多项控制措施，也可以将多重控制措施作为一个控制程序看待，如实施岗位轮换、不定期盘点、突击检查、诫勉谈话等。实施补救措施是自我融洽的重要方面，它是针对某些控制环节的缺陷而采取的补偿性控制手段，目的在于排除错误和舞弊，把风险限制在一定范围内。他控、互控往往可以弥补自控的不足，进而有效救赎。

有家布店的老板，为了能多赚一些钱，用了一把比标准的尺短一点的尺。有一天，一个心善的和尚与他讲佛理后，他自感良心受到谴责，想着要做一个正经商人，不再赚那些不该赚的钱，于是就把那把短尺换了。可他心里又觉得不安，想要看看马路对面那家布店的尺是不是标准的。他来到对面的布店，趁对方生意忙乱时拿出自带的一根小带子，偷偷量了一下，回到家用标准尺一试，发现这家布店的尺竟然比自己原来的尺还要短。"原来我比他好，我又何必跟自己过不去呢？"于是，这家布店的老板又昧着良心开始用那把短尺偷赚别人的钱了。

人在犯错的时候常常会不自觉地把目光投向别人。只要别人也犯同样的错，就会在很大程度上减轻自己的罪恶感。而一旦发觉有人比自己犯的错更严重，便会变得心安理得，对自己的错误也就不以为然了。

有了过错而不悔改，这才是真的错了。《了凡四训》提出的改过之法：一要发耻心，二要发畏心，三须发勇心。苏轼强调要"改过不吝，从善如流"（《上皇帝书》）。这些名言对纠错匡正都具有重要的借鉴意义。

名师点化6.1 ｜ 理性成熟就在于三思而后行

"三思而后行"出自《论语·公冶长》。当孔子知晓季文子对待每件事都思考三次才行动时，就说"再，斯可矣。"凡事再三思考后行动就可以了。正面想一次，反面想一次，正反结合再想一次。争论不休时，你所讲的道理是什么，我所说的道理是什么，究竟谁更有道理呢……凡事"三思而后行"，可以避免误会、误判、误伤等，是一种正确的处事之道。

"三"在中国传统文化中是一个很重要的数字。《易传》中的"天""地""人"被称为"三才之道"。《老子》以为一生二，二生三，三生万物。古人说"三"的时候，有时不指确数的"三",而表示次数很多。如孔子以为:"君子有九思:视思明,听思聪,色思温,貌思恭,言思忠,事思敬,疑思问,忿思难,见得思义。"(《论语·季氏》)君子有九件要反思的事:思考眼睛是否看明白,耳朵是否听懂,待人是否温和,举止是否恭敬,谈吐是否真心,处事是否谨慎,有疑问是否得到解答,发怒是否有严重后果,得到东西是否理所应得。

随着环境越来越复杂,静思笃行变得越来越重要。思考就是认真辨析、仔细斟酌、反复推敲。说话缓,容易慎言;举止缓,可以自省。特别当遇到重大决策时,更需要全方位考虑。不会思考的人是愚者,不愿思考的人是盲从者,不敢思考的人是奴隶。

在当今快速变化的时代,管理者思行结合,知行合一,以思促行,快速把握发展机遇,果断行动,是理性、成熟、负责任的表现。尤其在决策时学会思考,坚持反思,谨慎多思,这样才有希望成为赢家。

6.3 监管失误与自问自责

6.3.1 制度优势与监管失误

有明晰责、权、利的机制,在人尽其能、才尽其用的基础上让岗位上的人有敬畏之心、有制约之举,就会有收获。两人分瓜,拿到分瓜权的人就有可能给自己多一些,给对方少一些,于是规定,一人有权分瓜,另一人就有权先挑选分好的瓜,由此便能实现分配的公允性,这就是制度的意义。不昧着良心干坏事,可能是因为作恶的成本足够大;一旦成本低于收益,就一定有人会冒天下之大不韪。因此,无论是控制企业还是管理人生,好的制度都能让人放弃作恶或作恶不成,坏的制度则会引诱人为非作歹。

盖天下之事,不难于立法,而难于法之必行;不难于听言,而难于言之必效。在监管失误中,风险失察与控制不足是常见的原因,其中,知过是前提,整改是过程,即通过自责问责,落实整改责任。所以,要谨防控制缺失、管理缺位、整改失责。管理者应当充分发挥管理机能中的控制作用,有效地控制人的不安全行为、物的不安全状态,将风险管控在可容忍的范围内。

某企业的出纳因贪腐被抓后,管理层在审议如何防范此类风险时左右为难。被抓的出纳是某高官的亲属,担任出纳多年没有"动"过,直至案发。岗位轮换是明文规定的制度要求,也是内部控制的基础知识,更是整改措施,但由于人力资源等问题而难以做到。怎么办?新任财务经理认为,岗位轮换旨在不相容岗位分离控制,其目的直指防止财务舞弊风险并进行有效的风险隔离,所以实质重于形式很关键：任免财务人员首先要实行回避制度，存在夫妻关系、直系血亲关系、三代以内旁系血亲以及近姻亲关系的不能担任；本企业内部财务人员储备不够，暂不具备内部轮岗条件的，可以在母子公司、子子公司之间轮换；还可以实施不告知的突击检查，让相关岗位的人员心有敬畏，不敢乱来。这样做，还有助于培养和发现复合型人才。以上这些含有智慧的"金点子"得到了领导的赏识。

华为实行职务轮换与专长培养相结合的做法由来已久，且适用面广泛。华为的干部轮换有两种：一种是业务轮换，如研发人员去搞生产、服务，使其真正理解商品的意义，促使其成为资深技术人员；另一种是岗位轮换，让中高级干部的职务发生变动，一方面有利于公司管理技巧的传播，另一方面有利于优秀干部的快速成长。

6.3.2 冰山理论与道魔较量

监管失误的原因是多维的，包括自我认知弱、缺乏他控要求、没有互控压力等。对其整改的要求也是多维的，包括不断提高自我认知、主动引入他控要求、适当增加互控压力、积极营造自查自评氛围等。

自我就像一座冰山，他人能看到的只是表面的、很少的部分。一个人的学识、行为和技能属于显性素质，职业意识、职业道德和职业态度等属于隐性素质。泰坦尼克号之所以沉没，就是因为撞上了潜藏在水下的巨大冰山。潜力、潜能、潜意识影响甚至控制着人或企业的行为。

世界很大，人能够看见的外部世界好比露出的冰山一角，比物质世界更大的内心世界就像隐藏在水面以下的巨大冰山。对外部世界的认知源于人的内心世界，外部世界是内心世界的投影。也就是说，事物本身是不变的，变的是人的感觉，所以才有"仁者见仁，智者见智"的说法。就自控而言，外部世界只是事物的表面现象，内心世界才是事物的核心本质。

有时候，不理解周遭状况，错的可能不是事件本身，而是理解事件的思维模式。有人想改变结果，有人想改变原因，有人想改变思维模型。要想解决好问题，就需要打开"思维转换"的开关，改变自己理解周遭状况的路径与方式。

突破认知可以收获"金点子"。仔细检查过往的差错或失去的机会，你也许会发现，很多过失是"认知局限"造成的，或者说，人的成长就是不断对抗自己认知局限的过程。据说，英国政府原先雇用私人船只运送犯人是按照装船的人数付费，多运多赚钱。很快弊端就出现了：罪犯的死亡率非常高。政府官员绞尽脑汁降低罪犯运输过程中的死亡率，包括派官员上船监督、限制装船数量等，都实施不下去。最后，有人找到一个好办法，就是将付款方式变换一下，由根据上船的人数付费改为根据下船的人数付费。船主只有将人活着送达目的地，才能赚到运送费用。新政策一出，罪犯的死亡率立刻降到了1%左右。后来，船主为了提高罪犯的生存率，还在船上配备了医生。

监管活动在某种意义上是"道"与"魔"的较量，是控制与反控制的争斗。内部控制历史长河中的任何规范与文本都经历过由少到多、由浅入深、由模糊到精准的渐进过程。最初是在管控活动过程中发现了问题，然后想出了解决问题的办法，久而久之，经过约定俗成，便成了制度文本。

即使是经典，也要与时俱进。因为风险在动，应对风险的思维也要动，所以对风险应当定期进行分析评估，适时变动。只有思维升级、内部控制不断更新，才有助于解决好问题。例如，自1988年美国注册会计师协会发布《审计准则公告第55号》中提出控制环境、会计制度、控制程序三个要素后，要素控制理论就在不断演进。1992年9月，COSO在《内部控制——整合框架》中从目标、要素与层级三个维度对内部控制进行定义与描述。从目标维度看，其强调了内部控制需要对运营的有效性、财务会计报告的可靠性以及法律法规的遵循性这三个方面做出合理保证。从要素维度看，其提出了"五要素"的解决思路，即从环境分析开始，评估经营过程中存在的风险，并针对评估出的超出可接受水平的风险采取控制措施；在这个过程中，要重视贯穿始终的沟通和信息问题，并由不负责具体执行的监管层对整个过程进行监督。从层级维度看，其提出了内部控制需要涵盖组织的整体、分/子公司、部门、具体岗位等层级。2004年9月29日发布的《企业风险管理——整合框架》将内部控制上升至全面风险管理的高度，提出了"八要素"控制理论，包括内部环境、目标设定、事项识别、风险评估、风险应对、控制活动、信息与沟通、监控，其核心变化是将风险评估精细化，分为目标设定、事项识别、风险评估、风险应对等方面，拓展了内部控制的内涵和外延，凸显了风险控制的现实重要性。

6.3.3 监守自盗与问责追责

令人担忧的是监守自盗、知法犯法、贼喊捉贼的行径。监守自盗就是盗取自己负责看管的财物。知法犯法就是懂得某项法令、规章而故意违犯。贼喊捉贼就是自己是贼还喊"捉贼"，比喻为了逃脱罪责，故意混淆视听、转移目标。

管理过程应当与监控结合。监控可以平行于业务，一般不串行于业务，更不能迟滞不进。对监控而言，业务是透明的，一切都要看得清清楚楚，可以根据条件触发警示和进行必要的干预；对业务而言，既能大踏步地向前走，也能感受到监管的威慑而不是羁绊和掣肘。

在监控过程中,应当通过自我监督与自我检查来增强自控力,还应当让他控与互控出面,形成互补互助的监管机制,并使之常态化、长效化,成为企业自觉运行的自律机制。以下三个方面的监控不可或缺:

一是自我监控。这是指行为人自觉地调整自身的动机和行为,使之符合规范要求。自我监控的要义在于解决好自问自责等相关问题。"打铁还需自身硬,无须扬鞭自奋蹄"是一种理想的自觉状态。但由于人们的自觉程度、文化水平、社会地位、道德修养等不同,自我监管的程度会有差异,因此还需要互相监控。

二是在线监控。企业应当搭建在线监管系统,一方面及时发布政策,推介好的做法和经验;另一方面运用信息化手段,加强实时监督与跟踪,推动内部控制活动向纵深发展。尤其要建立违规问题线索督办制度,对违规情形严重、社会关注度高的问题线索实行挂牌督办。

三是监控监督者。监控他人的人首先要管好自己,监督者要做遵守纪律的标杆。"治人者必先自治,责人者必先自责,成人者必先自成。"如果监督者不被监督,就可能出现"灯下黑"[①]的情况。监督者出现以权谋私、串通包庇等问题,对事业的伤害将比一般人更甚。"执纪者必先守纪,律人者必先律己",一定要做到"其身正,不令而行"。

同时,要建立内部控制重大缺陷追究制度,内部控制评价和审计结果要与履职评估或绩效考核相结合,逐级落实内部控制组织领导的相关责任,并问责追责。

6.4 控制失度与自理自化

6.4.1 制度规范与刚柔相济

"权,然后知轻重;度,然后知长短。物皆然,心为甚。"(《孟子·梁惠王上》)用秤称一称,才能知道轻重;用尺量一量,才能知道长短。管控活动也是这样,要知权重、善度量、能监管。其中,控制活动是个"细致活儿",要善于拿捏宽与严、松与紧、刚与柔的分寸,把握好尺度:过松导致员工散漫或局面失控,过紧会扼杀激情或创造力。没有规矩,确实难成方圆,但管理者不能太"方",否则会伤人;也不能太

[①] "灯下黑"原指照明时由于被灯具自身遮挡,在灯下产生阴暗区域,现引申为人们对发生在身边的事没有察觉。打击非法行为本身易存在非法行为,如缉毒人员参与贩毒、公安人员参与黑社会、检查人员通同舞弊等。

"圆",否则不可靠。凡事需拿捏有度,恰到好处,才是智慧。宽严相扶、松紧相助、刚柔相济之间,体现管理者的智慧与境界。

我国自古就有喜怒不过头、劳逸不过度、名利不过贪等劝诫。孔子主张"中正无邪",否则"过犹不及",故当"允执其中"。"虚则欹,中则正,满则覆"故而"兼陈万物而中悬衡"(《荀子》)。

制度是企业管理的标杆,是为实施管理活动服务的,不是为制订文本服务的,所以需要实事求是、刚柔相济。刚性是有硬度的力量,它所依仗的主要是组织的职权,具有权威性,如规章制度中的禁止性条款都是刚性的,是不容违背的。没有制度规范的企业是无序的、混乱的,柔性管理必然丧失立足点。柔性管理具有穿透力,是管理过程中的"润滑剂",它所依靠的是组织成员的认知、理解、共同的价值观和心理文化氛围,是刚性管理的"升华"。缺乏必要的柔性管理,刚性管理亦难以深入。所以,刚性管理和柔性管理应当有机结合、互相配合。

制度是企业正常运行的基石,践踏制度的管理注定是失败的管理。管理者有威信,管理才会出成效,但管理者最忌讳而又最容易犯的错误就是把个人意志凌驾于制度之上,制度一旦形同虚设,员工的行为、管理的运行就必然产生偏差。制度控制也不能只考虑控制方的权威性而忽视被控制方的需求。刚性控制相对适合低层次需求的员工,这类员工希望有正规的组织与规章条例来要求自己,而不愿参与问题的决策并承担责任,对创造性要求较低,且衡量标准容易量化。当员工的低层次需求得到满足后,高层次需求就会成为优势动机,当工作标准不易量化且对革新要求较高时,员工往往欢迎柔性管理以获得更多自治责任和发挥创造性的机会。

事实上,大部分制度条款存在刚性和柔性之分。例如,定期盘点是刚性的,不定期盘点是柔性的。刚性是坚硬的,不能改变或通融。柔性是相对刚性而言的一种特性,是可以变化的。所以,不定期盘点可在月度、季度、年度或其他适当的时间进行,具有一定的弹性。盘点时必须抽盘是刚性的规定,但抽盘多少、怎么抽盘等又是柔性的,可以有一个幅度范围或弹性区间。

有的企业以规章制度为中心实施刚性管理,有的企业则以人为中心重视柔性管理,最好是将刚性管理与柔性管理结合起来推进复合管理。太柔则靡,太刚则折。刚柔相济,优势互补,使之恰到好处。

一方面,任何规章制度都不是万能的。当条件发生变化时,企业应当具备及时采取措施、迅速应对的能力。所以,任何制度在制定的时候都应当留有应变的空间,如存有"其他"条款的机动性。另一方面,控制措施没有最好的,只有最合适的;最好的不一定是最合适的,但最合适的可能就是最好的。在内部控制活动中,让

"医生"和"病人"一起防控风险有助于企业转危为安。

6.4.2 控制活动应当适度

凡事有度(指量度、程度、限度)。寿命有长度,说话要适度,视野有宽度,做事有气度,胸怀要大度……"度"作为计量标准,与"量"相提并论。《说文解字》认为,"度,法制也",取其引申义,即法度、常规、准则等。凡事应有节、有度,适可而止。合适的制度既合乎人性又符合实际需要。现实中行之有效的制度大多是要求适度、简洁、高效的,所以能令多数人折服并自觉遵循。

食盐是做菜必不可少的调料,少了它佳肴不美味,但放多了会让人难以下咽。"食盐效应"告诫人们,好东西也应适度、适时。物竞天择,适者生存,长适者长存。

适度就是适合实际情况,其要求程度是恰当的,这是一种平衡,也是自我和解之道,还是人与自然和谐共处的本领。有分寸感的人,说话得体,做事留有余地,让人感到亲切但又不失尊重,自在又并不疏远。事实证明,适度、适宜、适合的才是有用的。度源于认知,是一种日积月累的功夫。

生活中为什么要提倡衣不过暖,食不过饱,住不过宽,行不过快,老不过累,逸不过安,喜不过望,怒不过度,名不过求,利不过贪呢?因为过犹不及。人一旦毫无节制地消耗自身的资源,如透支健康、透支关系、透支权力等,总有一天会山穷水尽、处境艰难。

企业有大、中、小、微之分,强、弱、优、劣之别,不能不顾实际情况,强求划一标准。例如,在执行会计准则的问题上,我国大中型企业应当遵循与国际会计准则趋同的企业会计准则核算体系,而小微企业应当按照矛盾特殊性的原理,实行简易会计与差别报告,遵循《小企业会计准则》即可。《小企业会计准则》最大的特点就是以税法为导向,适当减少了会计职业判断的内容,如简化了确认收入的判断条件,规定小企业在发出商品且收到货款或取得收款权利时确认收入的实现,减少了关于风险报酬转移的职业判断;会计要素采用历史成本作为记账基础,没有采用税法上不认可的公允价值作为记账基础;按照税法上的实际发生制原则,对所有资产不计提减值准备,而是在实际发生损失时参照税法有关的认定标准确认资产损失;长期股权投资的核算采用成本法,不采用权益法;在尽量减少会计与税收之间的差异的前提下,允许小企业采用应付税款法核算;等等。[①]

[①] 《小企业会计准则》与企业会计准则体系的具体区别,详见李敏编著的《小企业简易会计新模式——税法导向与差别报告的应用价值》(上海财经大学出版社出版)。

同样，财政部于2017年6月29日发布的《小企业内部控制规范（试行）》考虑到"实用、简洁、有效"，区别于适合大中型企业的企业内部控制体系，在立法宗旨、控制目标、风险认知、控制原则等诸多方面体现差别化控制的灵活应用精神。例如，我国制定《企业内部控制——基本规范》时以大中型企业为对象，没有针对小企业的特殊情况，提出了全面性、重要性、制衡性、适应性和成本效益五项原则，并内嵌于各项制度文本中，形成一系列规则和规范。但《小企业内部控制规范》创造性地提出了风险导向原则和实质重于形式原则。小企业开展内部控制，应当以识别风险为出发点，以解决风险、危险或危害问题为落脚点，以内外部风险变化为更新内部控制措施的依据，强调并凸显风险导向的重要性。小企业内部控制应当更加注重实际效果而不局限于特定的表现形式和实现手段，不强求内部控制成果的表现形式，而是允许小企业利用现有的管理基础，将内部控制要求与企业管理体系融合，这是务实有效的做法。所以，在确定小企业内部控制基本原则的指导思想方面，《小企业内部控制规范》具有以下鲜明特点：一是没有提出全面性原则。全面性原则要求内部控制应当贯穿决策、执行和监督全过程，覆盖企业及其所属单位的各种业务和事项，这对小企业来说要求太高，但可以努力去做，如确立由小企业负责人及全体员工共同实施的全员控制理念。二是没有单独提出重要性原则，而是将"重要性"体现在风险导向中，落实在重要业务事项和高风险领域。三是没有强调制衡性原则，小企业在制衡方面先天不足，因而可以更多地倡导管控融合、管控联动的做法。探索差别化的控制原则不失为一项有益的尝试。如此等等。①

承认差别是实事求是的理性态度。会计上允许存在差别报告，即根据不同财务会计报告使用者的不同要求，有选择、有重点地披露某些使用者所需要的信息，以提高财务会计报告的相关性和有用性。控制活动亦应如此。内部控制作为一种制度安排，一定会涉及制度的具体环境、适用的具体对象等具体问题。具体问题具体分析是指在矛盾普遍性原理的指导下，具体分析矛盾的特殊性，并找出解决矛盾的正确方法，即要求人们在想问题、做事情时，根据不同的情况采取不同的措施，不能一概而论。灵活性对应企业各自面对风险变化时的主观能动性，统一性对应企业整体上控制目标的一致性。应当允许企业内部控制活动具有一定程度的灵活性和统一性，而不是相反。

控制有度才能彰显对自主自律程度的把握，渗透和谐相处的智慧与境界。自控、他控与互控都有适度问题。各项控制活动不是越严越好、越多越好，而是越有

---

① 请详见李敏编著《小企业内部控制——自主管控的路径与方法》（上海财经大学出版社出版）。

针对性、越有效越好。控制失度就是失去分寸、失去法度，不适合实际情况了。

一是关注控制行为是否失度。企业中最重要的资源是人，最核心的问题也是人，很多管理制度是对人的约束和监督。有时候制度过甚，反而会起副作用。人是有情感的，管理者既要以人为本，也要发挥制度的制约作用，这是一种相辅相成的辩证关系。有些问题为什么难以解决，可能是解决问题的人"制造"出来的，所以，既不要无中生有，也不要惹是生非。实事求是、适度可行才是有用的。

二是关注控制是否遵循一定的尺度。说话、做事都有一定的标准与规范，并能做到进退有度，才能避免陷于物极必反的桎梏。例如，虚心过头就变成虚伪，自信过头就变成傲慢，原则过头就变成僵化，开放过头就变成放纵，威严过头就变成"摆架子"，随和过头就变成盲从，胆量过头就变成张狂，精明过头就变成自私，直率过头就变成草率等。

三是关注控制过度的后果。"过度"意味着超过一定的限度，如过度疲劳、过度兴奋等。就像压力过大会伤害健康一样，增强意志力或自控力也是有代价的，如缓解压力、克制欲望、集中注意力、权衡利弊等都需要消耗大脑或身体的能量，长时间、高强度的自控会使压力增大，并增大患病的概率。所以，适度自控很重要。从压力或自控中恢复过来的基本路径是做到有张有弛、松紧适度。

6.4.3 控制不能失度

物体在单位面积上受到的压力叫作压强，压强是用来比较压力产生的效果的，压强越大，压力的作用效果越明显。增大压强的方法包括在受力面积不变的情况下增加压力、在压力不变的情况下减小受力面积或同时增加压力和减小受力面积。但有作用力就有反作用力。压力可以变成动力，也可以成为破坏力，因为任何物体能承受的压强是有一定限度的，超过限度，物体就会损坏。

控制之难，难在实事求是、适度有效、稳健持续（如图6-2所示），既不能极

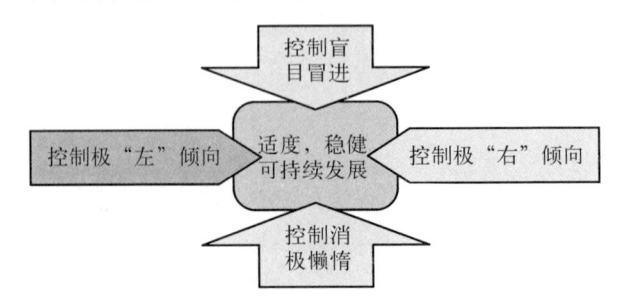

图 6.2 控制活动难在适度有效

"左",也不要极"右",更不要忽上忽下、前后摇摆。

以人性为基础的控制研究的意义在于倡导理性,限制非理性,驱动人们自我克制、自我平衡、自觉完善。或者说,自控的作用就在于:既激励和开发人的善意,也对欲望加以梳理和制约,褒善贬恶、抑恶扬善、惩前毖后,拿捏好欲望的"度",避免矫枉过正。

财务部门可能是内部控制思维较强的部门,容易陷入"控制过度"的状态,给他人"这也要管,那也要控"的感觉。尤其是在瞬息万变的市场经济中,财务人员或财务部门要想成为受人敬重的内部控制高手,就应当学会审时度势、灵活变通,或迎难而上,或迂回包抄,或有效隔离等,并通过有针对性的风险评估,更多地关注高风险、高价值的管控活动,避免困于低风险、低价值的事务。

"过度"情况的出现往往与操之过急的心态相关。一个连内部控制基础知识都不具备的人,怎么可能具有现代内部控制意识及其行为表现呢?在还没有认识到牵制的作用及其方式方法时,就强行实施全面风险管理的全套文本要求,显然是揠苗助长。任何成长与变化都有一个过程。季节更替时之所以倡导"春捂秋冻",就是要让身体逐渐适应变化,从而增强防御机制的作用。

宁"左"勿"右"的想法使得控制活动经常过度。例如,在制度文本的制定上好大喜功,要求达到国际一流水准,越多越全越好,而思想认识与行为基础远远低于现有的一般标准,这种超越现实的文本不仅看的人不多,做的时候更是另行其事。实际上,制度不在于多而在于实,突出针对性和指导性。

形式主义的检查之风催生各种应对"高招"。一些管理者对内部控制措施一知半解,上级怎么说,他就怎么做,政策不联系实际,认知不针对人性,照本宣科;更多企业在没有进行调查研究的基础上,遵循"检查要什么,我就写什么;只要打分高,一切都照抄"。如此离奇的"高标准、严要求"过度且有害。

要警惕"调门高、行动少"的形式主义。一些管理者本身就对牵制措施、制约行为十分"感冒",却在大谈现代企业内部控制或现代公司风险治理等。事实上,没有牵制,难以控制。高调与好高骛远,有时是为了掩饰少作为或不作为。

要防止"两面派"。个别管理者说归说,做归做,对员工实施"高压"政策,对自己却是无政府主义,对领导身边的违法乱纪行为听之任之。个别管理者一面大搞内部控制制度建设,一面对财务人员的监督活动深感不满。不懂或不重视财务控制的人,如何知晓企业内部控制?

有时员工犯错了,管理者会习惯于严厉批评,甚至把员工骂得狗血淋头,似乎这样才能体现规章制度的严肃性,才能显示管理者的威严。其实,这也容易挫伤员工的积极性和创造性,甚至使其产生对抗情绪。管理者善于宽容员工的差错不等于做"老好人",而是要设身处地替员工着想,在批评的同时不忘一分为二,让其口服心服,在有效维护其自尊和自信的同时激励其进取心。能够把握好批评的尺度,才不失为一名出色的管理者。"圣人方而不割,廉而不刿,直而不肆,光而不耀。"(《道德经》)贤明的人,正直但不刚硬,棱角分明但不伤人,直率真诚但不任性放肆,自带光芒但不爱炫耀。因为他们心存敬畏,懂得做人做事的分寸,所以言有界、行有止、事有度,具有很强的自控能力。

通用电气的杰克·韦尔奇(Jack Welch)认为,管理者过于关注员工的错误,就不会有人勇于尝试。而没有人勇于尝试比犯错误更可怕,它会使员工故步自封,拘泥于现有的一切而不敢有丝毫的突破和逾越。所以,评价员工的重点不在于其职业生涯中是否保持不犯错误的完美记录,而在于其是否勇于承担风险,并善于从错误中学习,获得教益。西门子(中国)有限公司的人力资源总监说:"我们允许下属犯错误,如果那个人在几次犯错误后变得'茁壮'了,那对公司是很有价值的。"[1]在西门子有这样一句口号:员工是自己的企业家。这种氛围使西门子的员工有充分施展才华的机会,只要是有创造性的活动,失误了公司不会怪罪。

管理过程需要有效地释放压力、调节情绪,其重要目的在于增强意志力和提升自控力,保证有能量做好自己,这是相当重要的。越来越大的压力和越来越糟糕的情绪是意志力的"死敌"。压力过大,情绪太差,意志力就会下降。一旦压力或情绪突破极限,意志力崩溃,控制力就丧失了。

控制措施不仅要对上负责、保证不偏航,而且要向下赋能、释放活力,从而有效管控风险。哪个有效就用哪个,尽量不留后遗症。如果有后遗症,用什么措施来预防、解决也很重要。管控活动并不是越复杂越好。有些企业管控不成功,可能就是把简单的问题复杂化了,从而产生内耗。如果能够化繁为简,是什么问题就去有针对性地解决好,就能把复杂的问题简单化。

理性的内部控制活动就是要在思想上建立起连接内部控制经典理论与方法的桥梁,在行为方式上一步一个脚印地走向理性的彼岸。一方面,开展内部控制活动要在思想上高度重视,有工作热情;另一方面要脚踏实地,切不可采用强硬的手段超越了企业或个人的发展阶段或承受限度。

---

[1] 领导者最大的失误就是:总盯着下属的错误. http://www.jy135.com/guanli/33120.html.

实证分析 6.2 | 脚永远比鞋重要

不合适的鞋子再华丽也会磨脚。别人看到的是鞋,自己感受到的是脚,切莫贪图了鞋的华贵而委屈了自己的脚。

别人喜欢你和自己喜欢自己,哪个重要?两个都重要。但在两者不能兼顾的情况下,自己喜欢自己更加重要。因为无论你有多好,也无论对方有多好,总有你不喜欢的人,也总有人不喜欢你。好不好是一回事,喜欢不喜欢是另一回事。人各有各的心思,脚永远比鞋重要。

6.4.4 内部控制不是内卷,更不能内耗

控制需要有切实可靠的行动。"如何做"和"是否有可能做"是两个不同属性的问题。"如何做"侧重于将意愿导向行动,给成功以可能。如果一味纠结于"是否有可能做""为什么要这么做""不做行不行"等问题,往往会让管理活动沉溺于内耗。执着于"为什么"的人常常会陷入无法理解的困境,就像盯着一个字看久了就不再认识它一样,心理学把这种现象称作"语义饱和"。大脑在接受持续的相同刺激后会产生神经疲倦,出现短暂的"罢工",即仅能注意字的某个部分而无法形成整体感并获知语义。

内部控制不是内卷。内卷在于"向内演化,或绕圈圈",从而产生无实质意义的消耗,如低水平的模仿和复制、被动式应付工作、将简单问题复杂化、在同一个问题上无休止地挖掘、追求表面的精致与高档、为了免责而互相推诿……内卷就是自扰。在制度的压力下,有的人为了自身利益,乐此不疲地与小范围内的相关人员进行零和博弈,争来争去却毫无增量。内卷是无声的悲哀,它在消耗人的才智、磨平人的锐气的同时,使人陷入大量的无用功中,使企业浪费了资源、降低了效率、削弱了竞争力。

行动是治愈内卷的良药。一直在原地打转会极大地消耗你宝贵的时间资源和注意力资源,更有可能让你失去机会。应学会拆解目标,努力不乱于行。当你达成一个小目标、取得一个阶段性的小胜利时,你就会有更大的动力去迎接下一次胜利,从而形成良性循环。不忘记自己的初心和远方,就能意志坚定、勇往直前、善始善终。

赶快行动,才有出路。本想去健身,但想着会很累,越想越累,干脆就不去了;本想去读书,但想着会犯困,越想越困,干脆就不读了。怕自己做不成比真做不成更让人感到疲惫。怕别人说你不行比真不行更让你感到难堪。许多时候,人们面对的困难不来自外界,而来自思想或情感的内耗。困惑也好,质疑也罢,想得越多

越痛苦。人除了体力和脑力劳动外,还存在一种被忽视的情绪劳动。当一个人陷入过度焦虑时,会消耗自己大量的精力。那些经常困于不安的人往往有想得太多的坏毛病。

名师点化 6.2 | **警惕狭隘心理与螃蟹效应**

人性的愚昧在于互相为难,见不得别人好。好比藤篮中的螃蟹,一只螃蟹很容易爬出来,多装几只后就没有一只能爬出来了,原因是螃蟹之间相互扯后腿。嫉妒对别人是烦恼,对自己是折磨,尤其是能力伯仲的管理者要谨防这种病态竞争。

螃蟹效应是不道德的职场行为和伦理观念。藤篮中的螃蟹目光短浅,只关注个人利益而忽视团队利益,只顾眼前利益而忽视持久利益,内斗使整个团队逐渐丧失前进的动力,如此便会出现"1+1<2"的现象,而且随着"1"的增加,最终的能量和会越来越少,出现严重的失控状况。所以,要警惕螃蟹效应对管控活动的干扰,克服"一山难容二虎"的狭隘心理,通过岗位分工、协作接力、奖优罚劣等管理创新活动,转变"三个和尚没水吃"的局面。

自己与自己或自己人与自己人内耗,不等外人动手,自己就把自己给耗尽了。一是对人的内耗,在人际关系中,既反感或怀疑对方,又内心沮丧或失望,经常陷入自我否定中。二是对事的内耗,做事总是夸大难度,怀疑自己或他人的能力,选择逃避或责怪,将事情一再拖延,越来越焦虑,陷入恶性循环。

如何不惑于心?首先要找到初心。你的愿景是什么,要做成什么事?当你搞清楚自己的初心,找到自己想做、愿意做的事时,内心有热爱,就不会迷茫。接着适当给内心做"减法"。想得太多,内心存储了大量焦虑、烦躁等情绪,就好像电脑内存超载,无法运行,应适当删减,排除干扰,以便轻装前行。

想,可能都是问题;做,才能接近答案。行动不一定立马给你带来转机,却可以让你慢慢摆脱困境。摒弃杂念,就能坦然面对。对执行力来说,行动是治愈内耗的良药,尤其当你深陷困境时,越纠结就越走投无路。

专题讨论 6.3 | **可怕的内耗**

不少人有过这样的感受:明明一整天没做什么事,却感觉疲劳;做事总感到焦虑,既怕做不成,又怕别人质疑;别人的一句话会让自己心神不宁一整天……你正陷入内耗中,如高敏感的人常常过度思索他人话里话外的意思,将一句客观的表述进行消极的解读,把自己"琢磨"到自闭。

内耗是一个人和自己的斗争，就像一只贪婪的寄生虫，它以你的自我价值和自我效能为食，逐步侵蚀你。

要自控就要拒绝内耗：一要不惑于心，时时整理内心的想法，排除干扰，找到正确的方向；二要不乱于行，在繁复和杂乱中做正确的事；三要付诸行动，把时间和精力专注在重要的人和事上，而不是浪费在无谓的内耗上。

6.4.5 提炼经验，自理自化

经验是指人们与客观事物接触过程中通过感觉器官获得的认识，是感性的、个性化的，有待深化和提升到理论认知。如果停留在个人狭隘的认识上，把局部经验误认为普遍真理，生搬硬套，不进行具体问题具体分析，就属于经验主义。

总结经验是通过对实践活动中的具体情况进行归纳与分析使之系统化、理论化，上升为理性认知的一种方法，其主要功能是提炼与提升。有效的控制活动需要经过自理、自化等理性活动加以总结。总结并推广先进的经验是管理活动中长期运用的行之有效的方法之一。

自理是指自己料理、自我管理、自行解决问题的能力。成功的管理者往往是善于自理的，将各项工作梳理得井井有条，做到各司其职、符合规定。

自化是指因势利导，自我教化成某种理想的状况。"化"在汉语中表示转变为某种性质或状态，或表示将某种事物普遍推广，常作后缀用，如感化、现代化、自动化等。其字形始见于商代甲骨文，由一个头朝上的人和一个头朝下的人组成，表示变化，引申为使民俗风化，使人心改变，即教化。"化，教行也。"(《说文解字》)创造化育世间万物，即造化。能够文而化之，化育入情入理入心，就是化合到位了。

自化过程并非纯粹的"自然而然"，而是思想与行为的教化和培育过程，具有"随风潜入夜，润物细无声"的主观能动性。其中，自主化的自理活动和均衡式的自化机制闪烁着控制哲理与智慧光芒。

"道法自然"是道家的核心理念，"自然自化"是道家推崇的伟大力量。"道，常无为，而无不为。侯王若能守之，万物将自化。"(《道德经》)道看起来无所作为，实际上没有一件事物不是它成就的。若能守住它，万事万物将自主发生变化(各类矛盾纠结会自然消化)。

万物虽将自化，但有不同的路径与方向。企业管理"活的灵魂"就在于坚持实事求是、因地制宜。管理上的高手都善于上下兼容和左右调和，能向上与比自己强的人交流，也能向下包容比自己弱的人，在对和错之间找到合适的点，这就是对度的精准把握。

"行不言之教"的老子期望自然而然、不露痕迹地达到教育目的。身教重于言教，可以自身言行为表率，潜移默化地感染教育对象，教育者一方面应知道凡事都该顺应自然而行，教育对象有其天性，教育需要顺应每个人的个性进行；另一方面应做好引导，以身作则，从而充分发挥教育对象的潜能和主观能动性，成为应该成为的人。

学深悟透，内化于心，是从思想上归于所化；以学促做，外化于行，是从行为上归于所化；由此知行合一，内心和行动就不会混乱，就可以坦然面对问题与风险，不会惊慌失措。自化能够导致自控化，是一种理想状态，所以管理者要重视思想教育，培养化育的积极作用，善于促使员工自理自化。

6.4.6 将例外事项自化成例行事项

管理者一方面要防止控制过严过紧，增加控制阻力的情况；另一方面要关注重大事项和例外事项，谨防管理真空造成的控制盲区，导致风险泛滥。

例如，员工难免发生因急事、生病或出差等不能正常到岗的情形。不少企业在制度设计时没有考虑到员工暂时离岗时工作由谁接替的问题，在实际操作中往往临时指派一位相关人员兼任，这种"临时抱佛脚"的仓促行事，稍有不当，就可能给企业带来风险。企业正常的工作安排中通常会将不相容职务由两个以上人员来担任，以便相互牵制，而临时指派某人兼任的做法可能导致不相容职务由同一人担任。例如，支票和印鉴平时由两人分别保管，如果因其中一人临时有事而指派另一人暂时兼任，导致一人掌握所有空白支票和印鉴，那么盗用支票的风险就会大大增加。因此，企业有必要明确规定一些重要岗位的工作交接制度，防止例外事项留下"管理真空"。

例外事项时常出现，尤其在多变的市场环境下，为了抢占先机、应对意外、谋取利益，例外事项难以避免。例外事项是偏离计划的事件，尤其是首次出现的、随机的、重要且需要立即处理的非程序化事项（如急于支付的某笔大额款项等）。管控活动不能使之成为盲区，而应当备有预案，留有应对风险的余地，做好必要的准备，并能够自理自化。

例外事项虽然防不胜防，但不能没有敏感性，更不能无动于衷。要善于预判经营管理活动中突发的重大例外事项，如某类销售突然萎缩、某部门业务员突然集体离职、某项应收账款或存货出现异常波动等。倡导例外管理就是要求主要领导对日常发生的例行事项拟就处理意见，使之规范化、标准化、程序化，然后授权下级管理人员处理，而自己主要处理那些没有或者不能规范化的例外工作，并且保留监督下级管理人员工作的权力。实行这种制度可以节省高级管理层的时间和精力，使他们集中精力研究和解决重大问题，同时使下属有权处理日常工作，提高工作效能（如图 6.3 所示）。

例行事项 → 自动管控 → 体现在流程、制度、运行机制中

例外事项 → 手动管控 → 分管领导亲自过问、督办、检查

图 6.3　对例外事项的管理思路

高级管理层应当特别重视对例外重大事项的管控，特别关注重要的例外性偏差，防止失控。在控制过程中，应将注意力集中在那些异常情况，如特别好、特别差或其他特别突兀的情况，同时将例外管理与风险导向结合，更多注意关键点的例外情况，谨防突发与突变事件导致的不良后果。一些企业为此特别制定了内部控制例外事项管理规定和例外事项审批表，并对例外事项的执行情况留下证据链，实施后评估，这是明智的。

例外事项可能与权力"真空"相关，所以针对权力运行机制和管理监督体系中的薄弱环节，扎紧织密制度"笼子"，对防范"灯下黑"很重要。

例外事项可能与突发事件相关，隐含重大风险，所以对例外事项应当坚持"预防为主，常备不懈"的谨慎态度，并提供有效的管控保障。

管理稳妥的企业总是单调乏味，没有任何激动人心的事件发生。那是因为凡是可能发生的危机早已经被预见，并已将它们转化为例行作业了。所以，有效的控制活动应当善于总结经验，能够不断把例外事项变为例行事项，达成例行化管理，即把先前不确定的例外因素认定为未来可能要发生的例行事项，并为此设计或固化相应的管理规范与控制流程等。

6.4.7　实事求是与均衡化控制

实事求是的内部控制活动就是从实际情况出发，既不夸大也不缩小，既不好高骛远也不墨守成规，既不弄虚作假也不捕风捉影，而是恰到好处，按照内部控制的运行及其发展规律办事。

控制活动关注制衡，反对掣肘。对于各方力量，通过管控来保持均势、互为挟制即可,不能恶意或者过度倾轧,以免后患。即使是各种针对风险制定的控制措施,也是想方设法守住底线、管好边界,从而确保不突破风险承受度。在底线之上、边界之内是有一定弹性的,允许有抓有放、有紧有松。

控制活动重在制衡,讲求平衡。过紧过严会丧失活力、削弱竞争力;过松过宽会导致失控、酿成后患。所以,内部控制措施要宽严相济、软硬兼施、疏堵结合。如果只是以"堵"为主,往往会事倍功半,甚至导致"道高一尺,魔高一丈";倘若在控制活动中辩证地利用"疏"与"堵"的关系,以"疏"为先导,以"堵"为保障,就可能达到事半功倍的效果。凡事有因果,堵的是"果",疏的是"因"。适度、可持续,如此方好。

均衡管理的特征就在于其是自主化的管理活动(自理)与均衡化的平衡机制(自化)。均衡化控制就是通过研究组织或系统内部各要素之间的逻辑关系及其与外部环境之间的发展变化规律,把握其均衡关系和运行机制,使内外部各要素在质、量、能等方面保持合理的"度",在结构方面保持相对稳定,在关系方面保持相互协调,以实现组织或系统的整体和谐,从而发挥其最大效能的可持续发展的管理方法。

经典案例评析

灰度管理智慧与均衡控制哲理

在开放且动荡的环境中,任正非主张管理要静水潜流、沉静领导、灰色低调、踏实做事,不张扬,不激动。静水潜流之道看似平静,其实不然。水拥有战胜其他事物的强大力量。管理就像修筑堤坝,让水在江河里自由奔流。

企业并非只有好与坏两面,不能用单一的思维来考虑,管理的水平在于合适的灰度。任正非借用"灰度"一词教育干部和员工不要走极端,不能形而上学地认为世间的事物都是黑白分明的,更普遍的形态是黑中见白、白中有黑,且在一定条件下黑白可能互相转化。一个清晰方向是在混沌中产生的,是从灰色中脱颖而出的,是随时间和空间而变的。所以需要认清灰度,寻求可能性中的最优解。

妥协是非常务实、通权达变的丛林智慧,凡是人性丛林里的智者,都懂得在恰当的时机接受别人的妥协,或向别人妥协。毕竟人要生存,靠的是理性,而不是意气。只有妥协,才能实现"双赢",否则必然两败俱伤。明智的妥协是一种让步的艺术,也是一种美德,掌握这种高超的艺术是管理者的必备素质。凡事注意渐进原则,不急于求成,不能总想着如何快速实现目标而忽略实际情况,要注意妥协和迂回。尤其是进行改革或者重大决策时,要把握好灰度,提升目标的灰度,不要太激进、太僵化,要注意选择以退为进的方法,适当做出妥协。没有妥协就没有灰度。坚持正确的方向与妥协并不矛盾,妥协是对坚定不移方向的坚持。

以灰度洞察未来:制定战略和目标,"方向大致正确,组织充满活力"即可。华为坚定不移的正确方向来自灰度、妥协与宽容,以内部规则的确定性应对外部环境的不确定性,以过程的确定性应对结果的不确定性,以过去和当下的确定性应对未来的不确定性,以组织的活力应对战略方向的模糊。

以灰度处理矛盾:不走极端,通过抓住主要矛盾和矛盾的主要方面,牵住"牛鼻子",将矛盾变为企业发展的动力。

以灰度把握节奏:在坚持大致正确的方向的前提下,随外部而变,随市场而变,随技术的变革而变,随客户而变。

以灰度对待环境:不抱怨外部商业环境的险恶,以乐观的态度评价宏观层面的问题,善于把竞争对手称为"友商",共同创造良好的生存空间,共享价值链的利益。

均衡或权衡是任正非经营管理的哲学理念与思想核心。不管内外部环境发生怎样的变化,其坚持均衡发展从未改变。"继续坚持均衡的发展思想,推进各项工作的改革和改良。均衡就是生产力的最有效形态。通过持之以恒的改进,不断地增强组织活力、提升企业的整体竞争力、提高人均效率。""持续有效增长,当期看财务指标,中期看财务指标背后的能力提升,长期看格局以及商业生态环境的健康、产业的可持续发展等。管理要权衡的基本问题是现在和未来、短期和长期。如果眼前利益是以损害企业的长期利益甚至危及企业的生存为代价而获得的,那就不能认为管理决策做出了正确的权衡和取舍,这种管理决策就是不负责任的。"

华为的成长与发展之路是建立在动态地实现功与利、经营与管理的均衡基础上的,通过持续不断的改进、改良与改善,华为不断强化和提升经营管理能力,使企业走上了一条良性发展之路。华为的成功以中国式的案例说明,均衡的管理是企业真正的核心竞争力。强化管理的目的正如任正非所言,是"变革破坏了过去的平衡,但破坏不是目的,必须要实现新的均衡,并且努力实现不断的均衡"。这种均衡就是在更高层次上实现经营与管理的均衡。

对于公司各部门、项目团队及其主管而言,随着个人绩效承诺制度的实施,其已经不是单纯的职能部门或职能管理者,公司强化了其身上的经营职能,各部门的管理者实际上已经转化为集管理职能和经营职能为一体的管理者。因此,管理者面临迫切的角色定位和角色转换问题,以实现个人经营能力和管理能力的均衡。

在经营职能上,必须真正建立内外部客户导向意识,整肃内部流程,实现个人的绩效承诺,从而支持公司整体目标的实现。在管理职能上,必须建立人均效率意识,通过强化内部管理,开发人力资源潜力,构建良好的组织氛围,提高本部门的组织绩效和员工的个人绩效。由此形成良性循环:在个体层面,实现个人能力与工作职责的动态均衡;在组织层面,实现部门经营目标与管理效率的动态均衡;在公司层面,实现功与利、经营与管理、组织战略目标与组织能力的动态平衡。

外部的环境是不确定的,管理的本能在于追求确定性。如何用规则的确定性来应对周遭的不确定性?华为的经验:一是接受世界的不确定性;二是接受自己的不完美;三是打造安全边界;四是培养强大的决断力;五是帮助人们应对不确定性。

深刻理解开放、妥协、灰度,是以任正非为首的管理团队在长期管控实务过程中自悟自通的。灰度管理以开放、宽容为核心,诠释了华为在文化建设、选人用人、干部培养、组织建设、绩效分配等方面的管理尺度和应用原则,其与均衡的哲学思想和自主动态的管控理念融为一体,既不是平均管理,也不是折中主义,而是立体性、系统性、整体性、关联性、动态平衡性的持续式管控。

资料来源:开放、妥协与灰度——任正非在 09 年全球市场工作会议上的讲话. https://www.kdwk.com/p-135587.html

任正非:管理的灰度. https://www.sohu.com/a/196420828_463982.

第 7 章　趋利避害　自信自强

善控者左右困难,失控者被困难左右。

7.1　危险失救与自救应变

7.1.1　趋利避害与应变自救

风险在变,控制活动需要关注变动中的利害关系。一些企业正在脱虚向实,做精做优,这是发展趋势;另一些企业正在脱实向虚,越虚越"神",这是不当颓势。风险难以避免,危险不能失救。有时拖垮企业的就是虚拟资产或沉没成本,那是过去发生的,已经覆水难收,应当善于趋利避害。消费者总是期望商品价廉物美(而不是噱头好)。20 世纪末经济萧条时,一些公司就向市场推出了"无品牌产品",这些产品采用简易包装,降低了成本,使物有所值,提高了性价比。靠真材实料才能赢得市场,有远见卓识才是成功者的标签。

当今世界唯一不变的就是变化。接纳变化、觉察变化,才能顺应变化。以"不变"应万变,要求以处变不惊和真才实干的心态来应对千变万化的事态。以"已变"应万变,要求按照实际情况改变自己的思维与行为方式以应对不断变化的情形。

控制活动不能总是跟在风险的屁股后面亦步亦趋,而要善于洞察演化进程,辨识事态趋势并预判结果。风险演化为危机,进而产生危险,导致危害或失败,是一根动态轴上的变异性过程,只有早发现、早预警,才能早处置。趋利避害是人的本能。避害动机使人的生命得以存续,趋利动机使人习得更强的生存能力,优胜劣汰促使人、事、物不断进化,趋利之举＋避害之心推动管控活动向前发展。

竞争的各方都在谋利,冲突与对抗因利害而起。见利忘害,谋福忘祸,容易因利致害,不能不引起高度警觉。管理者不仅应当具有洞察的眼光,而且要有平衡利害得失、趋利避害、化险为夷的能力。所谓自救化险,往往是在危险的环境中,在没有他人帮助的情况下,靠自己的力量脱离险境。有过失、有悔恨,也要靠自己的努力去改正、去挽回、去弥补。"人必自助而后人助之,而后天助之。"(《周易·系辞上》)欲得他助,必先自助。等人救不如自救。

人在陷入极度危险的境地时会拼命自救,这是大脑和身体本能的应激反应。应激反应包括生理反应和心理反应两大类。生理反应表现为交感神经兴奋、垂体和肾上腺皮质激素分泌增多、血压上升、心率加快等;心理反应包括情绪反应与自我防御反应等。

应激反应要求能够应付突发状况。企业建立突发事件应急处理机制,就是为了应对可能发生的突发事件或风险事故,通过制定应急预案、规范处置程序,确保突发事件得到及时妥善处理。预案即预备方案,是根据分析或经验,对潜在的或可能发生的突发事件的类别和影响程度事先制定的应急处置方案。对例外事项或突发事件都应当坚持"预防为主,常备不懈"的谨慎态度,提供有效的管控保障。

自救需要眼力与理智。眼力不及,易走弯路;理智丧失,易走绝路。如果发现走错了方向,停下来就是进步。敢于及时止损,虽然损失了过去,但能赢得未来。面对快速变化的风险,如果墨守成规,没有求实创新的勇气,就难以应对实践中出现的问题,内部控制也会失去生命力。

管理活动中的糟心事仿佛自带磁场,相互吸引,如果沉沦其中,就很难腾出空间去做正经事。执着于残局既无法让时光倒流,也无力改变现状。与其任由自己深陷忧伤,不如昂首阔步走出困境。破甑不顾才是避免跌入深渊的好办法。趋利避害实质上就是主动寻找利益动机和最佳路径,以获得更好的生存空间。

当断不断,反受其乱。自我救赎需要勇气。面对美国制裁的绝境,华为以2 000亿元卖掉荣耀,这是断尾求生的良策。一方面,华为自身无"芯"可用,需要顾及荣耀危境;另一方面,荣耀脱离华为后不仅可以得到"芯",而且可以用上谷歌及全球供应链的其他产品和服务。出售荣耀,华为和整个荣耀产业链可以达到"双赢"的结果。当一条鳄鱼咬住你的脚时,如果你试图用手去帮你的脚挣脱出来,鳄鱼便会同时咬住你的手和脚,此时,最好的方法就是果断牺牲一只脚,这是投资界简单而实用的"鳄鱼法则"。

7.1.2 过度自信与意料之外

过度自信是难以抵御风险的。风险管理学者纳西姆·尼古拉斯·塔勒布(Nassim Nicholas Taleb)一直专注于研究不确定性和概率等。他在《黑天鹅——如何应对不可预知的未来》中认为,世界充满不确定性,是被一个个无法预测的"黑天鹅事件"推动的。在发现澳大利亚的黑天鹅前,欧洲人认为天鹅都是白色的,"黑天鹅"曾经是他们言谈与写作中的惯用语,用来指不可能存在的事物,但这个不可动摇的信念随着一只只黑天鹅的出现而崩溃。

被称为"永不沉没的梦幻客轮"的泰坦尼克号在1912年的初次航行时就撞上了冰山而沉没,由于没有足够的救生艇,这次海难导致1 500人丧生;从1998年8月开始,俄罗斯因卢布严重贬值,宣布延迟三个月偿还外债,在短短的150天内,对冲基金的净资产下降了90%,亏损43亿美元;还有"次贷"危机、"9·11"恐怖袭击、日本核泄漏事件;等等。"黑天鹅"的存在寓示着不可预测的重大事件,但当时的人们只习惯以自己有限的经验来解释这些意料之外的重大冲击,最终被现实击溃。

对待危机,一定要善于"化",最好能提前"化"。塔勒布称,在"黑天鹅事件"中,人们并不是无所作为的,可以通过最大限度地将自己暴露在好的"黑天鹅事件"的影响下来享受"黑天鹅事件"的好处。他推崇的投资配比是80%~90%的零风险投资和10%~20%的高风险投资,放弃低效的中等收益投资。因为零风险投资让你保值,高风险投资则能利用"黑天鹅事件"让你"一夜暴富"。所以,要善于分清什么是危,什么是机,然后千方百计化危为机。"化"的过程可能既是转变,也是分离。要善于突破条条框框的束缚,敢于打破常规思维的局限,多一些准备。纵然难以准确预知,也不能坐以待毙,要学会预报天气或雨中撑伞,或像骑单车那样保持平衡。

7.1.3 遇事不慌,沉稳应对

管理之路布满荆棘,面对风险与问题,不同的处理方式体现管理者的不同水平。只有不断提升自我,才能冷静思考,遇事不慌,游刃有余地化解困境。尤其要毋意——不主观臆测、毋必——不绝对肯定、毋固——不拘泥固执、毋我——不自以为是。[①]

回想刚接手管理工作时,我想干事,还想干好事,但由于缺乏经验,往往事与愿违,有时越急越出错,事后常为失控的情绪而后悔,为失去的友情而难过。尤其是

---

① 《论语·子罕》:"子绝四:毋意,毋必,毋固,毋我。"

担任主任会计师后,与同事的多次争执令我印象深刻。现在想来,这些争执大多源于各自所处的立场和认知的不一致。例如,一线工作的注册会计师在与企业交换审计意见时产生争议,回事务所求助时难免会将火气撒在领导头上,甚至在内部讨论时强词夺理或提出不合理的要求,如通过修改重要性标准来修改审计意见等。我一气之下坚决不同意,于是就闹僵了。所幸我当时及时离开了现场,让自己冷静下来,细想一下,实则各有道理。怎么办?我以为,审计意见仍要保留,但不必洋洋洒洒写那么多,可以经过提炼和有效归并后提出要点、凸显重点,并提请详见财务报表附注的具体说明即可。如此一来,既维护了注册会计师的执业立场,又考虑到披露的保留意见不必事无巨细,使企业难以接受,还有助于阅读审计报告的人自行详解附注中的相关情况。试想,如果当时继续争吵下去,热血上头,人也许会走极端,问题就成为难题了。

管理者遇到紧要情况绝不能急躁、慌乱,要稳住心神、冷静思考再付诸行动,这是了不起的自控力。沉稳的人即使内心震惊,表情也依然淡定,能管控嘴巴,先倾听意见,将重心放在解决问题上,在关键时刻表明态度,不说无意义的废话。即使困难重重,也要学会接受、放下、以退为进等,以勇气改变可以改变的事情,以胸怀接受不能改变的事情,以智慧处理难以处理的事情。

(1)遇到难事不推诿,此路不通寻他路

解决问题不止一个路口,此路不通,也许转个弯会看到不一样的景色。所以,遇到问题时不要习惯性抱怨、吐槽命运的不公,或逃避责任、掩耳盗铃。其实,当你选择面对和接受时,内心的恐惧反而会逐渐消解。通过冷静地分析现状,你可能会发现,自己所担忧的只是外强中干的"纸老虎",反而是自己的逃避在无形中放大了恐慌。

成功有时不是赢在起点,而是赢在转折点。遇到难事善"转"会"变",才能继续向前。在管理活动中,面对复杂多变的供、产、销活动和人、财、物变动,一马平川的时候少,曲折多变的时候多。如果进了"死胡同",不妨看看左右的岔路,但凡不是"歧路""末路",就可以考虑继续前行的"出路"。他路不通,就自创新路。只要初心不变、矢志不渝,那就多看结果,少拘泥于过程。灵活机动的人往往可以绝处逢生,做事呆板、不知变通的人则常常错失良机。

(2)事不顺时且放下,静下心来再出发

人不应画地为牢,而应当藏器于身,待时而动。事不顺时且放下,不必过于执着。等到时过境迁再回首,你会发现曾经越不过去的大山不过是一堆泥土。

成事绕不开天时、地利、人和,机缘未到时且等待。不怕对手真坏,就怕自己假好;你真我更真,你假我转身。事急则变,事缓则圆;不变则痛,善变则通,善通则久。说话缓,容易慎言;举止缓,可以检点;碰到事情不操之过急,不仅可以圆满解决问题,而且可以培养气度,使人沉稳、老练。

(3) 学会以退为进,进退自如

进与退是辩证的,人要懂得进退。为了进,有时需要大胆地退。退是手段,进是目的。进退自如,方显智慧。

风筝能收能放,才能扶摇直上。人要拿得起放得下,心胸才能宽广。布袋和尚有一首禅诗极妙:"手把青秧插满田,低头便见水中天。六根清净方为道,退步原来是向前。"低下头来反观内心,照见自己的真正面目,心地清净,天地自然明朗。一边插秧,一边后退,退到最后,秧也插好了。看起来是后退,实则是向前。退是进的另一种姿态。进退有度、把握分寸、适可而止是大智慧,审时度势、以退为进、迂回包抄是大谋略。

认清弯路、找到退路可以启迪你看清正路。爱因斯坦(Albert Einstein)曾说:"人的最高本领是适应客观条件的能力。"央视采访语言学家周有光长寿的秘诀。周有光回答:"凡事要往前看,要想得开。""要是我想不开呢?"周有光说:"拐个弯不就想开了嘛!"[①]

在德国,有个造纸工人在生产纸时不小心弄错配方,生产出一批不能书写的废纸,他因为此事而丢了工作。正当他灰心丧气的时候,他的好友劝他:"什么事情都有两面性,这条路走不通,转个弯换一条走。"听完好友的话,他深呼吸,拿起杯子喝水时不小心打翻了杯子,水正好倒在那些纸上。他发现,那些纸吸水性相当强。于是,他将那批纸切成小块,取名"吸水纸",在市场上十分畅销。后来他申请了专利,独家生产吸水纸。与其一意孤行,不如转个弯,也许峰回路转,柳暗花明。

但拐弯时要警惕转折点的危机,尤其是在高速成长中,要随时警惕转折点的出现。例如,行业中涌现很多新专利、出现很多"新面孔"、发生大规模并购的时候,可能就是转折点。在发现行业转折点的时候,要善于形成自己的可再生能力,这是企业永续发展的核心竞争力之一。

改变可以改变的,改变不了的去改善,不能改善的去承担,不能承担的便接纳,然后一路高歌,一路阳光。

[①] 林来生. 学会"拐弯"的智慧. http://www.360doc.com/content/15/1019/00/28401934_506613712.shtml.

7.1.4 掌控变动趋势很重要

重要的不只是趋势本身,还有趋势的转变。见微知著,睹始知终,就是指见到事情的苗头,就能知道它的实质和发展趋势,看到开始就知道结局,这是一种卓越的眼力与能力。管理者要促成管理活动向有利的方向发展,就要懂得洞察事物变化的机理,善于乘势、顺势,把控趋势,因势利导。虽有智慧,不如乘势。《孙子兵法》认为,有利的态势就是根据对己是否有利而采取一系列灵活机动的应变措施,怎么有利就怎么行动。①

越是推进信息化,越要警觉数据失控与网络欺诈。网络的优点是联通和便捷,其表现形式立体化、传播方式互动化、信息途径多样化,人们获益良多。但网络是一把"双刃剑",如网上的信息良莠不齐,且具有很大的隐蔽性,加之网络传播速度极快,所以社会影响很大。利用网络是明智的,但沉迷网络是愚蠢。企业具有的内部控制运行机制与自控能力将有助于阻断形形色色的安全风险。

一方面,一些企业信息化程度较低且安全警觉性淡薄;另一方面,诈骗分子的作案手法在不断翻新。2021 年,全国公安机关共追缴并返还人民群众被骗资金 120 亿元,紧急止付群众被骗款 3 291 亿元,累计拦截 102 万个资金账户共 148 亿元。但诈骗分子仍然利用多方支付、数字货币、贸易对冲等各种方式不断改变转账、洗钱的手法,给追缴赃款带来很大困难。

自控缺陷且对风险熟视无睹是导致财务失败的重要源头。世龙实业于 2020 年发生的财务主管遭遇电信诈骗,导致 298 万元通过网络被盗取的案件并非偶然。该公司日常资金管控松懈,在支付采购预付款过程中,未对供应商成立期限、供货能力等进行充分调查;当客户出现应收账款逾期的情况时仍继续出售产品,并未对客户信用状况、交易风险进行全面调查和评估,且年审机构对该公司内部控制鉴证报告出具了带强调事项段的无保留意见。

"老板"优先(而非制度优先)且麻痹轻信也是导致财务失败的重要原因之一。某公司财务人员稳定,彼此关系不错,但缺乏自控与互控意识。在平时的实务中,曾有过仅凭老板的口头指示转账的操作。某日,该公司财务在电信诈骗团伙假扮的"老板"的诱骗下,分 12 次向"老板"指定的多个银行账户转账超过 3 500 万元。

---

① 孙武的《孙子兵法》被誉为"兵学圣典"。他认为:"势者,因利而制权。""故善战者,求之于势,不责于人,故能择人而任势。任势者,其战人也,如转木石。木石之性,安则静,危则动,方则止,圆则行。故善战人之势,如转圆石于千仞之山者,势也。"

案发时,出纳人员不在,财务经理自行在电脑上制作了付款单后交由财务主管复核,因为是"老板"要的,所以立即完成了审核并通过网银转账。此案经警方3个月的侦查和追捕,抓获嫌疑人101名,查获并冻结涉案资金超过1 400万元。

  管理者不仅要善于控制现状,而且要善于控制趋势。控制趋势的关键在于从现状中揭示倾向,在趋势刚露出苗头时就敏锐地察觉到、把握住。例如,当发现应收账款的上升幅度大于同类产品的销售增长幅度并持续一段时间时,应当特别警觉销售可能出现的危机信号,此时应当结合客户信用与支付能力等情况进行综合研判,警觉资金链断裂风险。趋势往往是多种复杂因素综合作用的结果,很容易被现象所掩盖。控制趋势比仅仅改变现状重要得多,也困难得多。庄子认为:"知道者必达于理,达于理者必明于权,明于权者不以物害己。"①知晓大道的人一定通达世间的真理,通达世间真理的人也一定明白在行动前要权衡因果、利弊、是非,懂得权衡这些、三思而后行的人,才不会让外物伤害自己。

  为了应对前行路上的艰难险阻,需要提前合理预测遭遇及其结果,不断增强抗风险、排危险的能力。明智的人在危险还没形成时就能预见到,在灾祸还未发生时就有所洞悉,从而防微杜渐。危急关头,一方面不要夸大危险,小题大做;另一方面要积极应对,适度的兴奋感在紧要时刻是助益,消极的态度则有害无益。

7.2　自我失魂与自立不倚

7.2.1　千万不能迷失自我

  人不能脱离群体而发展。学习:提升自我,影响他人;交流:互相探讨,共同进步;尊重:成就彼此,共赢未来;分享:赠人玫瑰,手留余香;合作:实现双赢,共享成就。志同道合的人走到一起,群体是有力量的。

  自主自立并不容易,鲜明的个性与独立的想法一旦融入群体,就容易被群体淹没或取代。浮躁的人终日处于应急状态,脾气暴躁,神经紧绷,被竞争的急流所裹挟,一年到头看不完一本书,整天削尖脑袋寻找快速致富的方法。企业和个人一样,应当有自己的发展定位和个性特征,不能沉湎于世俗而随波逐流。个体的价值在于对群体的贡献,越活越强大的管理者可以成为自己、他人和企业的靠山。

---

① 冯慧娟.庄子[M].辽宁:辽宁美术出版社,2019:63—64.明白大道的人必能通达事理,通达事理的人必能明白应变,明白应变的人不会让外物损害自己(《庄子·外篇·秋水》)。

从众很容易,那是一种下意识的行为。当看到别人闯红灯时,有人可能会跟着过去。虽说"股市有风险,入市须谨慎",但有人根据"内幕消息"就杀入股市后一地鸡毛。迷失自我就是迷失方向或目标,把自己搞得失魂落魄。有些人没有目标,其所思所想受外界干扰。习惯依赖群体的人会在不知不觉中为迎合群体而迷失自我。那些精神操纵者往往会以暗示激起被操纵者的虚荣心和好胜心,以致盲目行动,如传销等,其本质是将符合某种利益的虚假认识与思想灌输给被操纵者,诱使他们在他人的世界里迷失自我。

为什么流言蜚语能够大行其道,群体暴力能够在网络上泛滥?有的人迷信权威,拒绝思考;有的人习惯从众,丢弃自我;有的人缺乏责任,不讲逻辑。愚蠢是被养成的,能够把人从"变傻"的过程中拯救出来的是常识与逻辑。常识是心智健全的人应该具备的基本知识,是对客观现实的普遍认知。逻辑是思维的规律和规则,是对现实背后一般规律的认知。遵循逻辑可以让人保持清醒,摆脱权威和偏见的支配,走向高层次思维。连常识都可以不顾、逻辑都可以不讲的人是相当危险的,其后果就是失去理性与责任的制约,变得愚昧和情绪化。尤其是企业管理者,不能跟风进入不熟悉的领域,最终自取其辱。

古斯塔夫·勒庞(Gustave Le Bon)在《乌合之众:大众心理研究》中曾细致描述了群体心理的一般特征,分析了人们在群聚状态下的心理、道德、行为特征,解释了为何群体往往呈现盲目、冲动、狂热、轻信的特点。[①] 主导群体的不是逻辑思维,而是感性的形象思维,栩栩如生的形象或场景往往能给群体带来冲击,从而成为行为动机。群体成员彼此间通过暗示、情感传染等加快了无意识个性的显现,人们立即将接受暗示的思想外化为自身的行为趋向。群体感情的狂暴又会因责任感的彻底消失而强化。意识到肯定不会受到惩罚以及因为人多势众而产生的力量感,会使群体表现出一些孤立的个人不可能有的情绪和行动。在集体心理中,个人的才智被削弱了,从而他们的个性也被削弱了。异质性被同质性所吞没,无意识的品质占了上风。尤其在网络时代,信息传播打破时空界限后,谣言经过众人之口会变得具有"信服力",如2011年的抢盐闹剧,尽管政府媒体正式辟谣——碘盐并不能预防核辐射,但是这场风波仍然持续了近一个月。

不从众很难,需要一颗智慧的头脑并保持清醒的思考。有意识的主动思考与

---

① 勒庞是法国社会心理学家、社会学家、群体心理学的创始人,以对群体心理特征的研究而闻名于世。其于1895年出版的《乌合之众:大众心理研究》在国际学术界有广泛影响。奥地利心理学家弗洛伊德(Sigmund Freud)说:"勒庞的这本书是当之无愧的名著,他极为精致地描述了集体心态。"乌合之众:大众心理学研究[M].北京:民主与建设出版社,2019:3.

无意识的被动接受,结果大相径庭。人的大脑会把他人的目标和行为整合到自己的思想中,甚至懒惰到简单跟风、盲目顺从、模仿他人成为冲动的自我。在群体活动中,你有没有因盲从而显得失魂落魄?要在市场中站稳脚跟,就必须独立思考,亦步亦趋是无法获得超额利润的,众所周知的事情早就体现在价格上,做别人都在做的事最多给你带来平均的结果。所以,你必须学会获取他人无法获取的信息,并具有分析信息的独特方法,当他人都是错的,只有你是正确的时候,要有勇气逆流而上,不人云亦云。不迷茫才不会失去理性的自我。

7.2.2 羊群效应与社会传染

"羊群行为"原是股票投资中的一个术语,是指投资者在交易过程中存在盲目效仿的现象,从而导致他们在某段时间内买卖相同的股票。在一群羊前面横放一根木棍,第一只羊跳了过去,第二只、第三只也会跟着跳过去。这时,把那根棍子撤走,后面的羊走到这里,仍然会像前面的羊一样,向上跳一下。这就是从众心理,盲目从众往往会陷入骗局或遭受失败。

羊群效应是一些企业的被动行为。信息不充分导致投资者很难对市场未来的不确定性做出合理预期,往往是通过观察周围人群的行为来提取信息,在此等信息的不断传递中,许多人的信息将大致相同且彼此强化,从而产生从众行为。

个人不可能对任何事都了解得一清二楚,对那些不太了解、没把握的事,大多觉得随大流会安全些。持某种意见的人的数量的多寡是影响从众心理的重要因素,很少有人能够在众口一词的情况下坚持自己的不同意见。压力是另一个决定因素。在一个团体内,做出与众不同的行为的人往往会有"背叛"的嫌疑,会被孤立甚至受到惩罚,因而团体内成员的行为趋向一致,不随波逐流会给自己带来心理压力。

人很容易受外部环境的裹挟,被众人的意见所左右,在利益为先和信仰稀缺的环境中更是如此。肢体上的勤奋弥补不了思维懒惰的缺陷,终日瞎忙必将陷入低成长的陷阱;随波逐流,跟在别人屁股后面亦步亦趋难免被吃掉或淘汰。盲从是对自己、对事业的不负责任。

社会传染是集体激动的极端形式,表现为迅速的集体模仿行为,一种不知不觉、不合情理的冲动行为,像瘟疫那样,传播极为迅速。例如1636年11月到1637年2月,郁金香的价格涨幅超过20倍。在价格高峰时,一株郁金香的价格可以与一栋豪宅的价格画等号。但从1637年2月4日开始,市场突然崩溃,6个星期内,郁金香的价格平均下跌了90%。又如1719年,法国为解决政府债务危机,承诺密西西比公司在美洲殖民地 25 年的垄断经营权,密西西比公司的股价由 500 里弗尔上涨至 15 000 里弗尔,后由于货币严重超发,再加上从路易斯安那州传来未发现金矿的消息,公众信心严重动摇,该股价又跌至 500 里弗尔,跌幅超过 95%。再如在 1720 年英国的"南海泡沫"事件中,南海公司股票由 128 英镑急升至近 1 000 英镑,随后谣传破灭,股民热潮减退,股市出现崩溃,股价暴跌至 135 英镑,引发严重的经济危机。还有 20 世纪 20 年代美国大萧条造成华尔街股票市场出现大崩盘,20 世纪 80 年代日本金融泡沫导致房地产业全面崩溃等。

回顾近年来的互联网泡沫、东亚金融海啸、虚拟经济所引发的羊群效应等,与查尔斯·麦基(Charles Mackay)在《大癫狂:非同寻常的大众幻想与群众性癫狂》中所描述的情景何其相似!人群中永不缺乏癫狂情绪或莫名其妙的群体行为,这一切都源于人性中"不必通过辛苦劳动就一夜暴富"的堕落和难以抑制的贪欲。当美梦破灭,坠入其中的都将面临可笑、可叹或可悲的结局,并陷入追悔莫及中。

是欲望导致了癫狂,还是失控制造了幻象?谁会是下一个更大的傻瓜?历史将不断重演"癫狂",你会上当吗?"举世皆浊我独清,众人皆醉我独醒",这是屈原的"慎众"之道。"慎众"需要勇气,需要智慧。以史为鉴守初心,人类发展史上的无数次癫狂事件都证实了人的理性是有限的,羊群效应会使人丧失理性,还会导致社会传染。麦基说:"只要如此愚蠢的行为能够继续存在下去,那么一个真正理性的投资者始终有望利用大众的疯狂为自己谋利。具有常识的个体很容易觉察到集体的疯狂,个体将会借此获取巨额的利润。"[①]失控或失败大多与有限理性相关,历史的教训值得记取,重蹈覆辙的后果不堪回首,自控力相当重要。

7.3　自负失态与自信自励

7.3.1　自高自大与自负失态

毛泽东告诫人们:"虚心使人进步,骄傲使人落后。"只有谦虚谨慎、戒骄戒躁,才能不断前行。满招损,谦受益。一时成功的管理者特别需要警惕自大的骄傲感和炫耀欲。自大就是自以为自己学问大、名气大,于是架子就大的失态状况……"自""大"了一点是个什么字?"臭"!

---

① 查尔斯·麦基.大癫狂:非同寻常的大众幻想与群众性癫狂[M].张历,译.北京:北京邮电大学出版社,2015.

自负是一种自认为了不起的心理活动,其与无知无畏相关,与轻率马虎相连。大意导致失误,一失足可成千古恨。三国时期,关羽可谓战功赫赫,过五关斩六将,名声大涨,不免轻狂起来。诸葛亮派关羽镇守荆州,北拒曹操,东和孙权。关羽却出兵攻打曹操,孙权乘虚袭击荆州,导致荆州失陷,紧接着关羽败走麦城,身首异处。关羽败于自负,"大意失荆州"劝诫后人莫狂妄自大、骄傲轻敌。

我长期在学校和会计师事务所工作,深感与知识分子打交道需要有礼有节。作为教师出身的元老级的资深注册会计师,我有时会自以为是,尤其是事情一急,就会以武断的口吻说"你应该这么做""那样做不行""你又做错了",此类不给人留点"面子"的措辞并不一定被接受。命令难奏效,请教事竟成。我换了种语气商量着说"你看可不可以这么做""你觉得那样做能行得通吗""是不是这样做才更好"等,或者在提出两种解决问题的办法后听取他人意见,并愿意接受合理化的建议,或欣然接受别人的帮助,此时情况将大为改观。真情才有实感,有温度的沟通才有穿透力,自负则会失去人缘。尊重是回报率很高的投资,信任使对方获得自重感,对办成事很有利。

如果说分子是你实际的价值,分母是你对自己的评价,则分数值可能就是他人对你的评价。如果你的实际价值是固定的,你对自己的评价越高,他人对你的评价就越低。满瓶水不响,半瓶水晃荡。有地位的人切勿居功自傲,更不能制造优越感,自吹自擂,不懂装懂,尤其对内行指指点点,以己之长比人之短,以己之短妒人之能,这必将失去人心。

孔子在庙堂看到一种倾斜易覆的器皿,说:"吾闻宥坐之器者,虚则欹,中则正,满则覆。"孔子让弟子注水,果然如此。孔子叹道:一切事物哪有满而不覆的道理呢?弟子问:有保持满而不覆的办法吗?子曰:"聪明圣知,守之以愚;功被天下,守之以让;勇力抚世,守之以怯;富有四海,守之以谦。此所谓挹而损之之道也。"(《荀子·宥坐》)

盛极必衰,否极泰来。修为浅薄才会张扬跋扈。年少时的曾国藩刚进翰林院,傲气冲天,把自己抬得很高,把别人看得很低。他和各种各样的人吵架,如泄洪一样,见人就喷。但每次和别人吵架,曾国藩都要把事情的经过记到日记里,然后咬牙切齿地反省一番:以后绝不能这样了,要谦虚,要收敛脾气。见识越少的人就越会把自己当回事,太过显山露水,反而暴露了自我的肤浅。高山静默无言,因而俯瞰众生;大海处于低势,所以容纳万物。

果实越重,枝就越下垂;树干越粗,根就越往下扎。一个人如果居高临下去俯视他人,往往在走下坡路;而当一个人仰视他人,总是看到他人比自己高时,往往在走上坡路。人应当多一点自以为非，少一点自以为是，才能不断进步成长。

实证分析 7.1 | **高调做事，低调做人，止于至善**

20世纪50年代，田家炳移山填海建起了一座人造革制造厂，以其产品的质优价廉很快打开销路，可生产适应各种需要的一千多种人造革，在经历1965年银行挤兑、1967年骚乱、1973年原油价格暴涨、1975年世界经济大衰退、2001年香港金融风暴等多次狂风巨浪的冲击后仍屹立不倒，田家炳因此被称为"香港皮革大王"。1992年，田家炳成立的东莞田氏化工厂有限公司，其现代化、自动化、规模化都居国内前列，为纳税、创汇做出了巨大贡献。

田家炳以"安老扶幼，兴学育才，推广文教，造福人群，回馈社会，贡献国家"为宗旨创办田家炳基金会，其资金来源主要是田家炳个人及其家族公司的捐献。截至2018年7月，田家炳在中国范围内已累计捐助了93所大学、166所中学、41所小学、约20所专业学校及幼儿园，捐建乡村学校图书室近2 000间、医院29所、桥梁等近130座，以及其他文娱民生项目两百多宗。

田家炳本人的曝光率极低，多数人只知其名，不知其事。他一生艰辛创业，生活简朴，拥有亿万家财，每月用钱却不到3 000元。他诚信为人，热心慈善事业，重视教育捐赠，为教育事业做出了巨大贡献。田家炳享年99岁，一生低调，由生至死，止于至善。

7.3.2 要自信自励，不要自暴自弃

要自信，不要自傲。自信是相信自己能行的一种信念，是对自己充分肯定时的心理活动，是战胜困难的积极力量。骄傲是盲目的，自信是清醒的。信什么，行什么，便是什么。干什么，是什么，便成什么。

要自信，不要自卑。自卑是一种过多自我否定而产生的自惭形秽。不怕百事不利，就怕灰心丧气。不论多么艰难困苦，都不能破罐子破摔——自暴自弃。一个人最大的破产是绝望，最大的资产是希望，所以不能在自卑中埋没自己。伟人之所以伟大，是因为在共处逆境时，别人失去了信心，他却下定了决心。在逆境中不失自信，方能转危为安。

不恐惧是具有实用价值的心理疗法。例如，企业管理过程中的淤堵有时会像肿块一样令人担忧，尤其是供产销环节中的重大滞留、资金流转过程中的突发事件，犹如血管堵塞或肿瘤病变。其实，肿瘤从潜伏期到转化期有无数种可能，如果只是强调最坏的结果，患者的思绪就会被这个最坏的可能性紧紧抓住，每天生活在

恐惧中,有可能成为心理学所说的"自我实现的预言":当你相信事情会如你预料的情况发展时,你会有意无意地采取加强的措施,最后正是你自己促使了这个预言的实现。将肿瘤称作"肿块",虽然指的是同一样东西,但负面的心理暗示就没有那么强了,患者也就没有那么恐惧了。恐则气下,如果本来正气就弱,恐慌就会降低免疫力。处在恐惧中的人是紧张的,长此以往不病也难。

要挺住,不要受恐吓。肿瘤无非就是身体为了保持整洁而设置的垃圾桶。一个房间很干净,那是因为被打扫过,垃圾桶被及时清空了。健康的人的身体正气很足,能及时清理体内的垃圾,但正气不足时就没有足够的能力把垃圾清除到体外,身体就会自发地把垃圾暂存到肿瘤这个垃圾桶里,以免垃圾进入血液。如果发现有肿瘤,不要惊慌,问问自己:有什么心结在身体里留下了印记?有什么情绪没有得到及时释放?有没有不良的生活习惯?把心结解开,把情绪释放,节约了正气,身体就有力量消减肿瘤了。

不要习惯抱怨,抱怨会使人陷入恶性循环。更不要寻找借口,说"我管不好了,控不住了"之类的话,而要以"我能管好,我能控住"来提醒自己。

有些管理者常以"忙"为借口,疲于应付日常琐事却没有成效。"忙",形声字,从"忄",从"亡"。"忄"指神志,"亡"为丧失、消失。两者结合表示因事多分心而无暇顾及条理,神志不清醒,丧失理智,迷惘了。

因为"忙",不积极学习。管理者不能因为开会、应酬等被动式的工作状态,日复一日地被外界不可控的因素推着走,停不下来,静不下心,更谈不上主动学习,就很难跳出思维定式。

因为"忙",不独立思考。管理者习惯搜索引擎而不去深思熟虑,习惯纸上谈兵而不去联系实际,习惯汇集多数人的想法而不去独立思考,就难以有思考的深度与发展的后劲。

因为"忙",不主动管控。管理者习惯远程遥控而不身先士卒,习惯任务分派而不责任共担,且事后说三道四,就无法让执行者、跟随者发自内心地认可和尊重。失控的管理会失去人心。

7.4 自愈失灵与自习自强

7.4.1 自愈作用与自愈过程

企业和人体一样,如果不会保健、不能自愈,就会诱发多种疾病。不能等到生命余额不足时才思考生活的意义，在还来得及的时候就应该做出调整以提高自身免疫力。

凡事靠外力会陷于被动，努力靠自身才能取得主动。据德国健康杂志《生机》报道，人体自身有能力治愈60%～70%的疾病，这得益于人体具有以免疫系统、神经系统和内分泌系统为主的自愈系统，也就是说，有些疾病是可以不治而愈的，这是任何药物都无法媲美的。

自愈是人体在遭遇外来侵害或出现内在变异等危害生命的情况时，维持个体存活的一种生命现象，是一种稳定和平衡的自我恢复调节机制。自愈过程基于机体内在的自愈系统，并以自愈力的方式表现出来：

一是遗传性。生物的自愈力包含在遗传信息中，通过遗传来获取。中医认为，元气是根本，元气充足则健康，元气受损则生病，元气耗尽则死亡。重视基因修复或增强元气是有道理的。生物的各种性状几乎是基因相互作用的结果。自控基因既来自自我觉悟的内在动因（这是最主要的），也源于外部环境的作用（这是重要的）。加强团队学习，完善互控机制有利于不断完善自控机制，并有助于修复自控的某些基因。

二是非依赖性。自愈力发生作用主要依赖内在条件。身心愉悦、正气充盈可以促进免疫细胞数目增长，提高免疫细胞的活跃性，是保护机体的天然屏障、增强意志力和自控力的自愈机制。中医调理不仅疏通循环，而且考虑调和阴阳，达到平衡，将调理病灶的能量联通起来。例如青蒿素，本身是一种打通循环的药而不是治疗疟疾的，但在打通身体循环的时候能起到很好的治疗作用，这是自愈原理。

三是可变性。自愈力的强弱受自身生命指征强弱的直接影响，同时受外部环境和生命体与环境物质交换状况的影响。在良好的、有教养的氛围中，大脑会主动学习，将他人好的想法与做法作为自控的目标，或者将他人作为另一个自己，并且和这个自己竞赛，从而获得互相勉励、相互鞭策的奖励，这对确立自控的自信心大有裨益。将自控、他控、互控协同运作，为自控创造适宜的环境，并强化对自控的约束，这是完善自控机制的好办法，也就是说，完善互控机制与他控机制将优化资源并完善自控机制，这是一条可持续的运行路径。

专题讨论7.1 ｜ 自励向前，自强不息

志行万里者，不中道而辍足。"行百里者半九十"告诫人们：坚持到底，才是胜利。你看竹子，用了4年时间才生长3厘米，但从第五年开始就以每天30厘米的速度生长，六周的时间就能长到15米。在前面的4年里，竹子将根在土壤里延伸

了数百平方米,它在扎根。成功需要储备,根深才会叶茂。耐得住寂寞,扛得起责任,才会有价值。再看池塘里的荷花,第一天只开放一小部分,第二天就以前一天的两倍速度开放,到第二十九天时荷花开满了半池,直到最后一天才会开满整个池塘。成功需要厚积薄发,需要积累沉淀。越接近成功就越困难,越需要坚持,选择退却就会功亏一篑。这些定律道出一个真理：成功到最后拼的不是运气和聪明,而是自信与毅力。自励自强就是具有进取心。人生的长度在于健康,人生的宽度在于视野,人生的高度在于事业,人生的厚度在于思想,人生的重量在于贡献的价值。厚德载物,像大地一样承担责任,有宽容之心,能容天下难容之事。一些管理者特意将"上善若水,厚德载物"或"自强不息"悬挂于正堂,意在自励自强。

7.4.2 免疫功能与自愈失灵

企业患病与人相似,大多与免疫系统失调有关。免疫系统最重要的功能是清除体内垃圾。有垃圾容易吸引苍蝇,但这并不说明是苍蝇制造了垃圾,将苍蝇灭掉后,还会有蚊子、蟑螂、老鼠等病虫害。健康管控的关键在于清除垃圾和增强抵御疾病的能力,所以基础免疫很重要。提高自身免疫力比外加化学药品重要得多。

自愈失灵是指自愈措施变得不灵敏或不起效用,即失效了。一旦自愈失灵,自身将对疾病无可奈何,就表现为疾病缠身。目前,大多数企业正处于亚健康状态,这是一种活力在降低、适应能力在减退的介于健康与疾病之间的状况,值得关注。

一是基因先天不足。一些企业尚未建立现代企业制度,仍然以创始人集权为核心治理结构,导致家族成员在企业中担任主要管理角色,所有者和经营者重合,缺乏自控、他控与互控机制,权力容易凌驾于制度之上,导致治理结构不健全、控制环境不理想。

二是内在素质不高。部分管理者是从业务起家,侧重于市场营销,管理经验有限,自控能力贫乏,导致职责不清、管理混乱、效率低下,加上企业组织结构简单,制约机制缺乏,资产资金管理等重点领域问题频发。

三是后天给养不够。由于自控认知欠缺,不仅推行内部控制存在不少人为障碍,而且已有的制度规范可能因执行人员的粗心大意、判断失误而无用,还可能因有关人员相互勾结、合伙舞弊而失效。

四是商业模式不稳。一些企业长期依靠低成本优势、低层次模仿、低水平加工参与竞争,一方面产品技术含量低,责任意识淡薄,缺乏核心竞争力;另一方面逐利心切,好高骛远,负面事件频发,处于"微笑曲线"的底端,自主自强能力欠缺。

7.4.3 培育自愈功能，修复自愈机制

（1）自信自励

人体是一个蕴藏潜能的宝库。打开这个宝库的钥匙首先是对自己的信任。善于自治的人容易自愈，因为他信的、他想的和他做的是相互匹配的，可以通过自我安慰或自信心理达到自愈结果。有经验的医生知道，大多数疾病可以不药而愈，因为人体拥有强大的自我修复能力和自我适应能力。

一方面，病毒或细菌时刻威胁着健康与生命；另一方面，奇妙的人体配备了神奇的防御功能——免疫系统，在人体被病毒或细菌侵袭后迅速启动，及时做出反应，并想方设法消灭"入侵者"，以防恶化。当你的信念够强，不被负面情绪牵动，一切就皆有可能。心随情转，身随心转，包括情绪在内的平衡是一种状态和过程，人具有保持和趋向平衡的本能。

建立共同愿景和形成自信理念对激活控制动力非常必要。共同愿景指的是组织中的成员发自内心的共同目标，它将个人与集体的目标、价值观和使命联系起来，使组织成员主动而真诚地投入和奉献。组织在设法以共同的愿景把成员凝聚在一起，个人则要善于将管理者的理念融入自己的内心，在组织中为实现共同愿景而努力学习、激发热情、追求卓越，使组织拥有能够实现共同愿景的能力。

（2）自习自养

自愈活动的核心要义在于自我练习，自行养育免疫功能。免疫是保护健康的防御屏障，人体正是依靠免疫功能识别"自己"和"非己"的成分，抵抗和防止疾病侵入，以维持健康的。

中医以为"三分治，七分养"，是指在病人康复的过程中，医生和药物所起的作用较少，身体的恢复更多依赖自我调节，也就是修复自愈的过程。尽量依靠修复免疫功能来治愈疾病，这是"上医治未病"的宗旨。自控之难，难在养成自控习惯。培育自衡自愈功能，在于生成"健康血液""免疫细胞"，健全免疫防范机制，实现自我救赎。

在自愈能力所及的范围内，自愈系统就像人体内的"医生"，能自动修复受损组织甚至治好疾病。所以，请不要损伤身体器官的正常运行与有效运作。不同的负面情绪会攻击不同的器官，如过喜伤心、过悲伤肺、过怒伤肝、忧思伤脾、惊恐伤肾等。负面情绪可能是自愈失灵的幕后黑手。例如，人愤怒的时候，胃出口处的肌肉会被挤压引起消化道痉挛，心脏中的冠状动脉挤压严重将引起心绞痛，甚至是致命的冠状动脉痉挛等。

(3) 自我平衡

自我平衡很重要，包括心理平衡等一切为适应环境而进行的内部调整或结构平衡等。管理活动总是处在"不平衡→平衡→不平衡→新平衡"的循环中，如人性的公与私、矛盾的新与旧、管理的疏与堵、控制的紧与松、发展的快与慢等。平衡可以外力使然，也可以内在驱动，或两者兼而有之。自控活动凸显自我平衡，注重新旧兼顾、疏堵结合、刚柔相济等，讲求辩证自愈的策略。不平衡是自我平衡的过程，新平衡是自我平衡的结果。求存的本能驱使系统在不平衡时自动趋向平衡，达到平衡时又竭力维持平衡，然后伺机趋向新的平衡。通过自衡达成自愈。

(4) 自防保健

自愈活动应当前移，截断病势，所以要"早"、要"准"，力争早发现、早预警、早研判、早干预，并采取针对性精准治疗，包括"一人一策"施治。

一家企业如同一个人的机体，应当建立健全防范风险的保健机制，这对企业的健康发展极为重要。保健包括保护健康、防治疾病所采取的各种防与控的配套措施和方式方法。健康管理就是通过预防和干预等手段保护健康，包括事前、事中、事后"三管齐下"，尤其是在采取行动前或当时就能起到预防风险、引导匡正、防错纠偏的作用，这正是控制的内在作用和力量。

注重扶正，保护正气。"一日三省"等自我检查与自我监督是有助于自我完善的自愈机制。能否自愈及自愈的程度一般取决于人体内正邪的消长情况。正气旺盛，具有强大的纠偏能力，自愈情况就比较理想。

(5) 完善自愈体系

健全的内部控制要素构成好比机体中的"免疫系统"，可以帮助企业抵抗各种病毒的侵袭，不生病或少生病。如同免疫系统由扁桃体、肝、胸腺、骨髓、淋巴结组成，内部控制包括控制环境、风险评估、控制活动、信息与沟通、内部监督五大要素。内部环境是"免疫系统"的基础与前提，良好的控制环境将主动遏制"病毒"；风险评估在于及时发现与识别"免疫系统"的不足，评价企业遭受"病毒侵蚀"的风险程度；控制活动是"免疫系统"处理"病毒"的过程和程序；信息通过沟通与反馈，提出改进建议，完善体制机制；内部监督是内部控制的"医生"，进一步帮助内部控制查找自身缺陷，并促进其有效执行。不断健全"免疫系统"并促进其新陈代谢，可以增强企业的自我防护与自愈修复功能。

每个人的实际情况不同，自愈的方法与路径就不同，自愈能力也有差异，应当采取辨证的方法和有针对性的自愈策略。如果身体已经丧失修复能力，则再好的医生也无可奈何。所以，健康的免疫系统是无可取代的，管理的任务就是努力保持并强化免疫功能,增进机体对疾病的抵抗力,一方面使免疫系统内外环境保持稳定,另一方面通过医治、锻炼使其恢复应有的功能。

7.4.4　养成自控习惯,培育自愈机制

"习"就是反复操作而巩固下来并成为日常固定的行为方式;"惯"就是将心和贯合在一起,形成一连串的行为要求。习惯相连,按惯而习,不断反复,集腋成裘,便在不知不觉中形成惯性,不仅塑造了自我,而且决定着成败。高效工作是一种习惯,偷懒耍滑也是一种习惯;要事第一是一种习惯,事无巨细也是一种习惯;追求卓越是一种习惯,甘于平庸也是一种习惯。

开始是选择做什么,后来就习惯做什么。人的大部分行为是重复的,这些程序化的惯性动作久而久之会自动运作起来,即所谓"习惯成自然"。乔布斯认为,在人生命的最初30年中,人养成习惯;在人生命的最后30年中,人的习惯决定了人本身。习惯一旦养成,会成为安排时间、支配行为的力量。思想决定行动,行动决定习惯,习惯决定品德,品德决定命运,我对此深有感悟。自1988年我出版第一本书后笔耕不止,已累计著书百余本,发表文章数百篇。有学生问我是怎么做到的——习惯而已。40年来,除无法推辞的事务外,我已习惯每晚写作几个小时,日积月累,已发表三四千万字了。写专业书,销量不大,稿酬很低,写不写？一方面已经养成写作习惯,另一方面考虑社会效益。书写成了,将自己的心得体会与经验教训传递给读者,是一种"燃烧自己,照亮别人"的情怀,这种习惯是站上讲台后形成的。又如有几十年教龄的我还养成提前几分钟到教室的好习惯：这让我有时间做准备,不慌不乱;这是一种心态,遇事可从容应对;这更是一种态度,让他人看到教师的用心和真诚,体现对人对事的尊重。管理事务想要优化秩序、把控时间与进度,不妨从提前准备的习惯做起。很多成功不是偶然所得,而是习惯使然。

读几页书或写点心得难吗？不难。能每天坚持下去吗？很难。一些管理者在回首往事时深有感触地认为,如果真的能管理好这些年的时间与习惯,成就应该更大。所以,人应当有意识地肯定应当做的,并养成今日事今日毕的习惯。在进行肯定时,应尽可能创造一种煞有其事的真实感,不要让拖延成为成功路上的绊脚石。

要做习惯的主人,自控就是无数好习惯的总和。每个人的一言一行都深受习惯的影响。"种瓜得瓜,种豆得豆。"习惯是强有力的,种下什么样的习惯,便会收获什么样的成果。想要掌控命运,就先要掌控自己,那就从养成好习惯开始。控制文化就是人们经过不断的实践逐渐适应控制现状的一种"习惯",是在一定的规范与自觉条件下完成某项活动所形成的自动化的行为模式,既可以通过有意识的练习形

成,也可以通过无意识的重复形成,浸润于日常的执行过程中。控制活动切忌虎头蛇尾,不能"雷声大,雨点小",否则企业的内部控制习惯与内部控制文化难以养成。

能否自控也是一种习惯。是否习惯于自控将影响你的人生。在风险社会中,确立以自控为先,坚持稳中求进的工作思路,是一种理性、成熟的工作习惯,可以更好地发挥控制在风险管理中的稳定器与压舱石的作用。

好的制度需要好的执行机制并成为惯例,这是常见的自愈机制。只要你愿意摒弃坏习惯、养成好习惯,你的未来就会悄然改变。坏习惯会麻痹人的神经,引诱错误发生,必须警惕。每一次看似不经意的行为,一点一滴积累起来,就可能带来脱胎换骨的变化。

习惯是一把"双刃剑"。好的习惯可以成为一种道德资本,具有复利作用。复利思维就是要求每天比昨天进步一点,并长期坚持,就能实现由量到质的突破。坏的习惯会成为难以清偿的债务,以致积重难返。人们习以为常的坏习惯就是常见的错误。

有一家公司对招聘人才的学历、相貌等要求都很高,薪水也高。有三个年轻人过关斩将,到了总经理面试这一关。总经理一见到他们就说:"很抱歉,各位,我有点急事,要出去10分钟,你们能不能等我?"三个人都说:"没问题,您去吧,我们等您。"总经理走了,三个年轻人个个踌躇满志,他们围着总经理的办公桌看,只见上面堆满了文件、信函和数据报告。三个年轻人你看这一叠,我看那一堆,看完了还交换意见。10分钟后,总经理回来了,说:"面试已经结束。""没有啊?我们还在等您啊。"总经理说:"你们刚才的表现就是面试。很遗憾,你们没有一个人被录取。因为本公司从来不录取那些乱翻别人东西的人。"三个年轻人顿时捶胸顿足。

专题讨论7.2 | 一定要改掉十大坏习惯

一是不能守时,习惯拖延。有拖延习惯的管理者执行力不够强,做事情有始无终,这不仅影响其本身,而且影响团队和企业。

二是习惯嘴上说,而非纸上写。上级常以说的而非文件规定为准,会出现下级猜测领导意图或产生理解不一致等情况,并引发争议。

三是藐视制度,唯我独尊。管理者以自己的好恶来决定制度规范,必将引发管理活动各行其是。

四是绕开制度,开会决定。为了脱离约束,管理者通过会议来形成某种决定,从而绕开现有制度的规范,久而久之,上行下效。

五是轻易许诺,随意反悔。这是不成熟的管理者常犯的错误。如果轻率承诺,事后却不执行,就会在员工心目中形成"说话不算数"的形象,日后即使一些"算数"

的承诺也难以采信。

六是下不为例,经常如是。对违纪员工"网开一面",相当于把制度扔在一边而用人情来代替制度。

七是增减制度,随心所欲。把制度修订当作儿戏,容易导致员工不认真执行制度。

八是执行规定,亲疏不一。管理者人为制造的不公平会导致制度失效。

九是中途变卦,不能坚持。心猿意马、好高骛远的管理者会让员工产生不安定感。

十是知错不改,死要面子。管理者强词夺理,拒不认错,容易失人心。

坏习惯就像已经长弯的小树,要改邪归正,一次性的措施或简单的胁迫难以奏效,可能需要采取强制性手段,如将小树绑住,并持之以恒,使之变直。习惯是顽固的,一旦养成就很难改变,且大脑的神经元循环模式会不断强化某种习惯。沉着稳健是一种习惯,急于求成也是一种习惯。起先是你的行为形成习惯,后来是习惯造就了你。为了改掉坏习惯或养成好习惯,可以默不作声地进行,也可以大声说出来、在纸上写下来,日积月累,功到自成。与其等待人生巨变,不如从现在起培养一个又一个看似微小的好习惯。每天进步一点点,渐渐地就能成为更优秀的自己。自我暗示是挖掘心理道路的工具,专心致志是紧握这个工具的"手",让习惯成为将某种想法转变为现实的路径,请大脑将其忠实保存在永久性的意识里。

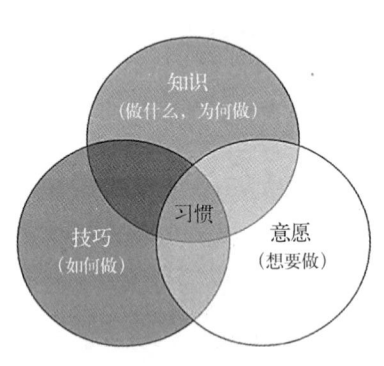

图7.1 习惯是知识、技巧和意愿的混合体

习惯可以改变人生走向,人却很难改变习惯。坏习惯不加以抑制就会变成必需品,而改变坏习惯要靠新的思维与新的习惯去征服,自控力的强弱在习惯的形成过程中具有相当重要的作用。由于习惯是知识、技巧与意愿的混合体(如图7.1所示),因此改变知识、技巧、意愿及三者的关系可以改变习惯。

成熟是从依赖转向独立,从被动走向主动,从冲动转向理性,并有良好的工作秩序与管理习惯。被坎坷生活收拾得服服帖帖,连大气都不敢出;圆滑世故,不再追求真知灼见;狡黠阴险,喜欢耍小聪明;等等。这些都是不成熟的表现。

成熟的人看起来从容但不失棱角,其通过学习和思考懂得了棱角不是放在外面用来张扬的,越张扬越容易伤人,越不利于自己,于是把棱角放在了心里,通过吸收各种养分让它越来越强大。就像剑虽然藏在鞘里,但得经常磨砺,关键时刻才能出鞘派上大用场。宝剑锋从磨砺出，梅花香自苦寒来。手握宝剑的人要能够明辨是非，不惹是生非，并善于发现机会、抓住机会，从而体现自身价值。

人有自觉意识，但有时不自觉。促使不自觉的"我"走向自觉的"我"，通过遇事提问、睡前反思、自我监控等方法来审视自己的言行举止是相当有效的。好习惯在于培养，并持之以恒，人就能从平凡走向卓越。

名师点化 7.1 ｜ 高效能人士的七个好习惯

史蒂芬·柯维（Stephen Richards Covey）倡导的高效能人士的七个习惯久负盛名，影响了全球管理界。

习惯一：积极主动——个人愿景的原则。积极主动地为自己过去、现在及未来的行为负责，并依据原则及价值观而非情绪或外在环境来做决定。积极主动的人是改变的催生者，他们摒弃被动的受害者角色，不怨怼他人，发挥了人类四项独特的禀赋——自觉、良知、想象力和自主意志；同时，以由内而外的方式创造改变，积极面对一切。

习惯二：以终为始——自我领导的原则。所有事物都经过两次创造，先是在脑海里酝酿，再是实质地创造。个人、家庭和组织在做任何计划时，均先拟出愿景和目标，并据此塑造未来，全心投入自己最重视的原则、价值观、关系及目标。

习惯三：要事第一——自我管理的原则。要事第一即实质的创造，是梦想（你的目标、愿景、价值观及要事处理顺序）的组织与实践。次要的事不必摆在第一，要事也不能放在第二。无论迫切性如何，个人与组织均针对要事而来，重点是，把要事放在第一位。

习惯四：双赢思维——人际领导的原则。双赢思维是基于互敬、寻求互惠的思考框架，目标是更丰盛的机会、财富及资源，而非敌对式竞争。双赢既非损人利己（赢输），也非损己利人（输赢）。我们的工作伙伴及家庭成员要从互赖式的角度来思考（"我们"而非"我"）。双赢思维鼓励我们解决问题，并协助个人找到互惠的解决办法，是一种资讯、力量、认可及报酬的分享。

习惯五：知彼解己——移情沟通的原则。当我们舍弃回答心，改以了解心去聆听别人，便能开启真正的沟通，增进彼此关系。对方获得了解后，会觉得受到尊重与认可，进而卸下防备，坦然交谈，彼此的沟通就更流畅自然。知彼需仁慈心，解己需要勇气，能平衡两者，则可大幅提升沟通的效率。

习惯六：统合综效——创造性合作的原则。统合综效谈的是创造第三种选择——既非按照我的方式，也非遵循你的方式，而是第三种远胜过个人之见的办法。它是互相尊重的成果——不仅了解彼此,而且称许彼此的差异,欣赏对方解决问题及掌握机会的手法。个人的力量是团队和家庭统合综效的基础,使整体获得"1+1>2"的成效。实践统合综效的人际关系,摒弃敌对态度,不以妥协为目标,也不止于合作,而是创造式的合作。

习惯七:不断更新——平衡的自我提升原则。不断更新就是在身体、精神、智力、社会/情感四个基本面不断更新自己。这个习惯提升了其他六个习惯的实施效率。对组织而言,习惯七提供了愿景、更新及不断的改善,使组织不致呈现老化疲态,并迈向新的成长之径。

上述七个习惯是相辅相成的整体:"积极主动"的态度,"以终为始"的愿景,"要事第一"的把握,"双赢思维"的互助,"知彼解己"的沟通,"统合综效"的合作,"不断更新"的创造,会使每一个人走向成功的彼岸。这七个习惯中的前三个重在如何自我约束,由依赖到独立,侧重个人领域,是培养品德的基础;后三个侧重公共领域,注重团结、合作、沟通;第七个涵盖其他六个,需要不断循环并自我更新(如图7.2所示)。①

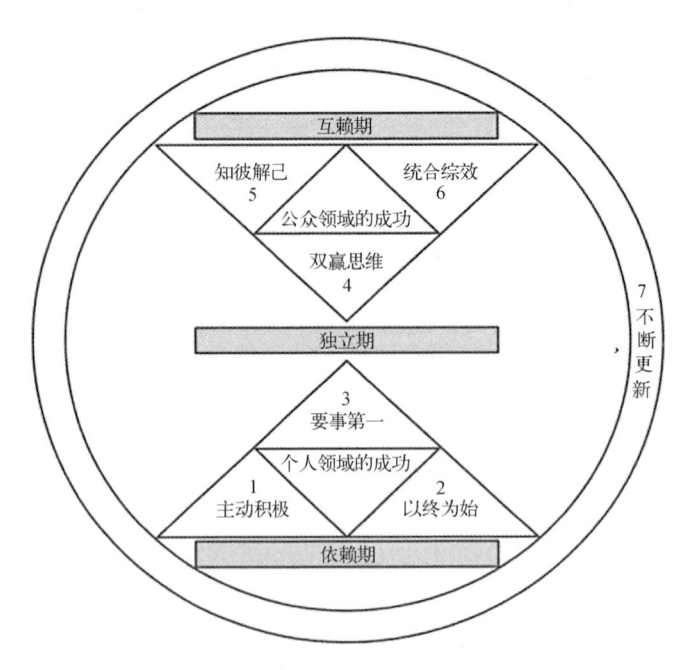

图 7.2 七个习惯与三个阶段成长规律的模式

---

① 史蒂芬·柯维的代表作《高效能人士的七个习惯》于2013年由中国青年出版社出版。该书高居美国畅销书排行榜长达7年,在全球以32种语言发行共超过1亿册。2002年,《福布斯》将其评为有史以来最具影响力的十大管理类书籍之一。

7.4.5 水善之道，自强不息

水无色透明却变化无常，它深藏于天地、绕山过石、避障越碍、顺势前行。包括自控在内的整个控制活动应当上善若水，随人性运行，寓管理之中，跟经营同步，对风险制衡，通过自觉、自律、自治，主动积极地管控风险，并善始善终地护佑人与企业的安全健康。

老子盛赞韧柔处世的水善之道，以为这是适者生存的内功、和谐人际的艺术、无坚不摧的力量。"人法地，地法天，天法道，道法自然。"(《道德经》)道是万物的本源，像水一样柔中带刚、自然生存。水没有固定形态，随外界的变化而变化；没有固定色彩，染于苍则苍，染于黄则黄；没有固定居所，沿地形流动，或为潺潺清泉，或为飞泻激流，或为奔腾江河，或为汪洋大海；川流不息，没有穷竭之时。"上善若水。水善利万物而不争，处众人之所恶，故几于道。居善地，心善渊，与善仁，言善信，正善治，事善能，动善时。夫唯不争，故无尤。"(《道德经》)水滋养万物却与世无争，处于人们所不愿处的地方却洁身自好，符合自然法则。善于选择地方居住，善于保持沉静而深不可测，待人真诚、友爱和无私，说话恪守信用，为政有条有理，办事善于发挥能力，行动善于把握时机。正因为与世无争，才不会招惹怨恨，没有过失也就没有怨咎。

自控活动应择善而从，向善而行，如水善之道，能随万物，善容万物，学会动静，善知进退，长流不息。凡事有始有终，遇事有担当；凡事有交代，件件有着落；凡事有承诺，事事有回应……这样的管理者能让人放心。初心易得，始终难守。自理自化的结果就是要善做善成、善始善终。"慎始而敬终，终以不困。"(《左传》)谨慎开始并且不怠慢结果，其结局就不会困窘了。

"自责之外，无胜人之术。自强之外，无上人之术。"(《格言联璧·持躬类》)除了严于自责外，没有胜过别人的方法；除了自强不息外，没有超过别人的方法。内心强大的人，即使遭受打击，也坚持鼓励自己，自信笃定地做好自己。强者并不是没有眼泪，而是含着泪水依然奔跑，即使颠沛流离也不屈不挠。精神的高度，既在于懂得利益，更在于专注责任；境界的广度，既在于看清了多少事，更在于看轻了多少事；心灵的宽度既在于认识了多少人，更在于包容了多少人。人生的意义就在于不断的自我完善。自强不息就是坚持不懈，不断超越自我。

名师点化 7.2 | 领悟内涵高深的"圣人之道"

《道德经》文意深奥、内涵广博，体现了老子领而导之的思维。"圣人之道"是有道的领导法则，不少企业家对此顶礼膜拜。例如，张瑞敏推崇老子的"水性式"管理思维，将"无为"的观念应用于"人单合一"体系中，促进管理自驱动、自组织、自演进；他还"自以为非"而不是"自以为是"，提出"弱者定位"，即企业是弱者，用户是强者。

"企者不立，跨者不行，自见者不明，自是者不彰，自伐者无功，自矜者不长。其在道也，曰余食赘形，物或恶之。故有道者不处。"（《道德经》）踮起脚尖难以站稳，脚尖窄小、瘦弱，无力承担全身的重量。跨就是一条腿抬起来还没等落下就要走第二步，这是急于求成、焦急烦躁的表现。老子通过这组形象的比喻来说明做事要遵循自然规律，违反规律想要急于求成、好高骛远是不可能成功的，并指出"自见""自是""自伐""自矜"都是轻浮急躁的举动，在这些心理支配下的行为是"余食赘行"，不但给自己增加负担，而且令人讨厌，所以"物或恶之"。有道之士自处的时候绝不会"自见""自是""自伐""自矜"，这样才算合乎道行。

水因善下终归海，山不争高自成峰。此所谓"天之道，利而不害；圣人之道，为而不争"。尺蠖尽量弯曲自己的身体，是为了伸展前进；龙蛇冬眠，是为了保全性命。人也要学会退让、忍受与应变。屈并不是失败后的颓丧与怯懦，伸并非功成名就后的傲慢与自负。善变能力包括：一善藏，外敛内修，志存高远，低调行事，大智若愚；二善变，能够变通，掌控自我，把住一时，赢得一世；三善稳，处变不惊，临危不惧，泰然面对，稳中求进。

经典案例评析

自信是事业成功的资本

难事不一定让你失去信心；失去信心，事情才会变得困难。自信是相信自己能行的积极的自我评价，表现为肯定自己、接纳自己、相信自己。自信是一种动力，是事业成功的资本或成功者的专利。坚定、自强且足够坚强，你就有可能成为强者。

"自信人生二百年，会当水击三千里。"显示了毛泽东年少时的壮志豪情。毛泽东认为："在困难的时候，要看到成绩，要看到光明，要提高我们的勇气。"居里夫人（Marie Curie）说："我们应该有信心，尤其要有自信心！我们必须相信，我们的天赋是用来做某种事情的，无论代价有多大，这种事情必须做到。"自信是成功的源泉。

李小龙在《自信》中写道："如果你认为自己会败，你已败了。如果你认为自己不敢，你已退缩了。如果你想赢，却又没有把握，几乎可以断定你没有胜算……四海宇内我们会发现,成功开始于人的坚强意志。一切都是'心'由境造……要攀登高峰,你必须志存高远,只有对自己充满信心,才能赢得胜利和嘉奖……"

先相信自己,别人才会相信你。爱因斯坦的"相对论"发表后,《百人驳相对论》网罗了一批所谓名流对这一理论进行声势浩大的反驳。可爱因斯坦相信自己的理论必然取得胜利,对反驳不屑一顾。他说:"如果我的理论是错的,一个反驳就够了,一百个零加起来还是零。"他坚持研究,终于让"相对论"成为20世纪最伟大的理论。

自信是成功的第一要诀。流浪街头的吉卜赛修补匠索拉利奥,每天早上起床的第一件事就是大声对自己说:"你一定能成为一个像安东尼奥那样伟大的画家。"说了这句话后,他就感到自己真的有了这样的能力和智慧,他就满怀激情和信心地投入一天的工作和学习中。十年后,他成了一个超过安东尼奥的著名画家。自信就是相信自己会变强,是伟大行动的首要条件。

当你不自信的时候,你难以做好事情;当你什么也做不好的时候,你就更加不自信。这是一种恶性循环。若想从这种恶性循环中解脱出来,就得与失败做斗争,就得树立牢固的自信心。历经四十多年改革开放的洗礼,一大批具有鲜明时代特征、民族特色、管理特点的企业家正在崛起,他们带领企业创新,激发了市场活力,助力了社会经济高质量发展。

一些企业家的成长历程感人至深,他们的丰富阅历和人生体验、自信品格和自控能力、成败教训和奋斗精神,对后来者具有启迪和教育作用。企业家经常以挑战者和颠覆者的身份出现,以敢为天下先的勇气推动企业战胜风险挑战,实现高质量发展。他们是怎样从不可能中寻找可能的呢？自信很重要,包括道路自信、制度自信、理论自信、文化自信。道路自信是对自身发展方向和未来命运的自信;制度自信是对管理方式和制度优势的自信;理论自信是对认知体系的科学性、真理性、正确性的自信;文化自信是对企业文化先进性的自信。

任正非是自信的,44岁的他在深圳的一间民房里集资21 000元创建了华为,名字来自"心系中华,有所作为"的标语。这个名字寓意将来对中国会有一番作为。如今华为享誉世界,证实了"中华有为"的初心与使命。

自信的任正非是成功的。虽然命运多舛,但他意志坚定,不屈不挠,愈挫愈强。他多次突围,伤痕累累,但不仅挺过来了,而且长成了参天大树。到2021年,华为已经是全球家喻户晓的知名企业。一个自主自信的企业家具有永不屈服的精神:坚持居安思危,不迷失自我。

成功的任正非更加自信。面对美国政府的持续打压,他义正词严:"抓孟晚舟可能抓错了,以为抓了公司就垮了,抓了也不会垮,公司前进的步伐不会改变,华为一样在前进。"在他看来:"极端困难的外部条件会把我们逼向世界第一。"在控制风险中能够自信的人更有魅力。

  资料来源:李小龙经典励志诗《自信》. https://wenku.baidu.com.

第 8 章 总 结

> 思维使自控更具理性,智慧让经验闪耀领悟的光芒。

8.1 智慧自控与自悟自通

8.1.1 智慧自控与卓越管理

万物之灵的人,在生物学上称为"智人",不仅能行走、会说话、以直立呈现于世,而且具有发达的大脑和由此而来的思考能力。智人会思考,有智慧。智慧的自控可以成就卓越的管理。成熟的管理一定是理性思考的结果。

企业家是企业的灵魂人物,是千锤百炼造就的管理精英,是社会最稀缺的资源之一。企业家的精神内核是自控与自强,内在动力是敬业与崇德,外在表现是冒险与创新,品质底色是诚信与执着。任正非就是一位自控自强的企业家和杰出的管理思想家,他的管理哲理既根植于中国传统文化,又吸收西方企业的管理精髓,并成功地嫁接到现代高科技企业的管理实践中,历经多年的打磨,形成了独特的管理理念和经营哲学,引导华为人朝着共同的目标不懈奋斗,并将华为推上了世界科技的巅峰,成为万物互联时代的领导者。

企业家从管理层走来,承担着一般人难以承受的工作强度、竞争压力和经营风险。艰难困苦中显现认知的层次与高度,这是最好的试金石:弱者一味抱怨,不断沉沦;强者沉默不语,逆流而上;智者改变思维,另辟蹊径。苦难对智者而言是一块磨刀石,对弱者而言是一个深渊,对强者而言是一笔财富。

催人成熟的不是岁月,而是经历或历练。卓越的管理者具有成熟的智慧和卓越的领导力,包括深谙处事深浅,明白轻重缓急,清楚自身位置,把控事态走向;在方寸之间感知他人悲喜,避免人际危机;在得失之时懂得因果循环,善于选择与决断;等等。

有智慧绝不要"小聪明"。"小聪明"意指投机取巧、偷奸耍滑、推诿扯皮、溜须拍马、弄虚作假等。耍"小聪明"的人,遇事往往从局部和眼前利益出发,看重个人得失,甚至玩弄煽风点火、损人利己的伎俩。

在市场中,有的人总想保全自己的利益,着眼于把利润赚足,丝毫不愿吃亏;有的人却并不在意眼前的收益是否最大,知道自己能做什么,明白自己不能做什么,知道什么时候该出手,也知道什么时候该放手。理财的智慧是辩证的:想要得到,先要付出;想要体谅,先要理解;想要帮助,先要感恩;想要在乎,先要珍惜。舍与得犹如天平的两端:有舍有得,小舍小得,大舍大得,相辅相成。舍可以是放弃,也可以是付出。当你紧握双手时,其实里面什么都没有;当你张开双手时,一切都在手中。你看"舒"字,左边是"舍",右边是"予",舍得给予才舒心,这是大智慧。

沧海横流,方显英雄本色。身处动荡年代的管理者更应主动进行深度思考,做到学有所思、学有所悟、学有所得,从被动学习转向主动学习,从"低成长区"转向"高成长区",从"知识型"转向"智慧型",从"要我控"转向"我要控",从专注自我转向超越自我。

8.1.2 智慧胜过知识

知识是滋养人生的原料与前行的能量。学问是系统的知识。书籍带你阅读人生百态,知识载你周游世间万千。读书是将他人的想法变成一块块基石,铸造起属于自己的思维殿堂,所以要多读书,读好书,好读书。

卓越的管理者都是优秀的学习者,他们从书中汲取精神的力量并得到理智的慰藉。知识就是力量,会用知识更有力量。

学问=学习+询问,最好是边学变问,会学会问。提问是发现的慧眼,挑战是思维的熔炉。管理者想要精进,一方面需要知识的沉淀和文化的加持;另一方面需要提高认知能力来端正看待事物的方式,包括思想观念、思维模式、是非标准等。边工作,边思考,由此催生智慧。

智慧≠知识。智慧是陶冶知识、提炼精华的熔炉。阅读可以获取前人的知识,但不等于谋取其智慧。知识是各种信息,但不等于知"道",当知识经过认知过程转换为你自身的体会并融会贯通时才是智慧。或者说,只有在知识储备的基础上,加上人生经历与感悟,才能上升到智慧的层面。经验不仅在于你经历了什么,而且在于你在经历中沉淀了什么,对经历过的人、事、物是怎样思考的。"学而不思则罔,思而不学则殆。"(《论语·为政》)所以,要在学习中思考,将学到的变为自己的;在思考中实践,坚持理论联系实际;在认知中思考,提炼出行为指南;在实践中验证,包括跨领域多元化思考;在验证中复盘,进一步提升认知。智慧处于人生体验与哲理层面,体现卓越的理解能力和判断能力。

知识与智慧是辩证统一、相辅相成的关系。一个人积累的知识越多,越能够举一反三、融会贯通,就越有智慧。智力高的人,在学习和记忆上有着不凡的能力,其应变能力和深入思考的能力也强,更容易取得成就。也就是说,大量的知识积累能够促使智力提高,智力的强大更有益于知识的快速积累。老子认为,人要有两种能力:做学问要"提得起",不断增进,由少到多做加法,进而"为学日益";悟道要"放得下",参透悟深,由多到少做减法,从而"为道日损"。[①]

思而不行则无用,行而不思则无功。管理需要求学、求变、求真理。"善学者尽其理,善行者究其难。"(《荀子·大略》)善于学习的人会追根溯源透析其中的道理,善于实干的人能探究其中的疑难困惑。提升智慧在于联系、洞察、体验和参悟,需要在体验中把知识与参悟联系起来深入思考,这种心理技巧与思考方法能拓宽人们对事物的看法,加深自身认知的深度,提高对事情的洞察力。例如,财商可以培训,主要途径是对商业悟性的熏陶和历练,其重点在于认知财富、应用财富、驾驭财富和创造财富。要致富,先"智"富。

智,会意兼形声,从日、从知,本意为聪明、智力强。金文"智"字左边为"箭"(矢),中间为"口",右边为"子",表示一个人因中箭而得疾,由此表示知道情况。小篆中加入"日"后,"智"意为言语如箭一般脱口而出,表示对事物胸有成竹、一语中的。如今"智"的字形为"日"加"知",人要每天努力学习,给认知做"加法",与时俱进,才能聪明能干(如图8.1所示)。智力体现认识能力和实践能力所达到的水平。智者不惑,仁者不忧,勇者不惧。

图 8.1 "智"的构造与古今字形

[①] "为学日益,为道日损,损之又损,以至于无为,无为而无不为。取天下常以无事,及其有事,不足以取天下。"(《道德经》)

慧,形声字,从心、彗声,由"彗"和"心"构成。"彗"表示用草制作的扫帚。"彗"打扫心灵为"慧",即不断清除心灵的尘埃,保持心明眼亮、聪慧机敏(如图 8.2 所示)。知人者智,控己者慧,知人自控者智慧也。

图 8.2 "慧"的构造与古今字形

认知是连接知识与智慧的桥梁,是在认识的基础上,以知识累积为前提,对信息进行深度加工的心理过程,是主观客观化的过程,即主观反映客观,使客观表现在主观中。当认知未达到一定程度或高度时,很难被称为智慧。智慧是一定程度教养的必然结果。智慧如宝石,用谦虚镶边更加灿烂夺目。

参透、领悟简称"参悟",是通过深度思考知晓事物中蕴涵的道理,经过净化思想认知,理解运行规律等,有助于正确研判。参悟重在自悟,包括开悟、渐悟、顿悟和彻悟等过程。你若能发觉自身差错或某个有效的处理方法,就是开悟。经过他人提醒或自己思考渐渐明白道理,就是渐悟。一下子或突然明白道理,属于顿悟。刻骨铭心的遭遇可能导致彻悟。如果坚持错误而不醒悟,就是执迷不悟。

对管控过程中出现的问题如果缺乏深度思考,就不会觉悟(由迷惑而清醒)、不能醒悟(由模糊而清楚、由错误而正确),也就不善领悟(领会、理解、感悟)。学深悟透,才能融会贯通。当知识走向认知并累积到一定程度时,在某个瞬间就会发生质变,新的思维方式就会催生智慧、萌发创意,犹如心理学上的顿悟之觉或灵感闪现,有种"踏破铁鞋无觅处,得来全不费功夫"的美妙感觉。所以,管理者要善于结合自身的工作,多思多想、归纳总结、学深悟透,知其然又知其所以然,将规范要求与自身思辨、理论认知与实践经验联系起来,思出自觉自信、悟出责任担当。

训练思维,提升认知,静心参悟,对促进自控知识进化成智慧型自控相当重要。追求卓越的管理者善于做"加减法",由此驱使头脑有智有慧,智、慧联动,相得益彰。智慧能让你懂分寸,知进退,从而心胸更广、眼界更宽。

总之,知识经过参悟是获取智慧的主要路径,智慧深耕于自悟自通,难以像知识那样直接学得。智者自悟,慧者自通。唯有自悟自通,才能了然于胸、有真知灼见。富有智慧的人通过参悟来领略世事,遂大彻大悟。

名师点化 8.1 | 智慧就是高级形式的适应

认知发展理论的倡导者皮亚杰（Jean Piaget）认为，智慧就是一种高级形式的适应，包括图式、同化、顺应和平衡四个基本概念。

图式即认知结构。结构不是指物质结构，而是指心理组织，是动态的机能组织。图式具有对客体信息进行整理、归类、改造和创造的功能，以使主体有效地适应环境。认知结构的建构是通过同化和顺应两种方式进行的。

同化是主体将环境中的信息纳入并整合到已有的认知结构的过程。同化过程是主体过滤、改造外界刺激的过程，通过同化，加强并丰富原有的认知结构。同化使图式实现量的变化。

顺应是当主体的图式不能适应客体的要求时，改变原有图式或创造新的图式，以适应环境需要的过程。顺应使图式实现质的改变。

平衡是主体发展的心理动力，是主体的主动发展趋向。人一出生就是环境的主动探索者，通过对客体的操作，积极地建构新知识。平衡化的作用基于两个方面：一是成熟、经验和社会环境三个因素的作用必须协调，这种协调作用正是平衡化的功能；二是每一阶段认知结构的形成和发展过程都是连续不断的同化和顺应相互作用以达到符合环境要求的动态平衡状态，这种自我调节正是平衡化的实质所在。

同化表明主体改造客体的过程，顺应表明主体得到改造的过程。通过同化和顺应建构新知识，不断形成和发展新的认知结构，即认知发展过程是主体自我选择、自我调节的主动建构过程，而平衡是主动建构的动力。

8.1.3 认知觉醒，深度思考，与时俱进

熵增就是没有新陈代谢或代谢不足，组织由此怠惰和老化。户枢不蠹，流水不腐。组织的循环与变革是熵减，如此苟日新，日日新，生命得到延长。智慧的管控活动不能停留在书本上，也不是现有制度文本的翻版。新陈代谢是自然运行的规律，推陈出新就是要去掉旧事物的糟粕，取其精华，并使其向新的方向发展。万物生长就在于吐故纳新，即主动做功或有意识地管控，包括主动学习、改变思维、提升认知、增进智慧、不断提高管控效能等。

遇到管控活动中的"急难愁盼"问题时，不要像"套中人"[①]那样怕事，或以为"不

---

① 契诃夫在《装在套子里的人》中描写了一个可悲可怜的人，他用各式各样的套子把自己里里外外裹得紧紧的，包得严严的。他晴天穿靴子、带雨伞，坐车支车篷，房子不管怎样闷热也不开门窗。他犹如生活在套子里，成为墨守成规、因循守旧的代名词。

可能",而应思考"怎么让它变得可能"。人的认知眼光决定了其所看到的东西。当某件事超出了认知范围,直觉会告诉你"不可能"。从"不可能"到"怎么做"是思维的进步。打破现有格局可能会使人担忧,害怕不能掌控一切而陷入风险中,但不变的后果只是暂时将未知的风险搁置,后患无穷。

认知的层次越高,看事情就越客观,越能遵从本质和规律办事。认知层次越低,看事情就越主观,越容易被表象迷惑,产生偏见或盲从,早晚被淘汰。人人都在为自己的认知买单。你能挣多少钱,取决于你的认知,是你对认知能力的变现;亏钱也是因为你对周遭的认知有缺陷。人很难挣到超出认知范围的钱。未来不是人赚钱,而是钱找人,财富会流向匹配它的人。人生最好的投资是对自己认知的投资,这是稳赚不赔的生意。

你可能会有多次重要的认知觉醒或更新。例如:从固定思维转换为成长思维,不再纠缠抱怨,相信自己的遭遇可以通过自身的努力改变;从利己思维转换为利他思维,合作共赢来自为他人创造价值;从简单的"黑白"认知转换为系统认知,不在乎单纯的是非对错而去探知深层缘由,接受复杂且不确定的现状并能够理解之;等等。

控制活动应当有"智"、有"慧"、有针对性,能解决问题。知识、认知与智慧的演变过程和发展逻辑如图8.3所示。

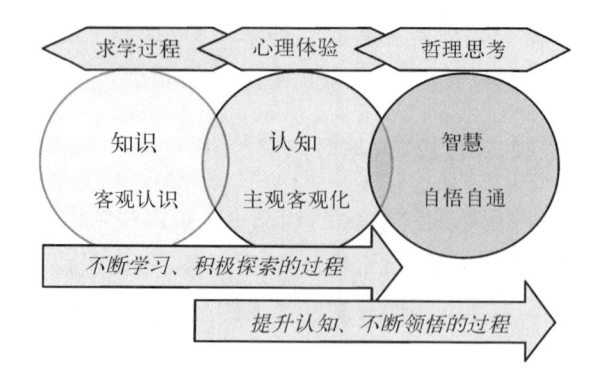

图8.3 知识、认知与智慧的逻辑渐进过程

一只乌鸦经过长期的摸索,琢磨出往瓶里丢石子的方法,终于喝到水。另一只乌鸦在嘴里含上一根吸管,轻松地喝到瓶里的水,这是新版的"乌鸦喝水"的故事。不改变脑袋(思维),就无法改变钱袋。黄明瑞创立了大润发,号称在零售行业没有人能打败它,却败给了时代。当电商异军突起,对零售业造成巨大冲击时,黄明瑞不屑一顾,直到女儿用手机告诉他,只要随便一搜,就可以看到周围十几个饭馆的

位置,线上办理业务已经成为大势所趋时,为时已晚。世界每时每刻在变,停滞不前就是退步。在丛林里,能最终存活下来的,往往不是最高大、最强壮的物种,而是对变化做出最快反应的物种。你最大的敌人从来不是别人,而是昨天的自己。只有像电脑更新系统一样不断更新自己的思维方式,才能与时俱进。

认知落伍容易被人"收割"。有些想要"自由"的人,往往会"被奴役",因为总是被煽动,容易情绪化,看不清真相和本质,只能在无形中被操控。好比赚钱,是内行人赚外行人的钱。如同骗局,是"高认知"骗取"低认知"的把戏。那些庞氏骗局的接盘者的认知极低。

在农业经济时代,驱动价值创造的关键因素是土地和劳动力;在工业经济时代,驱动价值创造的关键因素是资本和劳动力;在知识经济时代,驱动价值创造的关键因素是人才和认知。企业已经从劳动密集型走向资本密集型,发展为知识密集型,出力者正在变为出资者或出知(智)者,资本正在走向"知本"或"智本",呈现按劳分配、按资分配、按知(智)分配等多种分配形式。认知资本是当今乃至未来社会的最大资本。投资认知是有价值的投资,会产生更多红利。

工业革命解放了人的手脚,信息革命解放了人的大脑,未来的人类还需要思考吗?算法可以推算出你的喜好,直接投你所好,以致你会懒得选择和辨别了吗?有的人甚至认为将来只要1%的人有思想,给剩下的99%的人制定好游戏规则就行了。在算法时代,抛弃独立思考的现象是令人担忧的。

未来的竞争在于抢占"认知高地",没有一种商业模式长盛不衰,没有一种竞争力永恒不变。在大浪淘沙中,难有终身职业,唯有终身学习。不断竞争的时代,成全了一批人,也淘汰了一批人;机器人试图取代蓝领、人工智能正在取代白领……企业像在大海中航行的船,风浪不断变幻,船上的人一定要主动作为,才能不被巨浪掀翻。一方面,人工智能促使控制活动更加机敏;另一方面,别有用心者会假借人工智能戕害社会,必须时刻警惕,严加防控。

行成于思而毁于随。如果随心所欲,就必定失败。在行动与成功之间,你可能只差一次深度思考。有智慧、好思考的人愿意"延迟满足",这是一种甘愿为追求真理或更有价值的长远结果而放弃即时满足的抉择。每个时代都有坚守自我、独立思考的智者,他们不为名利所诱惑,不为权势所屈服,亦不为潮流所裹挟。卓越的管理者应当善于在等待中展示自控力,通过文化、认知、自律等的不断提升,摒弃外界的喧嚣和浮躁,避免对浅层次的刺激上瘾,努力保持清醒的头脑和独立思考的能力,收获内心的安宁与清净。

名师点化 8.2 | **深度思考能显著提高学习和做事的效率**

在信息碎片化的当下，简单思考已经不够用，能否决胜在于你能否静下心来深度思考，而不是低品质的勤奋。英国培训师凯茜·拉舍（Cathy Lasher）在《深度思考——让所有事情都能正确入手》中明确指出，人们在做事之前或做事的过程中停下来进行适当的思考，会有所收获，可以让问题的解决变得更加流畅。因为深度思考是一种帮助你集中注意力的方式，强迫你把内心的想法清楚地表达出来，能够让你更清楚地认识和使用它们。凯西·拉舍在书中着重介绍了 EDGE-it 思考模式：第一步，总结经验（experience，E），解决"是什么"的问题；第二步，深思熟虑（deliberate，D），分析"具体应该做什么"；第三步，泛化选择（generate，G），列举"能做什么"，提出方案；第四步，采取行动（execute，E），选出可行性方案并执行；第五步，循环往复（iterate，it），拓宽眼界。经过深度思考，你能够把时间更高效地用在正确的事情上，你将发现一条与之前不同的进步路径，打造独属于自己的成功经验体系。哈佛大学的一项研究指出：哪怕只进行十分钟的深度思考，也能显著提高学习和做事的效率。

8.2 更新思维与超越自我

8.2.1 思维改变行为，思路影响出路

思想不等于思维。每个人都有思想即想法，这是存在于人的意识中经过思维活动而产生的概念化的结果。思维是在表象和概念基础上进行分析、综合、判断、推理等认知或智力活动过程，侧重于思考方式，是认识的高级阶段。人们解决世界的问题，靠的是大脑思维和智慧。

思维先于思想并影响行为过程，控制着思想与行动。自控需要智慧而不仅是知识。卓越的管理思维至少有以下特征：一是战略性思维，有全局观和前瞻性，善于抓方向、抓重点、抓最大公约数，并坚持不懈、自觉自律，从而事半功倍。二是专业性思维，有专业态度、专业精神、专业素养，不人云亦云，不盲目轻率，更不丧失科学底线、法律底线和道德底线。三是与时俱进思维，既敢为人先，又脚踏实地，能够开放自强，求是创新。独立思考既是科学的思维方式，更是一种理性的人生态度。成功在于创造性思维，失败困于僵化性思维。

从信息论的角度分析，思维是对新输入信息与脑内储存的知识经验进行一系列复杂的心智操作的过程。一个人想做什么、不做什么或者怎么做，思维起着决定

性的作用,转换思维方式也许就是打开制胜之门的钥匙。墙推倒了就是门,心敞开了就是路,思维不能设限,应当自由驰骋。水随形而方圆,人随势而变通,这是变革的道理,更是人生的智慧。有无相生,难易相成,长短相形,高下相倾,以变应变,追求卓越。现代管理教学应重视智慧教育及其思维方式的培育与训练,改变单一的、僵化的、条件反射式的思维方式。不改变思维,不突破自我,人就会故步自封,以为现存的就是一切。

人来到世间本身就是一个奇迹,一旦将奇迹锁进牢笼,就会沦为行尸走肉。但不少人习惯于被既有的思想禁锢,不想思考,不会思考,于是内部控制就变成照猫画虎、照本宣科、按图索骥、生搬硬套的游戏规则。世上最大的监狱是人的思维。石墙易毁,心墙难拆。固守思维的高墙,只能原地踏步。

思维可以自由,思想应当正确。思想可能是写在书本上的,存在记忆中的,或是被他人用过的,或是他人强加给你的……很多时候,局限一个人的不是环境,不是能力,而是固有思维模式下的思想。例如,有些人习惯于将事情简单地一分为二——非黑即白,从而把求同存异视为矛盾对立。要克服这种以偏概全的固有认知,需要实事求是地关注客观存在的多元性和复杂性,注意事态与数据的实际分布往往不在两极。如果大脑一直对过往的经验产生依赖,久而久之形成的固定思维模式会使你以为紧抱经验就能如鱼得水,殊不知,过时的经验反而会成为现今的束缚。

思维是自由的、活跃的、前行的,不应被既定的模式、结构、条文框死。但多数人从读书开始就习惯了被学校和老师的教学计划牵着鼻子走,到了工作单位后又习惯了被上级的指令与监督驱使着行动。一直被动的人亦步亦趋,跟在别人的思维后面,随波逐流,一旦压力增大,就容易出现妄自菲薄的情形。相反,在工作中能够自主地看问题、想办法、做事情,有助于抓住问题的重点与要点,工作的节奏踩到点子上。通过独立思考、自主钻研,一旦所掌握的信息、知识与见解能走在领导的前面,则不仅绩效能得到明显提升,而且自己也感到对工作有了热情与动力。

人不能像一台被动的相机,只记录,不思考。生搬硬套是愚蠢的,融合自洽是智慧的,有针对性地解决问题更高明。路随心转,境由心造。再经典的理论也要因地制宜,力求本土化。例如,我国自 2009 年 7 月 1 日起实施的《企业内部控制——基本规范》,没有照搬 2004 年版的 COSO 报告要素框架,而是在借鉴"五要素"的同时,融合了"八要素"的内容实质,具有适合中国企业特色的思路与做法。又如,2012 年财政部发布的《行政事业单位内部控制规范(试行)》只是将内部控制五要素的实质渗透在控制活动的过程中,要求分单位层面与业务层面建立适合本单位实际情况的内部控制体系并组织实施,这与我国目前对行政事业单位的预算管理、业务管理和信息管理的模式相吻合,有助于日常管理与内部控制双向互动。单位层面包括组织、机制、关键岗位和人员、信息技术;业务层面包括预算、收支、采购、资产、建设项目、合同等;具体工作包括梳理单位各类经济活动的业务流程,明确业务环节,系统分析经济活动风险,确定风险点,选择风险应对策略,在此基础上根据国家有关规定建立健全单位各项内部管理制度并督促相关人员认真执行。

实施差别化、有针对性的控制是实践经验的总结与智慧的提炼。财政部于2017年发布的《小企业内部控制规范》从有利于小企业操作与实施的路径出发,将内部控制的5个要素视为一个完整的运行过程(行为路径),并指出这是实现内部控制有效运作的总体要求:一是树立依法经营、诚实守信的意识,制定并实施长远发展目标和战略规划,为内部控制的持续有效运行提供良好环境,这是内部控制的活动基础;二是开展风险评估,及时识别、评估与实现控制目标相关的内外部风险,并合理确定风险应对策略,这是实施内部控制的必要前提与重要环节;三是根据风险评估结果,开展相应的控制活动,将风险控制在可承受的范围内,这是内部控制的具体运作方式与配套措施;四是及时、准确地收集、传递与内部控制相关的信息,并确保其在企业内部、企业与外部之间的有效沟通,这是内部控制不可或缺的必要条件;五是对内部控制的建立与实施情况进行监督检查,识别内部控制存在的问题并及时督促改进,这是内部控制有效性的保证手段。小企业应当按照以上五条路径持续运行内部控制的5个要素,从而形成建立、实施、监督及改进内部控制的管理闭环,并使其持续有效运行。也就是说,内部控制各要素不是静态搁置的,而是动态运行、互相关联的,其行为路径应当具有连续性、循环性或闭环性。

四季轮回,万物更迭,彼此矛盾的多方会发生转换,所以不应拘泥于一种固定不变的思维模式,而应根据变化了的情况进行调整。画地为牢是对自身潜能的限制,而更新思维可以改写管理过程中的许多"不可能"。思维若不更新,就只能在"旧的"或"重复"中迷惑。换一种思维,换一片天地。研究自控学,一方面需要实事求是、科学思考、改变思维、提升认知,另一方面需要调整心态、完善行为、达成目标、与时俱进。思维是思考的过程,思想是思维的结果。知识会过时,不断求知的能力才代表未来。科学的思维比已有的知识、既定的制度更重要。在知识、经验和技能积累基础上的思维或改变思维,可以提升认知、增长智慧,进而改变境遇、改变未来。一切皆有可能。

实证分析 8.1 ｜ 思维不同，效果大相径庭

人都以自己的经历构建思维模式，理解世界。思维模式不同，同一件事，不同的人去做，效果截然不同。

某家公司提供午餐和晚餐。用午餐的人数一般比用晚餐的人数多，毕竟不是人人晚上都加班，所以生产午餐的供应商利润更高，但有时候，午餐做得很糟。怎么办？派人监督，防止偷工减料，隔段时间换个大厨，不断更新菜谱？这些办法都没用，因为这些措施最终都将提升供应商的成本。

这家公司想了一个办法：选两家供应商，一家提供午餐，另一家提供晚餐，每3个月做一次满意度调查——喜欢午餐还是晚餐？如果喜欢晚餐的人多，午餐和晚餐的供应商就交换；如果连续6个月午餐都胜出的话，就更换晚餐的供应商。这项制度实施后，那些表示"自己已经做得很好了""换口味成本就要大幅提高"的供应商很快就能提供比原来更好的服务，员工的满意度大幅提升。

面对这个问题，普通的思维模式是要求供应商提高水平，不行我就换掉你；而优秀的思维模式是让竞争代替人工去监督供应商提供更好的服务。

8.2.2　更新思维就是要打破被动，创造主动

流动的资金创造价值，更新的思维引导成功。钱旭红院士认为："比知识、学科、思想更重要的是思维。单一的思维必定导致认知的偏差，必须对垄断思维做出改变，才能走向思维的自由，带来思想的多样性。"他在《改变思维》中大声疾呼：改变思维，进而改变自己；改变自己，进而改变周边；改变周边，进而改变境遇，最终改变世界。思维才是力量！[①]

控制的实质应当是应对风险的思维及其举措。风险在不断变化，控制岂能静止不动？思维怎能一成不变？

联系第1章中对自控的认知，我们已经知晓，自控应当是人的主动作为，即不受外力推动而行动，从而实现自觉自律的自主管控，营造主动把控的有利局面，推动事情按照控制要求的意图运行。主动出击、不落俗套、推陈出新、通权达变是有所作为的主观努力。

被动是受外力的推动而动或受他人的影响或牵制而动，不是自身所期望或要求的。墨守成规、按部就班等都是被动的写照。被动会落后，落后会挨打，尤其体

[①] 钱旭红，博士、教授、中国工程院院士，华东师范大学校长、党委副书记。《改变思维》论述思维的巨大力量，提出思维重建和发展的路径等，由上海文艺出版社于2020年8月出版。

现在控制与被控制、舞弊与反舞弊的斗争中。最初的内部牵制就是为了抑制人性的贪欲，并出于掌控财物的内在需求而产生的，其控制的初衷在于掌控受控对象，通过牵制或制约达成防错纠偏，进而让控制者"有权干预、减少忧虑"，让受控对象"约束自律、行止有度"。随着企业规模的扩大及舞弊事件的频发，风险成为关注的焦点，会计控制走向管理控制，并与风险管理、公司治理相结合，实现从牵制到控制、到管控、到精准施策的不断推进，是从被动走向主动的进步。风险越诡异，失控越严重，控制越要精益化。精益要求控制活动在殷实的基础上，善于从精细走向精准、精确，织密防控风险的网；从有用走向有效、有益，推进企业价值增值。实证研究表明，在实践中创造出来的行之有效的做法有利于打破被动控制的局面，所以，内部控制应当主动作为。

在动荡的风险环境中经营，危机总是以某种方式提醒人们：出问题了！你感觉到了吗？犹如咳嗽或打喷嚏，可能是感冒对你的提醒；拉肚子可能是食物中毒对你的提醒……如果没有疾病的提醒，你也许对身体的超负荷或不平衡等无知无觉。不同的症状有不同的病因，消除病因比消减症状重要。此时，如果能够主动正视风险、自控自强，就能够化险为夷。

之所以强调自控、改变思维，就是为了打破被动、创造主动。内部控制的本质就是主动掌控而不是被动应对，所以要求应变而变。回顾基于牵制、管理、治理等不断渐进的内部控制演变历程，可以看出，内部控制发展的每一个阶段都不是对前一个阶段的否定，而是不断的补充、延伸与完善，其活动平台逐渐扩大，视野范围日益拓展，工具手段不断翻新，职能作用持续完善。风险在动，控制应始终处于主动的动态变化中。

无论是个人还是企业，智慧与能力都来自思维。教育中重要的不是思想，而是思维。有意识地进行思维训练可以改变认知与行为表现。而改变思维就是要打破被动，主动创造。

人内含两颗种子：一颗是控制自我，能够按照环境要求学习知识、掌握技能与完成任务等；另一颗是超越自我，能出于个人的兴趣和愿望，自发地做自己喜欢做的事情，并主动创造。不少德才兼备的人是自控力和主动性都很强的人，自尊且受人尊重。企业应创造有助于培育这两颗种子的土壤：一方面，过于放松或过分自由会阻碍对自控力的培育、训练与提升，不利于培养孜孜不倦的工作态度和克服困难的坚韧精神；另一方面，创造性需要具备极大的兴趣和高度的热情，具有不可阻止的、自发的学习行为和强烈的成长动机，善于发现问题并具有独特的思维方式，求新求异都是主动创新的表现。

自控力和创造力都需要悉心呵护。从无到有,美好的东西正处于创造过程中,但创造的主要动力在于好奇和探索。现在不少企业自控种子的生长土壤相对肥沃,但创造种子的生长土壤比较贫瘠。所以,现在的重要任务是将这两颗种子的生长环境进行优势互补,通过改善,主动创新,不断打破控制的被动局面。控制越被动,管理的盲区就越多,真空点可能就是最大的失控点。

8.2.3 突破思维定式,努力超越自我

人的心理活动可以从本我、自我、超我三者的联系中得到解释。成熟的管理者应当摆脱原始的、无意识的、非理性的、非社会化的本我,走向现实的、有意识的、理性的、有控制能力的自我,努力达成理想的、自律的、知行合一的、内化了社会道德原则的超我。超我至少具有三个作用:一是抑制本我的冲动,二是对自我进行监控,三是追求超我的崇高境界。

管理者在经历了阅己→悦己→越己的过程后将卓越非凡。阅事阅人先阅己,即认清自己、理顺思路、扬长避短;然后悦己,即接纳真实的自己,自信地走自己的路,提升自己的核心价值;最终要越己,学会离体观我、离体觉我,努力超越自我。"不自见,故明;不自是,故彰;不自伐,故有功;不自矜,故长。"(《道德经》)不自以为能看见,所以看得分明;不自以为是,所以是非昭彰;不求自己的荣耀,所以大功告成;不自以为大,所以为天下王。

对组织而言,一种制度形成后会形成某个既得利益团体,他们对现在的制度有强烈的需求,只有巩固和强化现有制度才能保障他们继续获得利益,哪怕新制度对全局更有效率。对个人而言,一旦做出选择后就会不断投入,即使某一天发现自己选择的道路不合适也不会轻易改变,因为这样会使前期投入变得一文不值,这在经济学上称作"沉没成本"。沉没成本是路径依赖的主要原因。路径依赖会借助惯性的力量使某一选择不断强化,让你轻易走不出去。

思维定式关注事物间的相似性或不变性。当新问题相对于旧问题而言,其相似性起主导作用时,由对旧问题的求解所形成的思维定式往往有助于解决新问题;当新问题相对于旧问题而言,其差异性起主导作用时,由对旧问题的求解所形成的思维定式往往有碍于解决新问题。当两次思维活动属于同类性质时,前次会对后次起引导作用;当两次思维活动属于异类性质时,前次会对后次起误导作用。

消极的思维定式还是束缚创造性思维的枷锁,使人养成呆板、机械的解题习惯,会阻碍超越自我。按照既定思维活动的经验和模式,在反复使用中形成的稳定的思维倾向可能是历史沿袭的、他人强加的、环境造就的、培养熏陶的、内心自我的。经

常按惯性思考问题会逐渐形成思维定式,深入潜意识中并反过来支配人的言行。

"懒惰"的人习惯于既定的条条框框,不愿意主动求变求新,但被控制的对象在不断变化。被控制的对象不是千篇一律的,控制措施怎么能千篇一律呢?解决实际问题的答案并非唯一,内部控制的手段也不唯一,为什么控制的思维要"一根筋"呢?应变性不仅依靠严密的逻辑,而且在于创造性的思维,从跨学科、跨部门、跨时空的联想中得到启迪,再用严密的逻辑加以验证,这正是目前内部控制研究与相关教育中缺少但亟待解决的问题。

思维有惯性。有的人偏向经验技巧型,其思维方式来自对自身或他人生活经验的总结,但经验只是解决问题的起点而非终点,困于过往犹入牢笼。有的人偏向方法流程型,把常见问题的解决方案标准化、流程化,遇到同类问题便照章办事,简单明了。有的人偏向学科原理型,注重发现问题与思考解决问题的策略,倾向于思维的科学性和理解的准确性。有的人偏向哲学视角型,喜欢辩证、抽象的认知。这些思维有各自的应用场景,各有千秋。可怕的是固执己见。心理学上有种防御性思维,意在遇到他人和自己意见不同时,第一反应是反驳,这样的人有思维桎梏,容易陷入直觉和经验的窠臼。破除执念需有要"空杯"思维,审视自己的思维习惯,对自己做出调整。"空杯"思维有助于打破防御性思维,清空自己而后专心聆听对方,思想的碰撞能让你重新认识事物或改变思维方式。

思维就是要动脑筋、想办法、找答案,最忌自我封闭,或沉溺于舒适区,或不敢挑战未知。改变思维方式并不总是从一个极端走向另一个极端,也不强求用一种思维方式替代另一种思维方式,可以从多维角度加以考量,但应具有逻辑性。不论是亲知,还是推知,逻辑与思维密不可分。

逆向(反向)思维可以从对立面(反面)提出问题并进行反思,如此有助于深入探寻控制规律,不少控制办法、制衡原理、利益分配就是在不断的正反较量中完善的。也可以换位思考,站在他人的立场上看待问题和解决问题,设身处地是达成理解的心理机制。

换轨思维在于拓宽认知,给自己更多选择。当某一路径无法抵达目标时,及时换轨就是突破的关键。如果一味走既定的老路就会堵死自己的去路。

分解思维的原理在于化大为小、化整为零,把大目标分解成小目标,并使之具有独特的视角,以达到创新的具体目标。分解思维会有曲径通幽之效。

罗盘思维要求围绕中心走向系统思考。罗盘由位于盘中央的磁针和一系列同心圆组成,每一个圆都代表对系统中某一个层次信息的理解。例如,工作任务有很多衡量指标,要选择关键的或根本性的几个指标,找出原因、结果,并列出相关利益者,然后确定解决问题的策略。"关键"是指对工作任务至关重要的,"根本性"是指对其他指标影响力大的。也可以借助思维导图,以核心概念为中心,向四周以发散性的方式拓展关键信息,让你发现通常难以找到的非线性联系,将信息具象化,如此有助于根据重要性重组信息结构以支持决策。

系统思维需要用系统的眼光,从结构或功能等多角度、多方面审视多样化的现象与问题,把被分割的现象重新整合,将单个元素和零碎片段放在系统中实现新的综合,这时不仅需要凭借经验和知识来思考解决问题的方案,而且应当跨学科寻找答案。一元思维注重因果推理;二元思维要求兼顾双面;多元思维要求跳出点、线、面的限制,从各个方位去思考解决问题的方式,也称"立体思维""整体思维"等。人的大脑应当不断寻找最佳思维方式。拥有系统思考能力的人往往能够透过事物的表象看到问题的本质,从而制定有效的策略,而不是忙于到处"救火"。

不破不立。局面无法推进时,要善于从"缺点"中发现"亮点",化弊为利,化危为机。时局纷繁复杂时,更要舍弃一切复杂的表象,直指问题的本质。任何问题的复杂化都是因为没有抓住本质,没有揭示基本规律与问题之间的联系,只是停留在表层的复杂性上,反而离解决问题越来越远。

8.3 互控共赢与融合自洽

8.3.1 自控走向互控,协同更能共赢

企业管理的演进一般会经过三个阶段:第一阶段为依赖期,以"你"为核心,对他人过度依赖,自己想要的东西期望借助他人获取,管理制度与管理方法取自外援。第二阶段为独立期,以"我"为核心,可以做到自己负责,有权自主抉择。第三阶段为互信(赖)期,在合作与共事中为他人着想,建立"我们"的思维,以赢得更好的支持与资源。三个阶段体现从"要我控"走向"我要控"进而发展为"互控共赢",这是基于互敬、互信,寻求互惠和长远利益的理念——通过共赢过程达成各方自控、互控的合作相济与利益均衡。只有两支筷子互相配合才能夹起东西,其中蕴含的道理是只有合作与协同才能共赢,这就要求合作各方有真诚的合作意愿,在协作中不要小聪明,不贪小便宜,否则共赢局面就不可能出现,吃亏的还是合作者本身。

企业虽是自负盈亏的经营性组织,但不能见利忘义、离经叛道,其发展过程需要自律,向制度规范转型。管理者期望以制度管人、管事,不能忽视规范化的初心与使命。如果制定的文本会挫伤员工的积极性,从而限制企业的发展,则对这样的

文本不但需要反思，而且有必要调整。管控的成功，一方面体现在规章制度的设计与执行的完善程度上，另一方面要以人为本，从"心"出发，体现人文关怀。只有当管理的主体与客体之间相互信任，并且可以互相成就的时候，这种协作关系才是健康的、有效的；否则，一切规章、制度、流程就都只能是表面功夫，员工心里不服气、不理解就会在行动上不配合。

内部控制的发展是从自控走向互控和综合治理。1985年由美国注册会计师协会、美国会计协会、财务经理人协会、内部审计师协会、管理会计师协会联合创建的反虚假财务报告委员会，旨在探讨财务报告中的舞弊产生的原因，并寻找解决之道。1992年该委员会发布《内部控制——整合框架》(简称"COSO报告")被奉为"内部控制经典"。随着风险愈演愈烈和舞弊不断升级，内部控制为了增强确定性、遏制危险性，既要精准施策、精益管控，又要整合资源、综合治理，从而发挥系统化的增值作用，所以需要进入治理领域，突出整合观念，使之更多元、更有层次。COSO报告也从《内部控制——整合框架》调整为《企业风险管理——整合框架》，进化为《企业风险管理与战略和绩效相整合》。联系当前复杂多变的控制环境，整合与整治势在必行，这是现代控制的最佳实践。

综合治理是法治、控制、德治多管齐下，贯穿思想道德、制度规矩、纪律法律等多重要求，并力求多方融合、相得益彰、标本兼治，促使不想腐、不能腐、不敢腐形成一个有机推进的治理整体。从制度基础型控制走向既精益又综合的系统性控制，是内部控制运行的必由之路。系统性控制就是成系统布局、成体系运用、成规模运行的全面风险管控机制，具有大系统的全面性思维。从横向看，系统性控制从前到后贯通事前防控、事中管控和事后监控的全过程，环环紧扣；从纵向看，系统性控制从上到下体现治理层、管理层、业务部门、分支机构甚至全体员工的全员行动，层层参与；从平面看，各项内部控制要素、措施、程序覆盖业务、岗位等各个领域，无所不在；从立体看，法治、控制、德治及其文化多管齐下，构筑起一体化、多层次、全方位的风险管控体系。一是向前推进，形成提前防范风险的格局；二是向后延伸，通过监督检查惩前毖后，助力管理目标的实现；三是向上寻求企业治理层的支持；四是向下得到法律与道德的支撑(援助)。如此构筑起左右纵横、上下联动的系统性管控机制，创建"互生互动、合作共赢"的内部环境，彰显内部控制的广度、高度、厚度、深度与力度，更好地体现全面科学的控制观，凝结思维的张力、整合的智慧、联动的效能和经验的积累。①

---

① 关于内部控制发展历史及其精益控制、综合整治、系统化控制的详细论述，请阅读李敏. 企业内部控制规范(第三版)[M]. 上海：上海财经大学出版社，2021.

8.3.2 管控融合与融合自洽

除了少数"孤胆英雄"外,大多数人要与他人合作共事。自我管控既要对自己的人际关系负责,也要接受他人作为独立个体的事实。若想管控有效,就应当知晓共事者的优缺点、行事方式和价值理念。控制难的重要原因就在于需要正确处理好人与人之间的各种关系,包括追求利益、落实控制、信任关怀等多个维度。自利属于人性本能,遵循快乐原则;控制属于规范要求,遵循现实原则;信任属于精神生活,遵循理想原则。三者各有侧重甚至互相冲突,如何在一个平台上有机融合,需要智慧的考量与不断的自洽。

控制活动必定涉及方方面面的利益,是一个需要均衡的平台。不讲利益,不会控制,不求信任,一定会出现各种问题。理性的管控活动应当采取必要的补救措施,弥补、挽回或矫正不当行为,使缺陷减弱或消除,而不是内耗。华为的任正非、格力的董明珠等企业家都是能够处理好这些利害关系的高手,他们的经历与企业的成长案例是值得一读的经典。优秀管理者的经验与教训可以互相协调,并通过提升认知、提炼智慧,将其纳入逻辑系统。

逻辑是关于思维形式和规律的科学。自洽,是指内在逻辑一致,不含悖论。逻辑自洽是理论成立的前提。经过逻辑思考,可以使人的思路清晰、感觉灵敏、行动明确,包括如何促使利益之舵、控制之力、信任之基内在相关、联动,三者之间应具有逻辑自洽性,而不是隔离分裂、内卷内耗。

管控融合是经过理性分析和实践证明的智慧之举。从管理学角度看,要管理就会有控制,控制本身就是管理的关键;从控制学角度看,要控制就会有管理活动,控制不住,管理就无效。管理中有控制,控制就是在管理,两者融合,相辅相成。事实上,内部控制和企业管理在不少场合高度相关,有的甚至内在一致。凸显和倡导管控融合的思维与做法是为了防止企业只是出于遵守监管的要求而不是出于自控自强的需求,在形式上另起炉灶,在文本上另搞一套。管归管,控归控,不是内部控制应有的态度与结果。企业要管理,风险要控制。风险是企业经营所面临的风险,控制就在于掌握这些风险。

管控融合既要考虑制约效率,也要考虑经济效益,不能为控而控,以为越严越好,而要善于均衡。管控融合既要立足自控,也要学会借力,善于引入他控、互控机制,互相促进。倡导管控融合不仅有助于整合资源,而且有助于企业治理。尤其是资源贫乏的企业,更要通过整合资源来取长补短、协同共进。

管控如何有效融合并达成逻辑自洽?学知是基础、思信是关键、用行必须理论联系实际下功夫。有的企业以落实内部控制岗位责任与相关措施为抓手,推进相关管理工作的协同开展;有的企业在划小核算单位的基础上形成算、管、控融合的一体化运行机制;有的企业推进以"合规"为重点的防范与管控相辅相成的运行模式;有的企业在探索"三流"(物资流、资金流、信息流)合一的全过程管控模式……坚持"学""思""用"贯通、"知""信""行"统一,有助于缩短"学知""思信""用行"之间的距离,达成逻辑自洽。

利益、控制、信任是多维制衡、互为作用的,管理的平台需要融合自洽(以下简称"融洽")。理性的控制既基于信任、始于利益的考量,又不止于利益,还有各种责任等多方面的考量,需要因势利导、应变而变。利益、控制、信任不仅各自需要自补、他补和互补,具有自洽的要求,而且三者都在一个管控平台上运作,相互之间具有一定的对应关系和动态平衡关系,期望逻辑自洽、同频共振、互促共进,包括把稳利益之舵、提升控制之力、筑牢信任之基,进一步从管控融合走向管控融洽,进而合作共赢(如图 8.4 所示)。

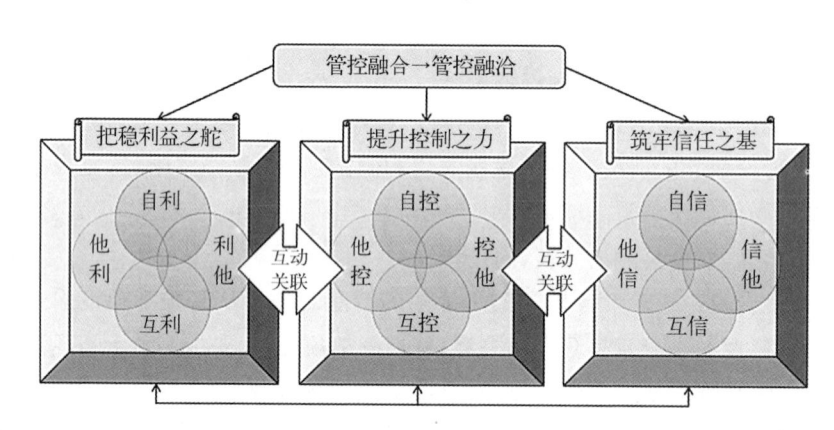

图 8.4 利益、控制、信任之间互动关联的自洽关系

8.3.3 多元利益需要融合自洽

利益是多元的,是互相作用的。自利是基础,但不是自私,更不能损人利己,而应当具有公益心。人人为我,我为人人;敬天爱人,自利利他。这是社会生活应有的利益准则。管理者运用现有条件和管理手段,帮助员工获得更多利益,这是商业文明的进步。协调自利,推进他利/利他,形成互利。通过协调各种利益冲突,形成良性的利益闭环。

自控活动意在抑制本我,管控自我,达成超我,在利他中自利。利他就是考虑对方或社会的利益,这是企业经营的起点。让对方或社会受益了,你也会从中获益。为他人提供价值,才能实现自己的价值。企业生产与销售产品并承担社会责任,本质上就是在利他利己。成功上市的企业,在增加企业价值、扩大企业品牌影响力的同时,每个股东的自身价值也得到了提升。

行为的背后都有利益动机或自身的利益分析法,当你想理解别人在某件事上的举动时,不妨站在他的位置看清他这么做能获得什么利益。管理者千万别习惯了算计,过于锱铢必较的人夺取不属于自己的好处,这样的做法容易招惹祸端。自利不是唯我独尊,也不是你争我夺。人的生活离不开他人。每个人都在寻找自己想要的东西,但不一定知道它在哪里。给予他人想要的,你就有可能得到你想要的。李嘉诚说:"我为什么赚得多?……其实原理很简单,就是在生意的过程中,本该赚10元,我只拿9元,给对方多留1元。因为大部分人只想多赚,于是,更多人就愿意与我做生意,结果时间长了,我反而赚得更多。"[①]这就是利人者互利的道理。

有这样一个实验:50个人走进一间装满气球的房间,主持人给每个人一只气球,要求每个人在气球上写上自己的名字,接着将气球放到另一间房间里,然后带领这50个人进入那间房间,并要求在5分钟内每个人分别找到写着自己名字的气球。于是,每个人都在疯狂地寻找自己的名字,大家碰撞、推挤,现场一片混乱,结果,没有人能在规定的时间内找到自己的气球。主持人喊停后,要求这50个人随便找一只气球,然后把气球递给上面有名字的人,结果,不到3分钟,每个人都收到了自己的气球。

自利不一定有用,也不一定有利,而利人更能利己。你把身边的人看成草,你就被草包围着,你可能就是"草包";你把身边的人看成宝,你就被宝包围着,你可能就是"聚宝盆"。智商高的人互相"捧",智商低的人互相"整"。所以,人生要懂得放大格局,欣赏他人的长处,相互协助,才能实现互利共赢。

8.3.4 多元信任需要融合自洽

信任是多元的,是互相作用的。自信是基础,但不是轻信,更不能失信于人,而应当具有公信力。管理者应当积极创造诚信氛围,通过强化自信,引进他信/信他,形成互信。自信是有力量的,互信的力量更强。通过协调各种信任冲突,达成信任

[①] 秦浦.李嘉诚大全集[M].北京:中国华侨出版社,2011:174 – 177. 12条关于金钱的思维. http://www.360doc.com/content/17/1226/17/48123251_716492914.shtml.

合作,实现共赢。信任需要融合自洽。

信任可以让人得到心理上的满足。信任越多,成功的机会越多。商业社会是在信任基础上的契约关系,信任比金子可贵,比命令可靠。信任也是夯实内部控制的坚实基础与人文环境。在存有猜忌的环境中干活是难以卓有成效的,控制活动应以信任为基础。因为信任,所以简单;因为简单,所以高效。人与人之间的相互信任意味着彼此了解,有共同的利益或共同的目标。信任就像一张纸,弄皱后,即使抚平,也难以恢复原样。所以,永远不要欺骗他人,因为你能骗到的人,可能正是相信你的人。团队成员之间应当是互信互惠的协作关系,当管理主体与客体之间相互信任,并且可以互相成就时,这种协作关系是健康的、有效的;否则,制度与流程就只能是"表面功夫",员工心中不服气、不理解就会表现为行动上的不配合。卓越的管理者善于处理好利益、控制、信任之间的关系,通过建立信任来促进协作互助、同向发力,这是有智慧、高情商的表现。

在权、责、利相结合的控制活动中,管理者既握有一定的权利,也负有相应的责任,应当学会在管控活动中赢得他人的信任与尊重。控制应当是建立在互信与利益基础上的制衡关系,而不能建立在强权上。当然,信任不是放任。有的管理者嘴上说信任员工,把工作交给员工后就置之不理、任其发挥,最后换来的却是员工的抱怨和不信任。没有督导、控制与检查的盲目"信任"实际上是该管理者失职、渎职的"遮羞布",是无能或失控的表现。

8.3.5 多元控制需要融合自洽

控制是多元的,是互相作用的。自控是基础,但不是自闭,更不能自以为是,而应当具有公德心。控制应当以自控为主,但自控不是万能的,管理者应善于协调各种资源和控制措施,以达成控制目标。自控乏力,应有外援,引入他控,形成互控,是管控的升华。管理者应当善于通过协调各种控制冲突,以达成合作共赢。控制需要融合自洽。

解析管理者的多重角色可以进一步透视多元控制之间的内在关系:管理者应当身先士卒,带头自控;还要以身作则,接受他控;并以管理者的身份善于控他,协调互控。管理者如果控制不了自己,就很难控制他人,也很难接受他人的控制,更难形成互控的环境。企业管理的过程应当融合控制活动,包括自控、他控/控他、互控,从而形成管控融合的整体效应。其中,自控是基础,以自控为主,突出自觉、自律、自主,强调主观能动作用。明智的管理者必将"自控"作为经营管理的座右铭,经常警醒自己与同事。例如在供销环节,深知"回扣""定价"与"折扣"的隐患,就在实施财务管理与内部审计前增设采购稽核专职或履行核价控制职能,有的还专门对员工开设内部控制与举报的培训,普及反舞弊知识……自觉的意识闪烁自控的智慧。

因为存在风险,所以有疑虑,担心会演变成危险并导致危害,于是通过识别与评估风险,找到应对的措施与方法,疑虑就可以被弱化。在信任的基础上落实对应的管控措施,风险就在掌控中了。如果管理者总是一脸"不相信"的样子,就容易丧失民心,形成阻力。"谗不自来,因疑而来;间不自入,乘隙而入。""善疑人者,人亦疑之;善防人者,人亦防之。"(《郁离子》)① 谗言不会自己到来,大多因疑惑、猜忌而来;离间也不会自己进入,大多因挑拨、算计而产生。猜忌他人的人,也会遭人猜忌;提防他人的人,也会被他人提防。如何突破"怀疑一切"的桎梏,打破"不信任"的枷锁,走向理性控制与人文关怀的融合,是管理者必须解决好的棘手问题。"互不信任"的风气是会"传染"的,甚至上行下效。员工的不信任感和挫败感不利于企业的正常发展。互不信任,明争暗斗,内耗将导致企业衰败。

人与人之间、企业与企业之间,良好的合作是"共赢"。有利时,不要不让人;有理时,不要不饶人;有能时,不要嘲笑人。太精明遭人厌,太挑剔遭人嫌,太骄傲遭人弃。学会适时做"减法",事业才能有"加法"。

思可相反,得须相成。管理活动会遇到多选一的难题,要么听你的,要么听我的,不然就没办法合作。但这只是一种思维方式,商场并非都是非此即彼,还可以是既不听你的,也不听我的,而是超越你我的想法,通过合作,设法找到一种对双方都更有利的方法,"共赢"才是高明的选择。

卓越的管理应当从"领导权"向"领导力(包括控制力)"转变,并通过人与人之间的信任、共识与通力协作获取影响力或感召力。企业管理中设计的岗位职责、权责利分配、流程控制点、各项管理措施的落实等都是建立在可信赖的基础上的。只有当管理者与员工相互信任时,才能"上下同心,其利断金"。

自我评价对自洽程度具有积极作用,尤其是评价各种缺陷与补救措施之间的关系,意在考量补救措施是否有效等。为了得出补救措施有效执行的结论,应当分析该补救措施是否具有针对性与精确性,并实施必要的测试、验证工作,期望自洽至臻。管控融合及相关关系处理得好不好,控制活动是否有效、有益,很大程度上取决于利益、控制、信任的自洽程度,企业可以采用自解释性或自证性来加以验证。

---

① 《郁离子》10条千古名句,蕴含人生哲理. https://www.360kuai.com/pc/9433cf993811a0487?cota=3&kuai_so=1&sign=360_57c3bbd1&refer_scene=so_1.

判断某项措施、某种管控模型或思维模式是否可行，可以仿效"逻辑三洽"的认知：① 逻辑自洽，是指按照现在的思维水平，有没有发现内部的逻辑矛盾，或者理论与实践（事实）的一致性；② 逻辑他洽，是指与其他公认的理论的一致性；③ 逻辑续洽，是指与新出现的事实的一致性，即新出现的信息和知识是否与既往的逻辑保持一致。连逻辑都无法自洽的事肯定费力不讨好。自洽、他洽、续洽是一个渐进的过程，管理者总是期望在这个过程中，被管理者有所改变。但只有被尊重的人才乐意做出改变，或对改变持开放态度；如果被挑剔、被鄙夷，可能就不乐意改变了。在不信任的氛围中是难以落实控制措施的，也就不可能产生理想的控制效果。员工不再信任管理者，管理者也不再信任员工，双方的关系只剩下戒备与防卫，缺少关怀与谅解，麻烦就会接二连三，一些反控制的状况就是互不信任造成的。

中国文化历来倡导"和为贵"。管控能够理性融合就应当是有头脑、守秩序、讲逻辑的。刚柔并举、宽严相济、疏堵结合、标本兼治都是管理的智慧。通过融合自洽，可以减少或化解控制活动中的相关障碍或阻力，有助于控制活动顺利开展、达成目标。

实证分析8.2 ｜ 促进自律，完善他律，形成互律

任正非认为，人才不是华为的核心竞争力，对人才进行有效管理的能力才是企业的核心竞争力。人才是指奋斗的、无私的、自律的、有技能的人。任正非之所以带出了打不散、打不垮的华为团队，除了严格自律外，他很善于利他。任正非出身穷苦，家里有9个兄弟姐妹，但父母没有把谁送人，再穷一家人也要在一起。他回忆："我小时候，多吃一口面包，弟弟妹妹都有可能饿死。"这种童年给任正非铺了一层底色——不能自私。任正非从小懂得做人必须利他。作为创始人，任正非只占华为1%左右的股份，大部分盈利毫不吝啬地分享给了华为员工。

追求利益永远是企业创立、成长和发展的内在基因与不竭动力，不仅不能忘记，而且必须保持各方之间的均衡。华为在实施风险控制的过程中逐渐形成了"促进自律，完善他律"的良好氛围。自律与他律结合形成的互控必然是正向的、积极的，也提供了流程不完备时的自愈机制。

他律管理是高成本的。制度不可能完善到无懈可击。如果流程管理过于复杂，沉重的内部体系运转不动，管理就是高成本的，但客户不可能为这样的高成本买单，那么经营只能以失败告终。

自律管理是低成本的。管理者带头自律，以点带面，让大大小小的"火车头"带

领员工"跑"起来,企业就充满活力和竞争力。

团结互信是持续制胜的法宝。大家多一些开放、妥协、灰度,就能更融洽。华为鼓励在集体主义下的个人主义更好地发挥作用。水在高压下从一个小孔中喷出可以切割钢板。华为坚持"力出一孔,利出一孔",从而立于不败之地。

8.4 自控制胜与行稳致远

8.4.1 自控制胜与自控定力

研讨失控与自控,离不开决定企业生存与发展的根本要素——人。企业中最需要管理的资源是人,最核心的问题也出在人的身上,任何规章制度本质上都是对人的约束与监控。管理者想要团结员工,需要以人为本、以自控为主,这是科学控制观的核心。企业要持续经营,应当尊重人性、从"心"出发。由人组成的企业能否独立自主、自负盈亏,归根结底取决于其能否自律、自控、自强。

品尝奋斗百味,方知酸甜苦辣咸;历经成败万态,才懂喜怒哀乐愁。若要化身成蝶,就得忍受在蛹里挣扎的痛苦过程。挫折增长经验,经验丰富智慧。学会摔跤,才能更好地学会走路。失控或失败是一种机会,需要反思与总结经验教训,避免重复犯错。只有取长补短或扬长避短,才能走出困境,走好自己想走的正道。勇者跌倒后能再站起来。做内心强大的自己,方可成就更好的未来。

学深、悟透不仅有一个过程,而且有境界与程度的差异。不同的人,在不同的阶段,表现不一,所以,自控活动与自控机制的形成是一个不断渐进、逐渐完善的自修过程。成功贵在坚持。合抱之木,生于毫末;九层之台,起于累土;千里之行,始于足下。一个人最大的醒悟,在于认识自己的能力和价值所在,在找对定位、认准方向的路上拾级而上,越攀越高。

自控制胜也是一个渐进的过程。制,会意字。左是"未",指树的枝干;右为"刀",表示用刀修剪、裁断枝叶。"制,裁也。"(《说文解字》)修剪树枝可限制树的疯长,引申为限定、约束、制服、掌控等(如图 8.5 所示)。制胜是以谋略克敌,内含破旧立新、兴利除弊之意。通过守正创新,改变自己,突破自我,方能趋利避害并获得成功。

自控之所以能制胜,还因为有定力,能行稳致远。自控定力是指处变不惊和把握自我的意志力,体现自律、自控、自强的坚定信念和道德操守,其最直观的表

图 8.5　"制"的构造与古今字形

现就是不分心，不走神，不为七情六欲所惑，不被私心杂念所扰，不因个人名利所累，在纷繁复杂的社会中始终保持内心的坚定和从容。没有坚守底线的定力，面对权势、金钱、人情，是抵不住诱惑、抗不住干扰的。定力不够的人，或情不自禁，或心存侥幸……结果惹事、犯事。定力好比定海神针，稳得住心神才能避免掉入陷阱，才能跳出居心不良者设的局、下的套，才能规避各种风险，经受住各种考验。

行稳致远的自控活动应当具备能力、动力和定力。能力决定"能做什么"，动力决定"想做什么"，定力决定"敢或不敢做什么"，三者共同决定"做成什么"。三足鼎立，才能站得稳、立得住、干得好。三者兼备，才能成为想干事、能干事、干成事又不出事的人。

能力是干事的基础，能力不够干不了事。提升能力是一个持续的过程，今天有能力不等于明天有能力，这里有本事不等于那里有能耐。新情况层出不穷、新问题前赴后继，本领危机过去有、现在有、将来仍会出现。内强素质，练就一身硬功夫、真本事是当务之急。

动力是干事的条件，动力不足就不想干事。难能可贵的是咬定目标，以坚持不懈、坚韧不拔的意志一以贯之。这种动力来源于对事业的热爱，对信念的执着和内心深处强烈的使命感、责任感。只有这样，一个人才能劲头十足，始终保持充沛的精力和积极的态度。

定力是干事的保证，定力不稳容易出事。定力源于内心的那片"净土"，也就是一个人始终坚守的东西。一个人的定力如何，最能体现其自控力的强弱。所以，要善于稳住自己，这是一种智慧，尤其在人生的关键时刻，能够保持冷静的思考和睿智的判断，日后必有大成。

专题讨论 8.1 ｜ 一念之间与自控定力

一个练剑的人上山请教得道高僧，什么是天堂和地狱。他刚问完，高僧就说："你满身杀气，早晚要被打入地狱，还来问我做什么？"那人听了十分气愤，拔剑要杀高僧。高僧说:"你看,眼前就是地狱。"那人似乎有所领悟,脸上露出微笑。高僧又说:"看,天堂到了。"那人顿悟,大笑下山。原来天堂与地狱就在一念之间。

定力是驱除妄想之力,与意志力、控制力相关。一旦防腐堤坝决口,贪财的欲望就会无限膨胀。贪如火,不遏则燎原;欲如水,不遏则滔天。一批"声名显赫"的大老虎纷纷倒台,一群"嗡嗡乱叫"的小苍蝇原形毕露。如何有权不移公仆之心,用权不谋一己之利?聪明的人借他人撞得头破血流的教训作为自己的经验,愚笨的人用自己撞得头破血流的教训作为他人的经验。

8.4.2 不断提升自控活动的自适应性

人的认知过程逐层递进,深度学习可以挖掘大脑的潜能。自适应控制被看作一个能根据环境变化智能调节自身特性的反馈控制系统,具有深度学习的自动化功能,以使自控活动按照设定的标准处在相对较优的工作状态。自适应过程是不断逼近目标的过程,是自控活动的理想状态。追求真理比占有真理可贵,因为真理在向前进。提升自适应性能够不断呈现令人满意的效果。以下几个方面对如何提升自控活动的自适应性很重要:

一是确立矢志不渝的理想和目标。理想是精神支柱,目标是奋斗方向。理想越崇高,目标越明确,决心就越大,意志就越坚定。胸无大志、鼠目寸光,无法培养出自觉自主性。自控要突显"自我",但不等于都是为了"自我"。从事自己喜欢的职业就会"忘我",面对正义或需要仗义时需要"舍我",取得成功或收获时应当"无我"……这些都是自控的境界。

二是明确适当的任务与方法。锻炼意志,应讲究方法科学,否则不但达不到目的,还有损身心健康。制订切实可行的行动计划很重要,不能"三天打鱼,两天晒网"。意志的正确运用需要建立在健康的目标和科学的方法上,若违反了身心发展的规律,蛮干胡为,就会适得其反。

三是优化自适应的环境与学习氛围。人脑作为强大的信息系统,其神经细胞上的承载能力可随着使用、训练、习惯而发生变化,因为人的神经网络具有自学习、自组织和强大的容错功能等自适应能力。在自控过程中,自适应能够根据内外部环境的变化,自动调整意志力、控制力和执行力的处理方法、处理顺序、边界条件以及相应的约束条件与制约规范,使控制对象、控制特征、控制方法与控制目标相适应,以期取得最佳的自控效果。

通过学习型组织激发内心深处最想实现的愿望,并全情投入,这是学习型组织的精神基础。自我超越能激人奋进,会在潜意识的鼓励下不断学习,不断改变,不断前进。在这个过程中,奋斗目标是航向,学习训练是手段,协调融合是结果。用道德约束自己,用理想激励自己,超越自我,敬业忘我,终成无我。

8.4.3 提升职业精神与放大自控格局

职业精神将引导人们自控自强,体现在敬业、勤业、立业、创业(创新)等方面。敬业是职业精神的首要实践内涵;勤业需要强化职业责任,端正职业态度,提高职业胜任能力;立业就是要建立事业、树立功绩;面对日新月异的挑战,职业发展的不竭动力在于创新。工匠精神就是一种高尚的职业精神,它是职业道德、职业能力、职业品质的体现,是从业者的职业价值取向和执业行为表现,其基本内涵包括敬业、勤业、精益、专注、创新等方面的内容。在社会心浮气躁,追求"短、平、快"、忽略产品的品质与灵魂的当下,管理者更应当学习与具备工匠精神,包括对细节的高标准、严要求,追求产品的完美性,对精品与真理的坚持等。由于职业精神是对职业实践的高度概括,是对职业理想、职业态度、职业责任、职业技能、职业纪律、职业良心经过提炼后的理性认识,因此对职业活动与职业行为具有指导性和鼓舞性。

回顾40年中国注册会计师行业的发展变化,总结我从事注册会计师行业30年的工作经历,历数时事变迁与功过得失,我理解的注册会计师职业精神可概括为16个字:诚信为本、独立为魂、客观求真、公正执业。其中,诚信是根本,是基础;独立是灵魂,是原则;客观是态度,是立场;公正是过程,是结果。四者融合互动,推进职业自信、职业自尊、职业自律、职业自强。注册会计师只有具备独立的思想、独立的人格和独特的职业判断能力,双脚才不会走错或走偏方向,双眼才能不受或少受蒙蔽。意志独立,人格不朽,职业精神崇高。只有诚信与独立,才能客观、公正、求真。2001年4月,朱镕基视察上海国家会计学院时提笔写下的校训是"不做假账",后来朱镕基在北京国家会计学院的题词被进一步诠释为"诚信为本,操守为重,坚持准则,不做假账"。只有客观、公正、求真,才能体现注册会计师的职业判断能力。注册会计师发表审计意见,应当基于客观的立场,以事实为依据,实事求是,不掺杂主观意见,也不为他人的意见所左右;在分析问题、处理问题时,不以个人的好恶行事。公正是指依据一定的标准,没有偏私。求真就是以会计准则、审计准则和相应的法律法规为标准,以高度的责任感去理解经济业务的性质和内容,出具高质量的审计报告。

格是人格品性,局是气度胸襟,格局体现对事物的认知范围,包括看待问题的高度、广度和深度,体现你的眼光、胸襟、胆识等,是价值观、思维方法与原则性的具体体现。心胸有多大,舞台就有多大;格局越大,事业心和责任感就越强。格局决定布局,影响结局。

自控的程度在于自觉的高度,自控的广度在于视野的宽度。提升自控格局就是要在不断看透自我、看懂变化、看清未来的基础上自主、自治、自强。放大格局就是要既放大自控的能见度,又提高自控的执行力。为什么有的企业能够一步一个台阶地持续积累,终成行业"龙头",而有的企业如猴子掰玉米,走一路丢一路,最后所剩无几?格局越大,自控的效能就越强。

放到花盆里的石榴种子只能长到半米多高;放到缸里栽种,就能长到一米多高;放到庭院里栽种,则能长到四五米高。所谓"局限",就是给自己设的"局"太小了。"隧道视野效应"是指一个人如果处于隧道中,视野自然被限制在狭窄的区域内。人无法做出超出格局的事,如同燕雀乃知鸿鹄之志,夏虫不可语冰。格局不够,思考问题困于思维局限。站在一个点上很难思考面上的问题。匍匐山脚下,满眼是垃圾。格局小了,什么都是梗。

刘邦刚打入咸阳时,看见宫中财宝无数,顿时两眼发直,走不动路。张良见后立马过来劝阻并以为因此败坏名声,甚至丧失称霸天下的决心,简直得不偿失。刘邦听后恍然大悟,不仅封了宫廷,而且与关中百姓"约法三章"。这一做法不仅得了民心,而且为日后成就霸业奠定了基础。反观项羽,推翻秦朝后,在咸阳抢夺大量金银财宝,甚至屠杀百姓。如此做法,怎能得人心?最终项羽在"垓下之围"中惨败,落得乌江自刎的下场。格局决定结局,大格局者有大作为。

格局受先天影响,但主要靠后天的境遇历练。读更多的书,行更远的路,经历更纷繁的事,思考更深刻的问题……就可能放大格局。突破局限,超越自我,开阔视野,提升格局,至少有以下四个维度:一是目标的高度,站得高才能看得远,并拥有全局视角;二是见识的广度,储备越多,眼界越宽;三是认知的深度,能找出表象背后的本质进行深入而辩证的思考;四是胸怀的宽度,懂得利他利己,合作共赢,想做的事才会变得容易。

格局大的人,深知言行举动应当自觉约束,这不仅是做人做事的法则,而且是刻在骨子里的修养。人应当有所为,有所不为。从"要我控"到"我要控",从"他控"到"互控"进化为"自控",控制格局在扩大,控制能力在增强,控制境界在提升。大格局的有效管控可以将人从自私、自利、自我引向自觉、自律、自治,通过不断提高人的精神层次来不断提升社会的文明程度。

专题讨论 8.2 | 放大格局，彰显卓越的管理风度

格局大的人，注重风度。大气的人，待人有礼，对人真诚，懂得换位思考，不会让别人为难；能够自警自省，懂得把握尺度，不会自乱阵脚。事来扛住是本事，事过翻篇是格局。成大事、创大业、利大家，自带光芒的人会福泽四方。

格局大的人，不甚计较。君子喻于义，小人喻于利。君子爱财，取之有道；君子谋利，光明坦荡。再爱钱，也要坚守底线；再图利，也能抵住诱惑；重视品行和良心，理智看待钱和利。

格局大的人，互相搭台。现实生活中总有一些人锱铢必较、机关算尽，不仅不肯吃亏，而且要占他人便宜。这样的人格局小，不宜结交。而格局大的人能够风雨同舟，彼此成就，共同进步。

格局大的人，心想大事。只有把眼光放长远，路才能越走越远。而格局小的人只看到眼前的蝇头小利，在意自己的利益，所以换不来真心。

8.4.4　走好自己的路，行稳才能致远

"路"字的左边是"足"，右边是"各"：人生之路就在"各"自"足"下。请走选好的路，别选好走的路。具有自控力的人，不仅内心强大，能掌控自己、征服欲念，而且执行力强，言行一致。能够左右自己才能左右别人，能够主宰自己才能主宰权力。

登山方知艰难，蹚水才知险阻。前行之路就像跨门槛，跨过去了是门，跨不过去就是槛。控制的路上磕磕绊绊，大事难事看担当，逆境顺境看胸襟，是喜是怒看涵养，有舍有得看智慧，是成是败看坚持。

管理者应当充满自信，走自己的路，做自己的事。从他人的眼光中寻找自己，结果茫然；在别人的赞扬中放大自己，结果飘然；让别人的议论扭曲自己，结果昏然。卡尔·马克思(Karl Marx)在《资本论》序言中说："任何的科学批评的意见我都是欢迎的。而对于我从来就不让步的所谓舆论的偏见，我仍然遵守伟大的佛罗伦萨人的格言：走你的路，让人们去说罢！"[1]在管控的路上要敢于坚持真理。如果认定一个正确的方向，就不要管他人说三道四，更不要因为他人而改变自己的立场。当有人逼迫你去突破自己时，你要感谢他，他是你生命中的贵人。当没有人逼迫你时，请自己逼迫自己，因为真正的改变是自己想要改变。幸福莫过于经过努力，让自己变成想要的样子。

---

[1] 马克思.资本论(第一卷)[M].北京：人民出版社，2004：13.

人生如坡,有高有低,要能上能下。自控活动是在走上坡路,砥砺前行才能行稳致远。上坡时稳得住,下坡时耐得住。低头走路时不能只见大地的厚重而忽略天空的高远,抬头走路时不能只看头顶的辽阔而忽视脚下的险峻。上坡时不高看自己,下坡时不低看自己。淡然上坡,坦然下坡,走好前行的每一步。

脚踏实地才能行稳致远。古今中外,怀有鸿鹄之志、才高八斗者不在少数,然而成就大业、为历史所铭记者寥寥无几,关键在于能否既仰望星空又脚踏实地,做隐姓埋名人,干惊天动地事。行稳不是慢行,而是疾徐适中、不慌不忙、坚持不懈;虎头蛇尾、急躁冒进会招致危险。

管好自己才能行稳致远。自控说起来容易,做起来困难;管一时容易,管长期困难。在利益诱惑的当下,要想规避风险、守住"底线"、不碰"高压线",唯有自律守正。走得快不一定走得稳,只有走得稳才能走得远。

持之以恒才能行稳致远。经营人生和经营企业都不是百米冲刺,而是马拉松。把基础夯实了,后面的路才能行稳走远。心态好就在于拥有坚定的信念和坚强的意志,不畏眼前得失,不会轻易放弃。命运给你一个陡坡,翻过去就是坦途,就看你能不能坚持前进。有志者事竟成,善始善终才是赢家。

不管前途曲直坎坷、风云多变,都要保持知行合一、行稳致远的定力。用心走的是梦想,用脚走的是现实。心神与脚步同行,理想与现实匹配,只要自控自强,一切皆有可能。

经典案例评析

柯达"塌死"与华为不倒

曾经辉煌的公司切莫故步自封。创建于1880年的柯达公司曾是胶卷行业的巨头,胶卷给柯达公司带来巨额盈利和巨大的市场影响力。但保守的柯达公司对新技术反应迟钝,直至一步成像法相机发明30年后才研制出品,为时已晚。当数码相机被柯达公司的有关技术人员发明出来后,也没有受到柯达公司高层的注意,更无法形成公司新的战略方向。因为胶卷行业还在朝阳期,是公司的主营业务和利润的来源,而数码相机属于崭新的未知业务,谁也不想冒险。更为重要的是,数码相机显然是要"革胶卷的命",这令公司难以接受,牵动着公司内部的既得利益群体。没有预测到未来,或者预测到了却舍不得放弃既得利益,没有勇气革自己的命,大公司已有的优势也会灰飞烟灭。由于柯达公司墨守成规,错失数码相机市场,于2012年1月19日申请了破产保护。随着熵增和内耗,变革无能加上管控无力,大公司的这些通病很容易导致"熵死"。

1987年在深圳创立的华为只是一家6名员工、2台万用表加1台示波器的小企业,靠着自主、自立、自强,到2008年被《商业周刊》评为全球十大最有影响力的公司之一,荣获2018年第三十二届中国电子信息百强企业排名第一位。到2021年,华为已蝉联"中国民企500强"榜首第六年。

华为深知危中有机、机中有危,故而崇尚艰苦奋斗,不为资本利益所惑。2004年起步时,华为芯片零基础。任正非却坚定地走"科技长征",他说:"我们不投机取巧,不走捷径,不搞房地产,不炒股票,而是选择了一条最艰难的路——攀珠穆朗玛峰。"面对互联网企业热衷上市赚快钱的争先恐后,任正非不忘初心,多次明确华为不会上市。从某种程度上来说,不上市成就了华为。

2010年华为成立专门的实验室开始研发操作系统,墙上刻着四个大字——未雨绸缪。任正非的自控意识很强,他说:"每一天,我都要提醒自己:企业离破产只有一步之遥。"有效的危机感与强大的自控力不断支撑着华为的可持续发展,驱动华为由小到大,不断成长。2021年华为在全球持有授权专利超过10万件,90%以上为发明专利。任正非永不屈服的精神已烙进华为的文化基因,可谓屹立于狂风骤雨而不倒,展现了强大的发展韧劲。

华为成长史是一部危机管控史。任正非有强大的内心和坚如磐石的定力。他曾写下《反骄破满》《华为的冬天》《华为的红旗还能打多久》《成功不是未来前进的可靠向导》《前进的路上不会充满鲜花》《华为三十年大限快到了,想不死就得重生》等。在无数人被胜利冲昏头脑的舞台上,任正非始终保持着清醒、睿智和冷静。居安思危,思则有备,有备无患。任正非说:"我们的理想,是站到世界最高点。为了这个理想,迟早要与美国相遇的,那我们就要为了和美国在山顶上交锋,做好一切准备。"华为就此做出了极限生存的假设,花费巨大心血研发各种"备胎"。拥有"备胎",意味着美国"开枪"的时候,华为早已穿好了防弹衣,有了自己的生存利器。

2021年,华为在遭受多轮严厉制裁后,手机销量下滑,全球销售收入为6 368亿元,同比下降28.6%;但净利润为1 137亿元,同比增长75.9%;经营现金流为597亿元,同比提升69.4%;资产负债率降低到57.8%,下降4.5个百分点,整体财务结构的韧性和弹性都在加强,应对不确定性的能力也在提升。华为2021年研发投入1 427亿元,占全年收入的22.4%,10年累计投入研发费用超过8 456亿元。人才存储、思想存储、工程存储、方法存储,以及内部流程管理高效有序的存储,是华为最大的财富和靓丽财务会计报告背后真正的价值。

尽管竞争对手不断围追堵截,但是华为不屈不挠。大将之风既能在铺天盖地的赞誉中静如冰川,也能在狂风暴雨的威胁中岿如山岳。任正非未定义自己为胜利者,他始终低调做人、谨慎处事。他认为:华为没有成功,只有成长;华为总会有冬天,请准备好棉衣。是求生的欲望使华为振奋起来,是"宁可向前一步死,决不后退半步生"的决心倒逼华为更加强大。

资料来源:柯达公司破产重组的原因及启示. https://zhuanlan.zhihu.com/p/97158895.

太惨烈了!孟晚舟刚刚突然公布. https://zhuanlan.zhihu.com/p/500300228.